全国各类高等院校经济管理专业规划教材

企业生产管理

主　编　于秀娥
副主编　崔　霞　常军燕
参　编　顾小云　沈　莹　林　洁

中国商业出版社

图书在版编目(CIP)数据

企业生产管理 / 于秀娥主编. - 北京 : 中国商业出版社, 2015.1

ISBN 978 - 7 - 5044 - 8264 - 8

Ⅰ. ①企… Ⅱ. ①于… Ⅲ. ①企业管理 - 生产管理 Ⅳ. ①F273

中国版本图书馆 CIP 数据核字(2013)第 249830 号

责任编辑:王彦

中国商业出版社出版发行

010 - 63180647 www.c - cbook.com

(100053 北京广安门内报国寺 1 号)

新华书店总店北京发行所经销

北京市书林印刷有限公司印刷

* * * * *

开本:787 × 1092 毫米 1/16 16 印张 300 千字

2015 年 1 月第 1 版 2015 年 1 月第 1 次印刷

* * * *

定价:36.80 元

(如有印装质量问题可更换)

前　言

生产力的巨大发展使得生产社会化的程度达到了前所未有的高度，马克思所说的“生产、分配、交换、消费”，“构成一个总体的各个环节”的情况，从来没有像今天这样突出。生产的高度社会化已经把整个社会生产组织起来，成为相互联系的整体，否则生产就不能进行。为了适应这种需要，各种大规模生产的大型乃至巨型公司以及诸如项目管理、物流等专业化、协作化等的组织形式出现了。这使得企业不但由发展起来的各种计划分析技术，使生产计划化，而且吸收了自然科学以及社会科学的许多成果，极大地丰富了生产管理各个环节的知识，使得企业的生产能够前所未有的反映社会再生产的要求，而且能够有效整合全社会的优势资源。生产管理成为了一门综合性学科，它是人类社会的共同财富，是社会进步的根本表征。

《企业生产管理》的出版，就是为实现上述任务的。教材的编写坚持理论联系实际的科学精神，及时吸收国际上新的有益的学术思想，在我们长期教学与科研的基础上，力求科学而通俗地阐述有生产管理的基本理论和知识。

本书由山西省委党校教授于秀娥任主编，山西省委党校副教授崔霞、邯郸职业技术学院常军燕任副主编。全书由于秀娥、崔霞拟定框架，并统改定稿。参加编写的作者有：山西省委党校于秀娥：第1章；山西省委党校崔霞：第2、3、4章；山西省委党校顾小云：第5、6、7章；山西省委党校沈莹：第8、9、10章；邯郸职业技术学院常军燕：第11章；山西省委党校林洁：第12、13章；。

企业生产管理理论与实践仍在不断地总结、发展之中，许多问题尚在探索，书中如有不当之处，恳请广大教师与读者批评指正，以便进一步修改和完善。在这里，我们谨向《全国各类高等院校经济管理专业规划教材》的读者、学习者和批评者致以敬意。

编者

2015年1月

目录

第1章 生产管理概述

1.1 生产管理的基本概念及对生产管理者的技能要求

1.1.1 生产管理的基本概念

生产活动是人类最基本的活动，是获得一切财富的源泉，绝大多数人都在从事生产活动。有生产活动就有生产管理。人类最早的管理活动就是对生产活动的管理。自出现企业这个组织形态以来，生产职能一直就是企业安身立命之本。随着时代的发展，人类社会生产活动的内容、方式不断发生变化。生产活动的领域也不断扩大。生产不再只是工厂里从事的活动了，而是一切社会组织投入其最主要的资源后所进行的最基本的活动。

生产管理是指关于企业生产系统的设计、运行与改进的管理过程，又称生产控制。它指有计划、组织、指挥、监督调节的生产活动。以最少的资源损耗，获得最大的成果，是对企业生产系统的设置和运行的各项管理工作的总称。其主要任务有:通过生产组织工作，按照企业目标的要求，设置技术上可行、经济上合算、物质技术条件和环境条件允许的生产系统;通过生产计划工作，制定生产系统优化运行的方案;通过生产控制工作，及时有效地调节企业生产过程内外的各种关系，使生产系统的运行符合既定生产计划的要求，实现预期生产的品种、质量、产量、出产期限和生产成本的目标。生产管理的目的就在于，做到投入少、产出多，取得最佳经济效益。而采用生产管理软件的目的，则是提高企业生产管理的效率，有效管理生产过程的信息，从而提高企业的整体竞争力。

1.1.2 生产管理的内容

生产管理的内容极为丰富，主要包括：

第一,生产组织工作。即选择厂址，布置工厂，组织生产线，实行劳动定额和劳动组织，设置生产管理系统等。

第二,生产计划工作。即编制生产计划、生产技术准备计划和生产作业计划等。

第三,生产控制工作。即控制生产进度、生产库存、生产质量和生产成本等。

如果按模块划分的话，生产管理主要可以分为计划管理、采购管理、制造管理、品质管理、效率管理、设备管理、库存管理、士气管理及精益生产管理等九大模块。

从不同角度分析，生产管理有着不同的内容分类。

1. 从市场竞争的角度看

激烈的市场竞争对企业提出越来越高的要求，这种环境要求主要体现在四个方面：时间(T)、质量(Q)、成本(C)和服务(S)。T 指满足顾客对产品和服务在时间方面的要求，即交货期要短而准；Q 指满足顾客对产品和服务在质量方面的要求；C 指满足顾客对产品和服务在价格和使用成本方面的要求，即产品不仅在生产过程中成本要低，而且在用户使用过程中的成本也要低；S 指为满足顾客需求而提供的各种服务。

所以，生产管理的根本任务，就是在用户要求的时间范围内，提供所需数量的合格产品和满意服务。由此提出了对生产管理的三个基本要求：质量管理(quality management)、进度管理(delivery management)、成本管理(cost management)，简称为 QDC 管理。

(1)如何保证和提高产品质量。质量包括产品的使用功能、操作性能、社会性能(包括产品的安全性能、环境性能以及空间性能)和保全性能(包括可靠性、修复性及日常保养功能)等。生产管理要实现上述的质量特征，就要进行质量管理，包括产品的设计质量、制造质量和服务质量的综合管理。

(2)如何保证将产品和服务及时、适量的投放市场。在现代化大生产中，生产所涉及的人员、物料、设备、资金等资源众多，如何将全部资源要素有序组织起来，是一项十分复杂的系统工程。这是生产管理所要解决的主要问题之一，即进度管理。做好进度管理是保证及时高效生产的重要保证。

(3)如何制定合理的价格，才能既为企业带来一定利润，同时又能为顾客所接受。合理的价格取决于企业对资源的合理配置和有效利用，同时也涉及到对资金的管理和运用。归根到底合理价格取决于企业的生产成本管理。

总之，在具体的企业管理工作中，这三个要求相互联系、相互制约。提高产品质量可能导致成本增加，为保证交货期而过分赶工则可能导致成本增加和产品质量的降低。这使得加强生产管理的作用更为重要，应努力通过生产管理确保计划、组织、控制等职能之间的综合平衡。

除 QDC 管理之外，资源要素管理同样是生产管理的重要内容，包括设备管理、物料管理及人力资源管理。质量保证离不开物料质量、设备性能以及人的劳动技能水平和工作态度，成本降低取决于人、物料、设备的高效合理利用；反之，设备和物料本身也有 QDC 的要求。因此，生产管理中的 QDC 管理与资源要素管理是一个有机整体，应以系统的、集成的观点来研究各分支管理彼此间的相互关系。

2. 从企业生产过程的角度来看

对制造企业而言，生产活动的中心是产品的加工制造部分，即狭义的生产。传统的生产管理的涵义主要是生产的日程管理、在制品管理等。从广义角度看，生产前的一系列技术准备活动具有重要意义，如工艺设计、工装夹具设计、工作设计等，这些活动总称为生产技术活动。它是基于产品的设计图纸，属于产品的设计活动。“设计→生产技术准备→制造”构成了一个相对完整的生产活动链条。依据生命周期理论，生产管理可以归纳为生产运营系统的设计、运行、维护与改进三个部分。

(1)生产运营系统的设计

生产运营系统的设计一般在设施建造阶段进行，包括产品和服务的选择和设计、设施的定点选择、设施布置、服务交付系统设计和工作设计等诸多内容。但是，在生产运营系统的生命周期产品内，必然要对相关设施进行调整、更新，包括扩建新设施，增加新设备。在这种情况下，生产运营系统设计中存在的问题，将对生产运营系统具有先天性影响，如果产品和服务选择不当，将导致方向性错误，造成人力、物力、财力的巨大浪费。

(2)生产运营系统的运行

生产运营系统的运行，就是根据用户需求，输出合格产品和提供满意服务的问题，主要解决生产运营系统如何适应市场的变化。主要涉及到生产计划、组织和控制三个方面的内容。

①计划方面解决生产什么，生产多少和何时生产的问题，包括预测对本企业产品和服务的需求，确定产品和服务的品种和产量，设置产品交货期和服务提供方式，编制生产运作计划，做好人员班次安排，统计生产进展情况等。

②组织方面解决如何合理组织生产要求，使有限的资源得到充分而合理地利用的问题。生产要素包括劳动者(技术人员、工人、管理人员以及服务人员)、劳动资料(设施、机器装备、工具、能源)、劳动对象(原材料、毛坯、在制品、零部件和产品)和信息(技术资料、图纸、技术文件、市场信息、计划、统计资料和工作指令)。劳动者、劳动资料、劳动对象和信息的不同组合与配置，构成了不同的组织生产方式，如丰田生产方式、福特生产方式等。

③控制方面解决如何保证按计划完成任务，主要包括接受订货控制、投料控制、生产进度控制、库存控制和成本控制等。对订货型企业，接受订货控制是一项重要举措，决定着企业生产经营活动的效果。投料控制主要决定投什么、投多少、何时投，关系到产品的出产期和在制品数量。生产进度控制的目的是保证零件按期完工，产品按期装配和出产。库存控制包括对原材料库存、在制品库存和产成品库存的控制。如何以最低的库存保证供应，是库存控制的主要目标。

(3)生产运营系统的维护和改进

任何系统都有生命周期，如果不加以维护和改进，系统将终止。它包括对设施的维修和可靠性管理、质量的保证、整个生产系统的不断改进和各种先进的生产方式和管理模式的采用。

1.1.3 对生产管理者的技能要求

在生产管理活动中，首先必须明确生产管理的的目标，以便针对性地明确对生产管理者的技能要求。

1. 生产管理活动的目标

生产管理活动的目标主要体现为高效、低耗、灵活、准时地生产合格产品或提供满意服务。

2. 确保生产系统的有效运作，全面完成产品品种、质量、产量、成本、交易期和环保安全等各项要求。

3. 有效利用企业的制造资源，不断降低物耗，降低生产成本，缩短生产周期，减少在制品，压缩占用的生产资金，以不断提高企业的经济效益和竞争能力。

4. 为适应市场、环境的迅速变化，要努力提高生产系统的柔性，使企业能根据市场需求不断推出新产品，并使生产系统适应多元化生产，能够快速的调整生产，进行品种更换。

5. 在用户需要的时间，按用户需要的数量，提供所需的产品和高品质服务。

生产管理活动的目标要求对生产管理者的技能水平提出了较高要求。

1. 生产管理的基本手法

（1）标准化

在企业进行内训时，企业生产部部长提问道：我们部门有一位设备维修工，经常违反纪律，但有些设备只有他会修理。请问我们是否该处分他？其实国内不少企业都会出现类似这样让管理者头疼的问题。在一个企业里，如果出现像这样不可缺少的人，那对企业来说是十分危险的。避免或减少这种危险的法宝就是标准化。

所谓标准化，就是将企业里的规程、规定、规则、标准、要领等统称为标准。制定标准，然后依标准付诸行动则称之为标准化。那些认为编制或改定了标准即认为已完成标准化的观点是错误的，只有经过指导、训练才能算是实施了标准化。

（2）目视管理

目视管理实施得如何，很大程度上反映了一个企业的现场管理水平。无论是在现场，还是在办公室，目视管理均大有用武之地。在领会其要点及水准的基础上，大量使用目视管理将会给企业内部管理带来巨大的好处。

所谓目视管理，就是通过视觉导致人的意识变化的一种管理方法。目视管理有三个要点：

①能判明是好是坏；

②能迅速判断，精度高；

③判断结果不会因人而异。

（3）管理看板

管理看板是管理可视化的一种表现形式，即对数据、情报等的状况一目了然地表现，主要是对于管理项目、特别是情报进行的透明化管理活动。它通过各种形式如标语、现况板、图表、电子屏等把文件上、脑子里或现场等隐藏的情报揭示出来，以便任何人都可以及时掌握管理现状和必要的情报，从而能够快速制定并实施应对措施。管理看板是发现问题、解决问题的非常有效且直观的手段，是优秀的现场管理必不可少的工具之一。

管理看板是一种高效而又轻松的管理方法，一般有生产看板、异常看板等。

异常管理看板的后台数据分析报表支持，具有异常呼叫时间点，异常开始处理时间点，异常处理结束时间点。统计异常处理时间，异常发生率，异常发生率趋势图标。数据支持现场管理是否成效。

管理中最核心的问题是对人的激励问题，激励不是操纵，不是牵制，而是对人的需要的满足，是通过满足需要对人的行为的引导和对人的积极性的调动。

2. 对生产管理者的技能要求

生产管理者要对企业所提供的产品和服务负责。要搞好企业的生产管理工作，必须有一支高水平的管理队伍。企业的生产管理者调配企业拥有的绝大部分资源（固定资产，如各种设施、设备；流动资产，如原材料、在制品以及产成品等）来组织生产运作。其调配管理各种资源的能力直接觉着企业效益的好坏。

由于不同类型企业生产运作活动的差异相当悬殊，如银行的运作与汽车制造公司的生产运作，生产管理者的具体工作业务也就不同。但作为生产管理者，他们的工作还是存在一些共性特征的。生产管理人员与其他管理人员一样，工作的主要内容是计划、组织、指挥、协调和控制。具体而言，计划就是要确定在一定时期生产运作的目标和达成目标所需采取的方法和措施。包括需要确定多少生产能力，选址、设施布置，确定所要提供的产品和服务，做出外购还是自制的决定，编制生产作业计划等；组织包括确定生产运作的集中程度，将什么任务转包出去，确定由谁来做、做什么、何时完成所分配的任务；指挥包括分配任务、发出指令，提出建议和激励下属高效、准时完成所分配的任务；协调则是使不同部门、岗位的工作相互配合，和谐地进行；控制包括衡量所做出的结果，并对出现的偏差采取纠正措施，具体的控制包括质量控制、库存控制等。

为完成生产运作管理的任务，生产运作管理必须具备两方面的技能。

(1)技术技能。技术技能包括专业技术和管理技术两方面内容:企业的生产管理者面临的是转化物料或提供各种特定服务这样的活动，他们必须了解这个过程。因此，必须具备有关的专业技术知识，特别是工艺知识。不懂专业技术的人是无法从事生产管理活动的。但对生产运作管理人员而言，仅仅拥有专业技术知识是不够的，他们还需要懂得生产运作过程的组织，懂计划与控制，懂现代企业生产运作管理的技术。

(2)行为技能。生产管理者要组织工人与技术人员进行生产活动，他们必须具备处理人际关系的能力，要善于与他人合作共事，调动他人的工作积极性，协调众人的活动。

要获得这些技能，做一名合格的生产管理人员，一靠培训，二靠实践。对任何企业而言，生产管理人员都是宝贵财富，企业主管应当充分发挥他们的作用。

1.2 生产管理战略

1.2.1 生产管理战略的涵义

“战略”一词原是军事用语，“战”是指战斗和战争；“略”是指谋略、策略和计划。“战略”即为重大的、长远的、带有全局性和适应性决定全局的计谋。从管理的角度看，美国的经济学家切斯特. 巴纳德(Chester I. Barnard)把战略观念引入企业管理中，他在1938年出版的《经理的职能》一书中首次运用战略概念。“战略”的概念现已被广泛地应用于企业管理当中，如经营战略、营销战略、价格战略、投资战略等。战略是对全局发展的筹划和谋略，反映企业对重大问题的决策结果，以及组织将采取的重要行动方案。企业战略则是对企业重大问题的决策结果以及企业将采取的重要行动方案，是一种定位，是一种观念，是企业在竞争环境中获得优势的韬略。

企业的生产管理战略是企业为求得生存和发展，在较长时期内生产经营活动的发展方向和关系全局的谋划。企业的生产运作过程决定了企业产品和服务的成本、质量、多样性、交付时间和对环境的影响，对企业竞争力有着直接的影响。

生产管理战略是指在竞争性的市场环境中，为适应未来的发展变化，依照企业的整体战略，在生产管理中所采取的全局性的、整体性的决策或观念；这种决策或观念一旦确定下来，就具有相当的稳定性，往往反映在企业的行为模式和规章制度中，成为日常决策或战术决策的指导。

为什么现代企业如此重视战略？最主要的原因就是环境发生了巨大变化，企业竞争日益加剧。进入20世纪90年代后，由于各种产品买方市场的形成，加上科学技术的迅猛发展，竞争变得空前激烈。竞争不仅使大量中小企业倒闭，也使得一些著名的大公司破产。企业环境是指企业赖以生存发展的各种外部条件和外部因素。现代企业所处的环境特点主要体现在技术革新步伐加剧;需求日益多样化、个性化;竞争趋向全球化、白热化;产品生命周期越来越短。企业环境因素是多方面的、复杂的，这些因素相互依存、相互制约，综合地对企业发生影响，制约企业行为。反之，企业战略的实施，又会影响环境的变化。

1.2.2 生产管理战略的类型

生产管理战略的主要可以分为低成本生产战略、产品创新与新产品引进战略等。如表1－1所示。

1. 低成本生产战略

低成本生产战略是指，在以成本领先作为企业总战略的情况下，企业所采取的相应策略。它主要是在成熟产品市场上采用的一种典型战略，同时，该产品的价格弹性要高，易于进行标准化生产。通常是通过追求规模经济、降低劳动力成本和获取廉价原材料等来达到降低成本的目的。但值得注意的是低成本生产战略的产品质量和性能或服务质量一定要与竞争对手处于同一水平或稍高，不能因追求低成本而忽视其他性能，致使顾客掉头。表1－1中列出了低成本生产战略、产品创新和新产品引进战略的对比关系。

表1－1　　低成本生产战略、产品创新和新产品引进战略间的对比

企业战略	低成本战略	产品创新与新产品引进战略
市场状况	产品的价格弹性大、标准化成熟市场、大批量生产	产品特性敏感度高、新市场、小批量生产、顾客订货
生产任务	强调低成本同时保证可接受的质量和交货速度	在保证合理的价格、质量与交货速度条件下，强调柔性
生成方式	过搞生产技术和垂直一体化来获取低成本	通过生成小组和柔性制造工具来获取生产速度和接受新产品
生产政策	强调使成本降低的过程、采取统计抽样进行过程控制集中生产、规模经济、严格的库存控制、高自动化、低技术要求的劳动力	强调产品的快速制造、柔性制造、对变化的快速反应能力、寻求机会获取利润、生成小组运用、高技术员工、低自动化
市场营销战略	大批量分销系统、重复式销售、扩大销售机会、遍布销售力量、低广告成本	选择式分销、新市场开发、代理销售、高成本广告
财务战略	大量的资金需求、低风险、低边际利润	资金需求量较低、高风险、高边际利润

2. 产品创新和新产品引进战略

产品创新和新产品引进战略通常是用在新出现的市场或处于成长期的产品市场上，企业通过产品创新和新产品引进可以在短时间内将高质量的产品推向市场，并因此而获得先入市场者的优势，甚至成为当地市场的领导者。在这种情况下，顾客对产品的价格敏感性不强，企业往往以高价销售新产品，以期短时期内收回投资。这种战略强调的是快速反应能力和生产的柔性，在其实施政策中可能会包括成立新产品开发小组，采用高柔性的生产工具来生产新产品，招聘或培养一批具有多种技术的高技术员工，从外部购买一些关键的服务和材料以保证柔性等。这些政策在产品市场的早期是有效的，但随着时间的推移，当该产品已进入成

熟期时就得考虑向低成本生产战略转变或放弃该产品，再开发或引进另一种新产品，以防止模仿者对本企业的攻击。

通常来说，开发一个新产品需要投入大量资本，即使是引进新产品也会在掌握该产品的技术诀窍、管理方式、员工熟练程度上花费大量的资金。当产品进入成长期和成熟期时，生产员工的学习曲线也下降到很低的水平上，这个时期是大量获取利润的时期，因而一般企业都不愿放弃，如果该企业具有市场领导者的地位，那么它就会有更多的优势，它所关心的是迅速降低成本，提高性能，以防止新的竞争者进入市场，并力图扩大自己的市场份额。当然也有一些市场中的竞争者专门从事新产品开发和引进，在获取了足够的利润之后又转向其他新产品，依靠不断地走在市场前列的策略获取竞争优势。这说明不同战略之间是可以相互转化或共存的。

3. 优势集中战略

任何一个企业可支配的要素资源都是有限的，包括资本、劳动力、技术等。它只能在某一行业或某几个行业里从事经营活动。作为市场领导者的企业也许能在各个细分市场中进行全覆盖，但一般的企业只能选择其中的某一个或某几个细分市场进行经营。

在这些选中的细分市场中，企业通常较竞争者有更高的技术水平和更好的要素资源。企业在选择了优势集中战略之后，就会将市场营销、财务管理和生产管理的全部力量投入到这些细分市场中，以赢得局部的优势。在其他职能配套的基础上，生产管理可以针对细分市场的消费者需求进行生产。例如，追求高质量及良好的服务，追求产品多样化或为消费者提供特别的产品或服务。这些需求对于大企业来说也许因市场份额太小而不愿进人，也许和它们的企业战略相冲突而放弃，这就为具有提供这些产品和服务的企业提供了机会。

根据所追求的企业任务不同，优势集中战略也会有不同的目标和生产政策。以汽车产业为例，劳斯莱斯(Royes Rolles)这个品牌本身就意味着高质量和良好的售后服务。它的产品有许多零部件都是由高技术的工人手工完成最后一道研配工艺，在整车装配时也采用了许多手工装饰，以满足顾客的不同需求。它从不大批量生产以扩大市场份额，而是以高质量、高价格来赢得优势。当然，它还有许多配套的战略策略。

4. 生产管理战略的优化组合

一个企业的资源是有限的，它采取一种什么样的企业总战略，就相应地要求生产管理战略、市场营销、财务管理、人力资源管理等作出协调一致的选择。这似乎意味着企业的生产战略只能采取一种，而不能同时选择几种，尤其是其特征有冲突的战略不能在同一企业内存在。但随着市场的发展，多样化经营成为一种防范市场风险的有效手段，因此，生产管理战略可供选择的范围随之扩大。

一个企业在选择生产管理战略时必须注意它的时效性和范围，才能达到其目的。当一个企业进行多种经营时，必须清楚各业务单位间的业务界线，注意将不同业务单位的生产管理分开，否则将导致生产管理上的混乱。当一个策略单位的产品处在不同的生命周期时，所采用的生产战略就不一样，应当及时调整，而不能食古不化，死抱着一种模式不变。

在明确了生产管理战略选择的时效性和范围后，才能进一步地寻求同一时段里在同一战略单位内能否寻求一种集几种战略的优点于一身，而避免各种战略的缺点的组合战略。在某种场合下，同时采取低成本生产战略和优势集中战略，同时采用产品创新和新产品引进战略和优势集中是有可能的。日本在这方面为其他国家的生产管理作出了榜样，在家用电器、微型汽车、复印机等行业，日本产品性能优良、服务良好，得到了优势集中的好处；同时，日本尽可能地利用自动化、柔性都很好的生产线，减少人力使用，获得了低成本的好处，使得日本产品在低档消费品中具有了绝对优势。美国在被日本一个一个吞噬了它们的细分市场之后，才发现问题是它们的企业没有一个持久的、优化组合的战略。同样，日本企业从不四面出击，而是认准一个市场，全力以赴地进行产品创新和新产品引进战略，如此一来，使许多原来由美国独霸世界的市场归于日本。

企业在任何时候都要明确自己的实力和竞争者的威胁，选择一个能发挥自己最大长处而避免弱点的生产战略来为企业总战略奠定基础。当然，在某些细分市场中，当你无论采取哪种战略都能击败竞争者时，应该具有长远的战略视角，尽可能预测到将来可能出现的情况。比如，在某细分市场中，一个企业通过产品创新获得了高额的边际利润，虽然在现阶段竞争对手没有力量，但过高的边际利润会吸引新的竞争者加入，如果加入的新竞争者具有更高的技术实力和更雄厚的资金实力，总有一天该企业会被新竞争者击败。考虑到这一点，该企业应该从开始就制定出计划，何时开始实行低成本战略，合理的低边际利润率，就能够成为新竞争者进入本行业的自然障碍。

1.2.3 生产管理战略的一般模型

作为企业管理总战略的重要组成部分，生产管理战略应当以企业管理总战略为指导，同时还要考虑企业所面临内外环境。生产管理战略主要由任务、目标、特殊优势及政策组成，其他因素则是在做出生产管理战略决策时需要考虑的辅助因素，但有时在某种场合下，某种特殊的辅助因素会变为对生产管理战略至关重要的决定性因素。如图 1－1 所示。

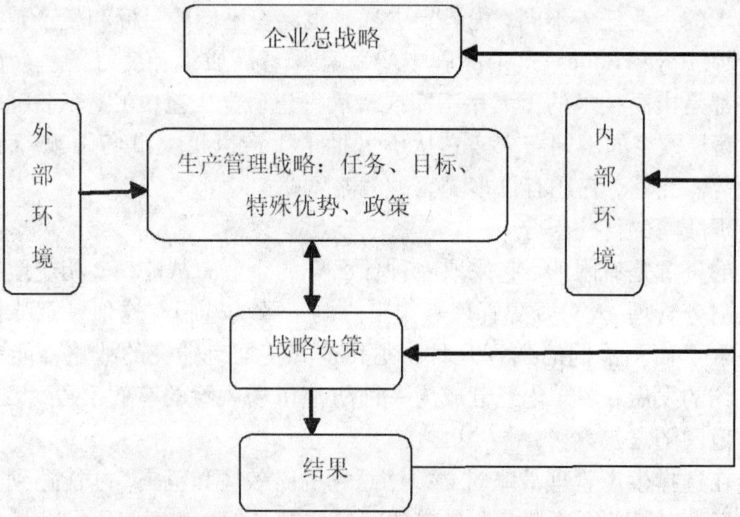

图 1－1　生产管理战略的一般模型

1. 企业总战略

企业总体战略是指为实现企业总体目标，对企业未来发展方向制定的长期性和总体性战略。它是统筹各项分战略的全局性指导纲领，是企业最高管理层指导和控制企业一切行为的最高行动纲领。

(1)企业总战略的主要特征

①全局性。

企业战略管理的范围是以企业的全局为对象，着眼于企业长远的发展，关系到企业的长远目标、发展方向及其基本的行动方针和重大措施等，这些原则性、概括性的规定，对企业一切活动具有权威性的指导作用。

②长远性。

由于企业的战略目标是对未来较长时间的生存发展的筹划，关注的是企业的长远利益，其根本出发点是着眼于未来，一般要求在科学预测的基础上使企业达到一个全新的水平，使企业保持长期的兴旺发达。为实现可持续发展，企业战略应具有相对稳定性，有时甚至以牺牲短期利益为代价。

③适应性。

理想的企业战略，应与企业的经营环境相匹配，力求实现稳定性与适应性的统一。企业战略是对环境的挑战和威胁而采取的行动方案，所谋求的是不断扩大实力，在未来激烈的竞争中占据有利地位，求得企业自身的生存和发展。因此，企业战略的管理不是解决某一具体运营单位的日常管理问题，而是在多变的市场环境中找出并解决可能影响到全局的复杂问题。

企业战略必须具有根据组织外部环境和内部条件的变化，适时加以调整以适应变化的特性。

(2)企业总战略的主要内容

企业总体战略的内容主要包括：确定企业使命，选择经营范围；为经营范围服务的特异优势；战略推移和可能的时间策略；追求的目标结果。

企业总战略决定了某企业应该如何去竞争。在现代市场中，企业往往有许多相互关联的业务，这常常以战略单位的形式来加以区分，以防止各类业务发生管理混乱，每个企业需要依照市场细分理论和所追求的产品或服务来确定自身的竞争优势。迈克尔·波特建立了三种通用战略模式，如图1-2所示。

竞争范围	竞争优势	降低成本	特殊优势
	广泛目标	低成本	特殊优势
	狭窄目标	低成本集中	特殊优势集中

图1-2　波特的3种通用战略模式

迈克尔·波特创建的三种通用战略包括低成本战略、特殊优势战略和市场集中战略。一个企业要获得竞争优势，就需要在这三种通用战略之间作出选择，必须确定自己应争取哪一种竞争优势以及在什么范围内争取优势。样样都想争第一的企业，到头来只会处于进退两难的地步，什么优势也没有。每一种通用战略后面都有相关的生产管理战略，所以，在生产管理战略制定之前制定一个企业总战略是十分重要的。另外，在一个正常运转的企业里，还存在这样一种情况:本企业的生产能力限定了企业战略的选择，所以生产管理战略反过来又决定了企业总战略。

2. 内外环境分析

现代企业最大的特点就是它是个相对环境的开放系统，与外界环境密切联系。在构造企业总战略时要密切注意环境，同样，在决定生产管理战略时也要密切注意与之相关联的各种环境因素。

企业的内部环境能通过可获得或支配的要素资源等来影响生产管理战略，其内部环境因素包括:企业文化、操作人员的技巧和能力、厂址的定位和企业的创建年限、控制的手段和类型等。通过内部环境的分析可以发现企业现存的优势和劣势，生产管理战略的主要目的就是克服现存的劣势并保持现存的优势。

企业的外部环境通常包括:竞争程度和状态、消费者、经济形势、技术状况和社会环境。外部环境对于企业和它的生产系统都具有决定性的影响，任何企业不可能遁世独处，比如通货膨胀、竞争压力、汇率变动、劳动观念的改变等都使企业的生产和经营面临巨大的压力。

3. 生产任务

作为生产管理战略的首要内容，生产任务是指企业生产经营什么，生产任务应该依照企业总战略中的 SWOT 分析(Strengthes, Weaknesses, Opportunities, Threats)原则来确定，它是决定企业能否立足市场的基础。

在制定生产任务时企业应该非常清楚对以下问题做出较为清晰的回答:

企业存在的原因是什么?

为什么社会愿意将资源分配给本企业?

企业将为消费者提供什么价值?

这三个问题简单明了地从理性角度分析了企业存在的原因和目的。一旦生产任务明确了，生产管理的其他内容就比较容易确定了。

4. 目标

生产管理的目标主要包括为成本、质量、交货和灵活性。建立生产管理战略的目标就是要在成本、质量、交货和灵活性 4 个方面用定量的、可测定的指标来为企业生产确定方向，它是生产任务的进一步细化。

(1)成本包括:劳动力成本、原材料和管理费用等，它是企业产品在销售时的主要成本，通常用产品价格的百分比来表示。成本不单单表现在自我成本年变化率上，更重要的是表现在与竞争对手的成本对比上。尤其是以低成本为竞争优势基础的企业，成本应当是最重要的，在所有竞争者中应该是最低的，否则只好彻底改变企业的总战略。

(2)质量是消费者在选择产品和服务时的首要条件，也是构成特殊优势的一种方式。有的公司就以高质量、高价格的产品和服务来赢得竞争优势。比如，施乐(Xerox)公司的高档复印机，就是以高质量取胜的，其产品的声望建立在高质量基础之上。

(3)交货就是将产品或服务从生产商那里传送到需要它的消费者那里。交货速度有许多不同的衡量方法，当产品生产出来之后交付仓储，则交货就是指仓储清单从提出订货到收到产品的时间以及是否完全交货。如果是零库存生产，则交货就是指用户发出订单至产品交付到用户手中的时间的长短。交货是否及时是企业能否在多变的市场中适应并生存下去的重要衡量标准。

(4)灵活性是指在制造新产品或生产批量方面的能力。如果企业的生产能力具有灵活性，并且学习新东西的能力很高，则新产品就能迅速被生产出来。灵活性往往与现代科技相结合，如计算机、机器人等在工业中的运用。老式流水线生产的灵活性通常较差，一旦一个流水线被安装起来，它所生产的产品种类和批量是难以改变的。要获得灵活性，往往要以增加成本为代价。灵活性也是企业赢得竞争优势的一个因素，但为了确定是否需要追求灵活性，有必要将所增加的成本与灵活性带来的价值相比较，在二者间做出取舍。

5. 在生产方面的特殊优势

特殊优势是企业与竞争者相抗衡的核心力量，是企业核心竞争力的根本所在。企业在生产方面的特殊优势必须与生产任务及目标相协调，杰出的企业都十分清楚自己的特殊优势在那儿并努力保护它。

特殊优势具有各种形式，在生产目标方面主要表现为:最低成本、最高质量、交货最迅速或最具灵活性等;在使用资源方面主要表现为以人为本的管理、以新技术领先等。生产管理方面特殊优势的选择应该与企业总战略中所选择的通用战略相一致，不能在追求最低成本的同时又去追求最高质量和最具灵活性，只能上下一致，专注于追求某项优势。

概括地说，特殊优势就是与竞争者相比，本企业在一定时期内必须且有能力把什么事做得最好。考虑到生产的细分性，企业的特殊优势可以分为:

(1)质量保证;

(2)高性能;

(3)交货保证

(4)交货迅速;

(5)低价策略;

(6)设计柔性;

(7)售后服务;

(8)批量柔性。

从原则上来说任何人不可能在同一时间内将所有事情都做得最好，实际上不可能同时将两件事做得最好。因此企业的特殊优势应该是在企业总战略的指导下尽力做好一件事。

6. 政策

政策(或称为策略)就是如何达到生产管理战略目标的方法，即决定如何解决工艺、能力、库存、劳动力及质量的问题。例如，某项政策解决的是一个工艺问题，而另一项政策则可能是如何完善库存控制系统。由于可供选择的政策有许多，这些政策之间有时是互相冲突的，选择哪项政策，要充分考虑相关因素，以达到协调。表1－2列出了常用的政策以供参考。

表 1－2　生产管理过程中的重要政策举例

政策种类	政策范围	战略选择
过程	过程广度 自动化 过程流	买或自制零部件 人工制作或机器制造、柔性或刚性自动化 单件、小批量、分组或流水线
能力	设备大小 定位(厂址选择) 投资	一个大型设备或几个小型设备 靠近市场、低成本或国外生产 长期或短期
控制系统	高库存水平或低库存水平 中心库存或分散库存 详细控制或总括控制	
劳动力	工作专业化 监督 工资系统 人员	高专业化或低专业化 分权或集权 奖励方式:高薪或低薪 多或少
质量	方法 培训 供应商	防止或检查 技术或管理培训 以质量或以成本进行选择

7. 战术决策和结果

在生产管理战略确定后，随之而来的就是战术决策的确定。战术决策的明显标志是短时效(一般是 1－2 年)性和具体化。战术决策通常由中层管理人员或低层管理人员来制定，以期完成高层管理人员制定的战略决策。例如，在表 1－2 的最后一项中，战略决策决定以质量或成本进行选择，而战术决策是在战略决策范围内的几家供应商中选择某一家或某几家。结果要用于检验前面后作出的战略决策和战术决策是否正确，如果结果不尽如人意，管理人员可以改变战术决策，也可改变战略决策，甚至可以修改企业总战略，结果将在图 1－1 中提供一种反馈信息。

1.2.4 制定生产管理战略计划的一般步骤

生产管理战略计划是实施生产战略管理的重要组成内容，制定生产管理战略计划的一般步骤通常包括以下几部分。如图 1－3 所示。

1. 竞争者分析

在对竞争者进行分析之前，应该对全社会(对于跨国公司则是全球性的)的经济、政治、社会、技术和市场等环境条件及物资供应者、顾客的动向进行分析，然后再详细分析竞争者的具体情况。我们在此用竞争者分析来表示一个广泛的概念，相关分析主要包括以下几项分析内容:

(1)环境分析;

(2)公众期望预测;

(3)行业和环境的经济特征辨析;

(4)本行业的决定性因素分析；

(5)竞争者带来的威胁分析；

(6)行业内竞争优势、先后次序的划分；

(7)行业机会估计；

(8)竞争者将要作何变动的预计。

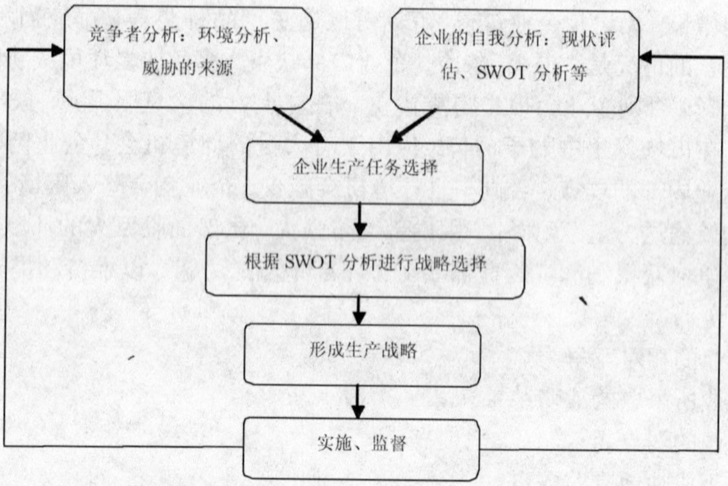

图 1-3　生产管理战略计划的一般步骤

2. 企业自我分析

从企业所处的现状出发，分析、评估自己在竞争方面的优劣，并对自己的未来作出客观性的战略预判，即企业将采取什么对策来加强已有的优势和克服现存的劣势。相关内容主要包括：

(1)评估企业现有的工作绩效；

(2)进行 SWOT 分析(S:强;W:弱;O:机会;T:威胁)；

SWOT 分析是企业在对某方面业务进行策略选择时，对环境和资源的综合分析，根据分析结果对众多备选方案做出系统评价，最终选出适当的策略，如图 1-4 所示。

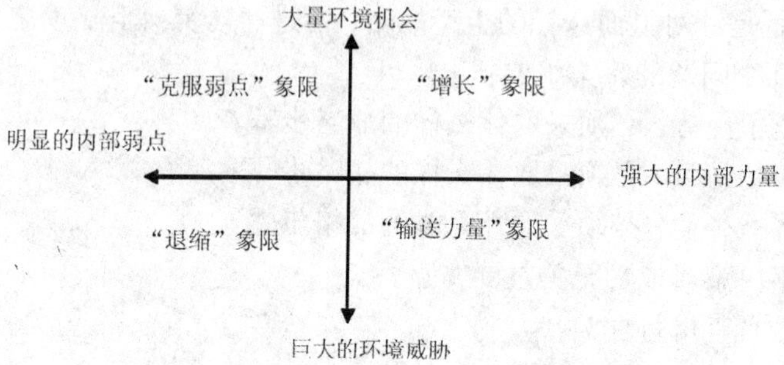

图 1-4　SWOT 分析

在图 1－4 中，纵轴表示企业所处环境如何，用正方向表示机会、有利方面，用负方向表示威胁、不利方面，沿正方向移动则表示威胁减弱，机会增多。与此相类似，横轴的正方向表示内部力量很强，而负方向表示内部力量很弱或内部缺点太多。

彼此相互垂直的两个轴构成了四个象限，分别为"增长、克服弱点、退缩和输送力量"象限。"增长"象限是最有利的情况，企业面临大量的机会，内部力量也很强大，应适合时宜使企业获得大量的增长，无论是企业规模、市场份额还是产品种类等，都应当利用机会进行快速地扩张。最糟糕的情况是"退缩"象限，企业内部缺点太多，加之环境威胁巨大，收缩和退出是最明智的选择，否则企业会损失得更惨重。在左上方的"克服弱点"象限当中，尽管本企业弱点明显，在市场竞争中处于劣势，但由于有大量的环境机会，企业仍可生存下去，但应当尽快克服企业内部的弱点，否则一旦环境机会减少，企业就会陷入困境，滑入"退缩"象限。在右下方的"输送力量"象限中，因内部力量强大，虽然面临巨大的环境威胁，仍可通过击败竞争对手，争取获得利润。因此需要源源不断地输送力量，以维持和提升其强大的市场竞争力。

(3) 评估企业的相对竞争力。

(4) 确定企业所采取的战略结果。

(5) 辨别企业的弱点。

(6) 企业能否成功地克服弱点。

3. 明确企业任务

关于明确企业任务问题，在前面"生产任务"当中以作详细介绍，在此不再重复。

4. 战略选择

在对 SWOT 分析的过程中，可以通过对下面问题的回答来选择出适合本企业发展的生产管理战略。

(1) 在市场竞争中企业内部力量是否强大到足以与市场机遇相匹配？

(2) 企业能否克服自身的弱点？

(3) 企业能否正确预测竞争对手动向并作出有利于自己的对策？

(4) 企业能否建立自身的独特竞争优势？

(5) 在企业现实的环境条件下，能否依靠本生产管理战略在竞争中获胜？

5. 生产战略形成

生产战略形成就是针对上面选择的生产战略，再进一步具体化，使之成为一个完整的体系，它可以由以下几个问题的答案组成：

(1) 为了建立竞争优势，必须采取什么样的战略步骤？

(2) 为了获取市场份额，必须采取什么样的战略步骤？

(3) 为了成为优秀企业，必须采取什么样的战略步骤？

(4) 哪一个战略决策对成功至关重要？

(5) 该战略是否具有可行性？

6. 实施和监督

无论怎样完美的企业生产发展战略，在实际中都或多或少会遇到困难，并暴露出程度不一的缺陷。只有在实施过程中不断进行监督检验并及时反馈信息，才能不断使其完善。实施和监督的另一重含义还在于战略是一个长时期的计划方案，在短时期内很难见到效果。这对于某些追求短期行为的中低层管理人员来说是一个讨厌的束缚，他们往往和工作人员一道形成共谋，为了小团体的利益而无视整体，拒绝认真执行战略，或“免费搭车”（经济学中有时称为“搭便车 ”，即自己不付出劳动而享有公共收益的行为）。为了整个组织的长远目标和利益，必须对战略的每一个步骤严格实施和监督，并将这种观念灌输到企业每一个员工的意识中去，培育和形成一种良好的企业文化。

思考题

1. 何谓生产管理？生产管理有哪些基本职能？
2. 生产管理的研究内容包括哪些？
3. 如何理解现代生产管理面临的新课题及其特征？
4. 生产管理战略的体系框架结构包括哪些？
5. 如何制定生产管理战略？

【案例分析】

“娃哈哈”的总成本领先战略

自1998年以来，娃哈哈已经连续十多年在资产规模、产量、销售收入、利润、利税等指标上雄居中国食品饮料行业首位。2008年一季度，娃哈哈饮料销量增长更是高达41%，远远超过了行业平均水平。

娃哈哈曾经的主要竞争对手，乐百氏已成昨日黄花，因差异化营销而被业界津津乐道的养生堂。娃哈哈仍然风华正茂，业绩高歌猛进，原因到底何在？

娃哈哈为什么能够持续数十年的成功？在食品饮料产业，娃哈哈的广告费投放最大，主要产品的单价明显低于主要竞争对手，但是利润率却远远高于竞争对手。娃哈哈的成功就在于能够坚持不懈地实施总成本领先竞争战略。在适当坚持区域差异、传播诉求差异等适当差异化营销的基本前提之下，始终如一地坚持总成本领先战略。从价值链理论中的基本价值创造活动（原材料供应、生产制造、市场推广等）、辅助性价值活动（财务管理、人力成本、行政管理等），到财务损益表中的三项费用（即：销售费用、管理费用、财务费用），做到了广告、低价和利润的有机统一。

一、“总成本领先战略 ”根植于企业精神

企业精神体现着企业全体员工的价值观，是企业文化的核心内容，是上至企业战略、策略规划，下至日常经营运作准则的共同体现。

校办工厂出身的娃哈哈，一直秉承“励精图治、艰苦奋斗、勇于开拓、自强不息 ”的十六字方针，指引着上至总裁，下至普通员工的所作所为。其中，“励精图治、艰苦奋斗 ”是企业总成本领先战略的形象表述。“励精图治、艰苦奋斗、勇于开拓、自强不息 ”深深印入每一个员工的脑海中，真正落实到每一个员工的行为上。

有什么样的领导，就有什么样的员工。尤其是在高度集权的娃哈哈，每一个员工要有所发展，无论从主观上还是从客观上，必须遵循艰苦创业的企业精神。

以下关于“艰苦奋斗 ”的解释摘自《娃哈哈销售管理手册》中的企业文化篇：艰苦奋斗就是创业精神的一种最主要精神，具备了这种精神，就意味着具备了一种百折不挠，顽强搏击的坚韧斗志，一种自强不息，勇往直前的进取精神，一种不怕牺牲，忘我奉献的不懈追求，一种埋头苦干，勤勤恳恳的务实作风，一种常怀忧患，居安思危的清醒态度，一种富贵不淫，贫贱不移的高尚节操。一个具备了这种精神的企业，才会是一个能够凝聚全体员工的力量，朝着远大目标奋勇前进的企业；一个具备了这种精神的企业，才会是一个能够战胜各种艰难险阻，万劫不灭，不断发展的企业；一个具备了这种精神的企业，才会是一个不贪恋一时享受，不断谋求更大作为的企业……

“思想决定态度，态度决定行动”，“艰苦奋斗”的价值观决定了娃哈哈全体员工勤俭节约的态度与习惯，也决定了企业的总成本领先战略有了扎实的理念前提与基础。

二、企业价值链活动处处体现着娃哈哈的总成本领先战略

价值链理论通过对企业组织活动各个环节的分析，能够准确判断出企业各种组织活动中存在成本或者差异化的优势与劣势。根据价值链理论，企业要获得根本性竞争优势，则必须在成本控制方面优于主要竞争对手；或者在研发、营销、产品等方面塑造差异化，以差异化获取竞争优势；或者是在部分环节注重成本控制，在部分环节注重差异化。

娃哈哈的总成本领先主要来自以下企业价值链活动中的几个方面，以下仅举例说明。

1. 娃哈哈生产制造中的低成本

追求生产设备高效化，追求后向一体化，追求规模出效益，最大限度降低生产原材料成本。饮料生产设备的性能既决定了产品的质量，又决定了生产数量上的效率。在生产设备投资方面，娃哈哈全面引进来自欧美的反渗透设备、注塑机、制盖机等一流设备。表面看来，巨资引进，成本昂贵，但仔细分析，一流设备的生产效率更高，单位成本更低，只要有市场需求，确保生产设备满负荷高效率运转，分摊到每瓶饮料的设备折旧成本几乎可以忽略不计。

瓶装水业是可以体现出规模经济的典型行业。以娃哈哈纯净水生产线为例，每条生产线生产能力为 2 万瓶/小时，如果 20 多小时满负荷生产，以半年 180 天计，可生产 7200 多万瓶纯净水；每条生产线假设总投入为 2000 万元，以十年直线折旧法计，则为 100 万元/半年，每瓶水的折旧分摊成本为：100 万元/7200 万瓶 =0.01 元。

同样，娃哈哈系列饮料的塑料瓶、瓶盖等包装材料等多自己投资生产，打造价值链优势，大量交易内部化，最大限度降低了采购成本。比如，一个瓶盖，娃哈哈自己生产不到 0.1 元，而竞争对手外部采购成本则需 0.12，甚至 0.15 元，别小看小小 2 分钱，5 分钱的差距，正是这些一点一滴积累了娃哈哈的成本制造优势。“除了原材料，其他一切娃哈哈都能自己造”，这种坚持自己一条龙生产制造的经营模式，打造了娃哈哈的制造成本优势，控制着价值链中的每个环节，不断追求规模经济效益。从而最终实现了总成本领先战略。

而遵循社会化分工的可口可乐、养生堂等公司，始终坚持外部采购原则，使得这些公司在成本制造上难以与娃哈哈匹敌。

娃哈哈在生产管理上实施成本倒追法，最大限度节约生产管理成本。

“发挥艰苦奋斗、勤俭治厂精神，开展节约一滴水、一度电、一厘钱活动，厉行节约，眼睛向内，苦 练内功……”以上成本节约的标语在娃哈哈生产管理系统内频繁出现。娃哈哈始终坚持“二级管理，三极核算”以及“将成本控制量化到每个员工”的成本控制制度。在生产领域，在保证质量前提下的成本控制案例举不胜举，娃哈哈每年都要评“成本管理”之类创新奖。

以娃哈哈八宝粥为例，娃哈哈八宝粥罐头每年产量达到三四亿罐，产销量一直位居全国第一。罐头最顶端有一个塑料盖，它的功能主要就是为了搁置小勺子，并保证干净卫生，让出行者方便食用。娃哈哈发现，很多竞争性产品的塑料盖克重都比自己的轻，而且因为自己的盖子重，有些硬，不易开启，不仅影响外观，还浪费材料。娃哈哈相关部门为此进行难题攻关，去除塑料盖多余成分，改变内置勺子形状，现在每只塑盖减轻了1克多，可节约成本0.012元左右，一年下来就可节省近400万元的费用。此外，变轻变软的塑料盖，启盖性也大为改善，不再会划伤手指。

2. 配送成本控制

“销地产”是娃哈哈成本领先战略中的关键战略。饮料的产业特性，决定了配送的相对高成本。为根本性解决产品的配送成本和速度问题，娃哈哈最早提出“销地产”战略，即在每个产品的主要销售区域直接设生产分厂，就地就近生产。每个生产基地的配送范围控制在500公里以内。

目前，娃哈哈的生产基地已均匀分布在全国各地。娃哈哈花了十余年时间率先完成了生产力的全国布局。其生产基地数量是顶新、统一饮料基地的5~10倍，也远远超过了可口可乐、百事可乐在中国瓶装厂的数量。

在产品配送的具体政策上，娃哈哈也严格控制成本，有时候甚至以牺牲配送速度为代价。比如，娃哈哈的省内汽车配送必须以整车为单位，火车运输必须以整车皮为组合单位，至少以十吨车为起运单位。

在公司流程再造信息化过程中，娃哈哈提出的最大需求是，优化配送网络，降低物流成本。在产品配送的调度支持上，娃哈哈的调度配送部门率先导入了国际一流的SAP软件系统，以进一步控制运输成本，提高效率。相关测算表明，娃哈哈产品的单位配送成本比主要竞争对手节约20%以上。

【拓展训练】

埃尔伍德·斯潘赛·伯法谈生产管理方法

埃尔伍德·斯潘赛·伯法认为，管理科学中涉及到的生产管理的各种分析方法，不外是在遵循科学方法的基础上利用各种模型，并且以这些模型来表示所研究的系统整体或某些分支部分。在分析各个领域中的问题时，首先需确定研究的系统边界，这样才能划定研究的范围。确定范围的指导原则是准确判断哪些因素或变量可能对所研究的系统产生影响。一般来说，问题的界限或范围越宽，出现次优化的可能性就越少。其次是构造模型。构造模型时，应该与实际的生产情况相适应，抽掉一些次要的因素，具体分析对生产过程有影响的因素，同时需要考虑到可控因素与不可控因素的关系，进而确定使用哪一种模型。模型的选择主要是根据因素间的关系和作用来决定。分析方法中必须确定衡量效率的尺度，建立起一套行之有效的标准，来衡量生产行动中各种可供选择方案的效果。这些方面的衡量尺度可以包含利润、贡献、总成本、增量成本、机器停工时间、机器利用率、劳动成本、劳动力利用率、产品单位数量和流程时间等等。

埃尔伍德·斯潘赛·伯法列出的分析方法主要有:成本分析、线性规划、排队模型、模拟技术、统计分析、网络计划模型、启发式模型、计算机探索求解方法、图解和图像分析等。这些方法在生产系统的各个方面都有着相应的用途。

1. 成本分析

成本分析是最常用的分析方法，是经营状况的数据表现，以关于不同成本因素的特性知识为依据，具有多种形式。从相关的数字中，管理者能够获取有效的信息，管理者关注重点是已考虑的各种可供选择的方案中涉及到的具体成本变化。成本分析的基本方法是损益平衡分析法，即利用经营规模变化时不同成本在变化上的差别来进行分析。

增量成本分析法仅仅用来研究那些受到可能会采用的方针或行动影响的成本。伯法指出，成本分析并不是要计算出每一个可供选择方案的运行总成本，而是只研究不同方案相比较时有差别的具体成本。这些成本主要指的是存货成本、调整劳动力成本、加班加点费和外包成本。增量成本分析在生产系统分析的各个领域内被广泛应用，通常在线性规划和排队分析模型中很常见。

2. 线性规划

线性规划的实质是最优化，即在满足即定的约束条件情况下，按照某一衡量指标，来寻求最优方案的数学方法。线性规划是非常重要的通用模型，主要用来解决如何将有限的资源进行合理配置，进而在限定条件内获得最大效益的问题。线性规划被广泛应用于工业、农业、管理和军事科学等各个领域，是现代管理与决策者最常用的一个有效工具。在生产中决定多个品种的最优构成问题、库存控制问题、原料供应问题等等，都可以采用线性规划。线性规划在实际运用中，往往存在着求解困难，对此，一般采用“单纯形法”来解决。

3. 排队模型

在生产过程中只要存在随机分布现象，就肯定会产生排队。各种库存实际上就是对排队的缓冲。完全的均衡分布并不存在。在这一类问题中，会在随机不定的时间间隔内遇到需要某种服务的人、部件或机器。为满足这种服务所需要的活动，往往会花长短不一的时间。在一定的到达率和服务率的条件下，可以运用数学方法计算并安排排队问题。在当代，排队分析被广泛应用在诸如通讯系统、交通系统、生产系统以及计算机管理系统等服务系统上。排队论提供了一种数学手段，能够预测某个特定排队的大概长度和大概延误时间，以及其他相关重要数据，包括排队场地安排、优先服务处理、排队成本控制、排队长短与发生事故的关系等等。掌握这些信息，会使人们更有针对性地解决相关的随机分布问题，做出明智的决策。

4. 模拟技术

生产管理问题的模拟技术是一项迅速成长的技术。模拟技术的迅速成长实际上是由高速的计算机发展带动前进的。这种方法是运用数理模型来进行模拟试验，用计算机处理相关数据，以选定的效率标准作为衡量尺度，观察和检测各项变量在模型中的运行结果。这种模型是试验性的，不一定能产生出最优答案。模拟方法的长处是可以在各种可供选择的方案之间进行比较，实际上是一种系统地通过反复试验以求解决复杂问题的方法。

5. 统计分析

统计分析为精确处理数据提供了一套方法结构。它不仅能够根据所建立的预测模型得出各种结论，而且能够估计到预测可能发生错误的风险有多大。统计分析经常应用于假设检验，能够使我们处理某一系统中的因素或变量在测定数值上的巨大变动问题，而这些因素或变量有可能规定着相关系统的范围。统计推断可以对相关系统的问题做出很精确的结论。在生产和业务管理中，统计分析方法有着广大的独立应用领域。统计原理作为分析方法的一种通用工具，常常能对其他分析方法的应用提供帮助，并在总体分析工作中做出贡献。

6. 网络计划模型

网络计划的基本原理是，把需要完成的工作以网络的形式做出计划，工作中涉及到的所有事件都列入网络，这些事件的分布安排应按照施工操作的时序和阶段间的相互依赖关系进行。根据网络计划模型，可以计算出作业进度的具体数字，从而使管理者对作业的计划进度了如指掌，能更灵活合理地支配时间。网络计划技术采用的形式是独特的，尤其是“关键线路”的观念，负荷平衡、最低费用法和有限资源的安排。这些互相联系的概念，能够给工程项目的管理提供合理的依据。

网络计划模型以紧凑的形式概括了很多重要信息。从网络计划中，能够很容易地计算出诸如最早和最晚的完成时间、活动进度安排中可利用的时差、关键线路等等。给定了活动网络、关键线路和计算进度表的统计资料，就能给管理者提供安排工程的具体计划。由于存在事件活动本身的时差，以及项目完成日期上的时差，就能够提供计划进度安排上的灵活性，得出不同的进度安排方案。然后，可以从资源负荷平衡的角度来比较运用情况，还可以通过活动费用的高低来评价方案是否有价值。不同的活动，对资源运用情况变化的响应是不同的，有些活动可能对资源的变化没有任何反应，甚至放慢进度有可能会比正常进度耗费更多。由于不同活动具有不同的“费用——时间”特性，因而就有可能对费用进行权衡。如果遇到有限的关键资源供给问题，由于资源的稀缺性，就需要从恰当安排有限资源的角度来审查计划方案，并利用存在的时差降低资源消耗，甚至可以在时间和资源利用之间进行权衡，采用延长工期的方法。

7. 启发式模型

所谓启发式，本身就意味着能够引导管理者去寻求答案。就管理上的意义而言，启发式模型是指用于决策的指导原则。这些指导原则或许算不上是最优的，但是在被人们应用时是始终如一的，而且是有效的，能够避免更加复杂的问题求解程序。

在对启发式模型的分析中，伯法明显借鉴了西蒙的满意型决策思路。他强调，现有的原则足以使我们找到可行方案。或许它不一定是绝对正确的，但却是最适用的。管理者碰到的问题，大多数都很复杂，如果要进行严密精确的分析会步履艰难，很难用数学的方法来求解，但又不得不寻求答案，这时，凭借经验法则形成的逻辑依据就不失为可用的最佳方法。所谓启发式模型，就是这样一套符合逻辑的和具有连贯性的法则。从某种意义上来说，启发式方法是管理工作中历史最悠久的思考方法。通过这种方法，以有可能放弃最好的解决方案为代价，减少了探索的工作量。在业务管理中，这种方法大量用于装配线的平衡、设备布置、车间作业进度计划、仓库位置选择、存货控制以及一次性工程项目的进度安排等领域。

8. 计算机探索求解方法

计算机技术的发展促进了启发式模型的应用，运用计算机可以对某些准则函数的一组有限的可行试解方案按顺序进行审查。通过规定每一个独立变量的数值，计算准则函数并记录下有关的结果，就可以得出一个试验评定值。把每一个试验评定值与以往得到的最佳值进行比较，若发现它有着明显的优越性，就采用它而摒弃先前的最佳值，以此类推，直至无法寻求优化解为止。这就是登山式的逐步探索法。在这一基础上，计算机就能按照预定的工作程序，把已发现的各项独立变量的最佳组合方案打印出来。采用计算机直接探索方法的优点在于建立了准则函数模型，它没有线性数学形式的局限，突破了变量的数目限制。在业务管理上，计算机探索求解方法已被用于制定总体计划和作业进度计划问题，还被用于解决资源有限的工作安排问题。计算机探索求解方法在企业管理中具有更大的灵活性，它不需要精密的模型设计和严格的数学形式，所以比较自由，能够在成本模型中更贴近现实。因此，伯法认为计算机探索求解方法在现实管理中具有越来越大的用途。

9. 图解和图像分析

图解和图像分析法是在生产系统中所用的传统分析方法，这种分析手段中最重要的形式就是表示活动顺序或时间安排的流程图。

第2章　生产系统分析与规划

2.1　生产能力

企业的生产能力与生产计划密切相关。生产能力反映了企业生产的可能性，是制定生产计划的重要依据。只有符合企业生产能力水平的生产计划，才能使计划的实现有可靠的和基础。

2.1.1 生产能力的概念

1. 生产能力的概念

生产能力是指在计划期内，企业参与生产的全部固定资产，在既定的组织技术条件下，所能生产的产品数量，或者能够处理的原材料数量。生产能力是反映企业所拥有的加工能力的一个技术参数，它也可以反映企业的生产规模。

主管人员之所以十分关心生产能力，是因为他随时需要知道企业的生产能力能否与市场需求相适应。当需求旺盛时，他需要考虑如何增加生产能力，以满足需求的增长；当需求不足时，他需要考虑如何缩小规模，避免能力过剩，尽可能减少损失。

实际运用中的生产能力有多种不同的表达方式，包括：设计产能、有效产能和利用的产能等。

企业在年度计划中规定本年度要达到的实际生产能力称为计划能力。计划能力包括两大部分。首先是企业已有的生产能力，是近期内的查定能力；其次是企业在本年度内新形成的能力。后者可以是以前的基建或技改项目在本年度形成的能力，也可以是企业通过管理手段而增加的能力。

计划能力的大小基本上决定了企业的当期生产规模，生产计划量应该与计划能力相匹配。企业在编制计划时要考虑市场需求量，能力与需求不大可能完全一致，利用生产能力的不确定性，在一定范围内可以对生产能力作短期调整，以满足市场需求。对于老企业可能由于产品方向有所改变，或者是产品结构重新设计，也可能因为工艺方法有所改进等种种原因，当初的设计能力已完全不能反映实际情况，这时需要对企业的产能作重新核准，称此结果为查定能力。查定能力是企业的实际能力，对于企业各类计划有指导作用，是企业计划工作的基本参数。

2. 组成生产能力的基本因素

企业的生产能力是编制生产计划的一个重要依据。因此，正确地核定企业的生产能力，对于做好生产计划工作有极其重要的作用。固定资产的生产能力，基本上由：在使用的固定资产的数量；固定资产的工作时间；固定资产的生产效率三个因素决定。

(1) 在使用中固定资产的数量

在计算生产能力的时候，企业固定资产的数量，应当包括能够用于生产的全部机器设备的数量，其中包括正在运转的、正在修理、装配或正在准备修理的机器设备，以及因生产任务变化而暂时停止使用的机器设备。正在修理或者准备修理的机器设备，虽然暂时不能运转，但是经过修复以后，它们仍然是具有生产能力的。至于因生产任务变化而暂时停用的机器设备，它们也没有丧失生产能力。所以，在计算企业的生产能力时，这两部分机器设备都应当记入，否则就不能如实地反映企业的生产能力和这种生产能力的利用程度。在计算生产能力的时候，损坏很严重，已经丧失了原有的生产能力，而在计划期内又不能修复使用的机器设备，是不应当记入的。另外，企业留作备用的机器设备，以及封存待处理的机器设备，也不应当列入企业的生产能力。

在计算生产能力的时候，固定资产还包括企业的厂房和其他生产用建筑物的面积数量。

(2) 固定资产的工作时间

在工业企业中，由于生产条件和工作制度的不同，固定资产的工作时间也是不同的。在连续生产的企业中，机器设备的有效工作时间，一般等于日历时间减去修理所需的停工时间。在间断生产的企业中，机器设备的有效工作时间，是在日历时间中扣除节日、假日停工的时间以后，按企业规定的工作班次来计算的，其中也要扣除机器设备修理的停工时间。机器设备的修理停工时间，应当根据设备修理计划来确定，为了尽可能地增加机器设备的有效工作时间，应当做好设备维修工作，在保证机器设备经常处于良好状态的前提下，设法减少修理停工时间。除了修理停工时间以外，由于其他原因造成的设备停工时间，如停工待料时间、动力供应中断的停工时间等等，在计算生产能力时，一般是不予考虑的。

生产面积的利用时间，同机器设备的工作时间不同，在一般情况下，没有停工修理的时间，因而也不需要扣除工作时间的损失，这是生产面积同机器设备的性质不同所决定的。

(3) 固定资产的生产效率

单台设备在单位时间内的生产数量或在单台设备上制造单位产品的时间消耗，前者为产量定额，后者为台时定额即时间定额，两者成反比关系。

在确定企业生产能力时，必须采用在现有的技术组织条件下比较先进的设备生产率。但是确定机器设备的生产率，是一件比较复杂的细致工作。这是因为，影响机器设备生产率的因素很多，除了有机器设备本身的技术条件、工作效率外，还有产品品种、产品质量、原材料的质量、企业的生产组织、劳动组织和工艺方法，以及工人的文化技术水平和熟练程度等因素。只有对这些因素进行分析，在已经达到的设备生产率的基础上，充分考虑到企业在计划年度内由于实现各种技术组织措施所取得的成效，并且参照相同条件的先进企业所达到的水平，再经过分析、调整，才能确定出一个先进的、合理的设备生产率定额。

3. 生产能力的收缩与扩张

(1) 产能收缩

当企业不能适应市场的变化，因经营不佳而陷入困境时，需要进行产能收缩。在收缩中应尽可能减少损失，力争在收缩中求得新的发展。下面介绍产能收缩的几条途径：

①逐步退出无前景的行业。经过周密的市场分析，如果确认本企业所从事的行业行将衰退，企业就需要考虑如何退出该行业。由于市场衰退是预测分析的结果，还不是现实，企业只不过在近年中感觉到衰退的迹象。所以企业首先停止在此行业的投资，然后分阶段地撤出资金和人员。之所以采取逐步退出的策略，是因为还有市场。

另外，企业资金的转移也不是一件很容易的事情，企业不能轻易放弃还有利可图的市场，这样做可以尽可能地减少损失。

②出售部分亏损部门。对于一些大企业，如果某些子公司或分厂的经营状况很差，消耗企业大量的资源，使公司背上了沉重的负担，扭亏又无望，这时不如抛售亏损部门。这个方法是西方企业处理亏损子公司所通常采用的方法。对待出售资产的决策应有积极的态度，出售是收缩，但收缩是为了卸掉包袱，争取主动，为发展创造条件。

③转产。如果本行业已日暮途穷，而企业的设备还是比较先进的，员工的素质也很好，可以考虑转向相关行业。由于是相关行业，加工工艺相似，大部分设备可以继续使用，员工们的经验可以得到充分的发挥。例如，服装厂可以转向床上用品和居室装饰品，食品厂可以转向生产动物食品等等。

(2)产能扩张

在生产过程中，企业有时可能需要扩大产能。企业在扩大其生产能力时，应考虑许多方面的问题，其中最重要的几个方面是维持生产系统的平衡，控制扩大生产能力的频率以及有效利用外部生产能力。

①维持生产系统的平衡。在一家生产完全平衡的工厂里，生产第一阶段的输出恰好完全满足生产第二阶段输入的要求，生产第二阶段的输出又恰好完全满足生产第三阶段的输入要求，依次类推。然而，实际生产中达到这样一个“完美”的设计几乎是不可能的，而且也是人们不希望的，因为其一：每一生产阶段的最佳生产水平不同，其二：产品需求是会发生变化的，而且由于生产过程本身的一些问题也会导致生产不平衡的现象发生，除非生产完全是在自动化生产线上进行，因为一条自动化生产线就像是一台大机器一样，是一个整体。

解决生产系统不平衡问题的方法有很多。例如：一、增大瓶颈的生产能力。可采取一些临时措施，如加班工作、租赁设备、通过转包合同购买其他厂家的产成品等；二、在生产瓶颈之前留些缓冲库存，以保证瓶颈环节持续运转，不会停工；三、如果某一部门的生产依赖于前一部门的生产，那么就重复设置前一部门的生产设备，可以充足地生产以便供应下一部门的生产所需。

②扩大生产能力的频率。在扩大生产能力时，应考虑两种类型的成本问题：生产能力升级过于频繁造成的成本与生产能力升级过于滞缓造成的成本。首先，生产能力升级过于频繁会带来许多直接成本的投入，如旧设备的拆卸与更换、培训工人、使用新设备等等。此外，升级时必须购买新设备，新设备的购置费用往往远大于处理旧设备回收的资金量。最后，在设备更换期间，生产场地或服务场所的闲置也会造成机会成本。反之，生产能力升级过于滞缓也会有很大的成本支出。由于生产能力升级的间隔期较长，每次升级时，都需要投入大笔资金，大幅度地扩大生产能力。然而，如果当前尚不需要的那些生产能力被闲置，那么，在这些闲置生产能力上的投资就将作为管理费用计入成本，这就造成了资金的占用和投资的浪费。

③外部生产能力。有些情况下还可以利用一种更为经济有效的办法，那就是不扩大本企业

的生产能力，而是利用现有的外部生产能力来增加产量。常用的两种方式分别是:签订转包合同或共享生产能力。共享生产能力的新途径还有利用一种企业联合体间的分时柔性工厂等。

4. 生产能力的类型

(1)根据生产能力调节因素分类

可由企业对生产能力加以调节控制的因素很多。从计划的观点看，可将这些因素按取得能力的时间长短，分为长期、中期和短期三类。

①长期因素。取得生产能力的时间在一年以上的都可归入长期因素。它们包括:建设新厂、扩建旧厂、购置安装大型成套设备、进行技术改造等。这些措施都能从根本上改变生产系统的状况，大幅度地提高生产能力，但同时也需要大量的资金投入。应用这些因素属于战略性决策。

②中期因素。在半年到一年之内对生产能力发生影响的那些因素为中期因素。如采用新的工艺装备、添置一些可随时买到的通用设备，或对设备进行小规模的改造或革新;增加工人，以及将某些生产任务委托其他工厂生产等，其中，也包括利用库存来调节生产的作用。

这些因素是在现有生产设施的基础上所作的局部扩充,它们属于中层管理的决策,一般在年度生产计划的制定与实施中加以考虑。

③短期因素。在半年之内以至当月就能对生产能力产生影响的属于短期因素。这类因素很多，如加班加点;临时增加工人，增开班次;采取措施降低废品率;改善原材料质量;改善设备维修制度。这能减少设备故障时间，提高设备利用率而提高生产能力;采用适当的工资奖励制度，激发工人的劳动积极性，在短时间内提高生产;合理选择批量。批量选择的不同会影响设备调整时间的变化。合理选择批量能减少不必要的设备调整时间，而提高设备利用率，即提高了设备的生产能力。

生产能力的短期调节因素是对现有生产设施利用的改善，都属于作业层的决策。

(2)根据生产能力分类

企业的生产能力，根据用途不同，可以分为设计能力、查定能力和现有能力三种:

①设计的生产能力。设计的生产能力是指企业开始建厂时，工厂设计任务书中所规定的工业企业的产品方案和各种设计数据来确定的。在企业投入生产以后，需要有一个熟悉和掌握技术的过程，所以设计能力，一般都需要经过一定时期以后，才能达到。

②查定的生产能力。查定的生产能力是指在没有设计能力或虽有设计能力，但由于企业的产品方案和技术组织条件已发生很大变化，原有的设计能力已不适用，需要重新核定的生产能力，这种生产能力是根据企业现有条件，并且考虑到企业在查定期内所采取的各种措施的效果来计算的。

③现有的生产能力。现有的生产能力是指企业在计划年度内所达到的生产能力。它是根据企业现有的条件，并考虑企业在查定时期内所能够实现的各种措施的效果来计算的。

上述三种生产能力，各有不同的用途。当确定企业的生产规模，编制企业的长期计划，安排企业的基本建设计划和采取重大的技术组织措施的时候，应当以企业查定能力为依据。而企业在编制年度的生产计划，确定生产指标的时候，则应当以企业的现有能力作为依据。因此现有能力定得是否准确，对于生产计划的制订、有直接影响。

生产能力是编制生产计划的一个重要依据，但并不是全部依据。企业在按照市场需要编制生产计划的时候，不但要根据企业固定资产的生产能力，而且要考虑到原材料的供应情况，考虑到其他有关条件的因素。不考虑这些，就不能编制一个好的生产计划。如果把工业企业的生产能力和生产计划混同起来，用生产能力去代替生产计划，或者，用生产计划代替生产能力，那末，在前一种情况下，就会忽视机器设备等固定资产和劳动力、原材料等其他生产要素之间的比例关系，给生产带来不良的影响；在后一种情况下，就会把由于考虑到劳动人数和原材料供应等因素的影响而计算出的生产水平，当作企业固定资产的生产能力，这样做，也不利于促使企业挖掘生产潜力。

2.1.2 生产能力计算

1. 确定生产能力的计量单位

由于企业种类的广泛性，不同企业的产品和生产过程差别很大，在作生产能力计划以前，必须确定本企业的生产能力计量单位。常见的生产能力计量单位如下：

(1)以产出量为计量单位

调制型和合成型生产类型的制造企业生产能力以产出量表示十分确切明了。如钢铁厂、水泥厂都以产品吨位作为生产能力，家电生产厂是以产品台数作为生产能力。这类企业它们的产出数量越大，能力也越大。若厂家生产多种产品，则选择代表企业专业方向，产量与工时定额乘积最大的产品作为代表产品，其他的产品可换算到代表产品。换算系数 k^i 由下式求得：

$$k^i = t^i/t^0$$

式中：

k^i – 代表 i 产品的换算系数；

t^i – 代表 i 产品的时间定额；

t^0 – 代表产品的时间定额。

(2)以原料处理量为计量单位

有的企业使用单一的原料生产多种产品，以工厂年处理原料的数量作为生产能力的计量单位是比较合理的，如炼油厂以一年加工处理原油的吨位作为它的生产能力。这类企业的生产特征往往是分解型的，使用一种主要原料，分解制造出多种产品。

(3)以投入量为生产能力计量单位

对某些企业而言，如果以产出量计量它的生产能力，则会使人感到不确切，不易把握。如发电厂，年发电量几十亿度电，巨大的天文数字不易比较判断，还不如用装机容量来计量更方便。这种情况在服务业中更为普遍，如航空公司以飞机座位数量为计量单位，而不以运送的客流量为计量单位；医院以病床数而不是以诊疗的病人数；零售商店以营业面积，或者标准柜台数来计量，而不能用接受服务的顾客数；电话局以交换机容量表示，而不用接通电话的次数。这类企业的生产能力有一个显著特点，就是能力不能存储，服务业往往属于这种类型。

2. 生产能力的计算方法

生产能力的计算主要有以下三种类型：流水线生产类型企业的生产能力计算；成批加工生产类型企业的生产能力计算及服务行业的生产能力计算。不同类型的企业生产能力计算方式不同。相比之下，机械制造企业的生产能力计算稍微复杂一些，主要原因是这类企业产品的加工环节多，参与加工的设备数量大，设备能力又不是连续变动的，而是呈阶梯式发展的，所以各环节的加工能力是不一致的。计算工作通常从底层开始，自下而上进行，先计算单台设备的能力，然后逐步计算班组(生产线)、车间、工厂的生产能力。因此，班组或工段生产能力的计算，是确定车间及全厂生产能力的基础。

在单件小批或成批生产条件下，班组或工段生产能力的计算是按设备组进行的。设备组是指分配给该班组或工段生产任务方面具有通用特性的一组设备。

(1)单一品种的生产能力计算

①设备组生产能力可按下式计算：

$$M_O = F \cdot S/T$$

M_0 为设备组的生产能力；S 为设备组内的设备数量；F 为单台设备有效工作时间；t 为单台产品的计划台时。

②生产面积生产能力计算可按下式计算：

$$M_O = F \cdot B/b \cdot t$$

M_0 为某生产面积生产能力；B 为生产面积(平方米)；F 为生产面积的利用时间(小时)；b 为单位产品占用的生产面积(平方米)；t 为单位产品占用时间(小时)。

(2)单一品种生产能力的利用指标，即负荷系数，均可用下式计算：

$$L = N/M_0$$

其中，L 为负荷系数；N 为计划期的计划产量。

(3)多品种生产能力的计算

①此处以代表产品为单位计算设备组的生产能力。当以代表产品为计算设备生产能力的计算单位时，上面公式中的 t_0 表示代表产品的台时消耗。现举例说明如下：

例 1－1 设某企业 A、B、C、D 四种产品，计划年产量各为 180、150、20、50 台，在车床上加工的工时分别为 180、120、200、250 台时，假设选定 A 产品为代表产品，车床组共有 20 台车床，两班制生产，设备计划停工率为 10%，则

车床有效工作时间 $F = (365-104-10)\times 8\times 2\times(1-10\%) = 3614.4$(小时)(104 天为双休日，10 天在为法定节假日)

$$M_0 = F \cdot S/T_0 = 3614.4\times 20/180 \approx 402(台)$$

本例中各产品折合为代表产品产量的换算如表 2－1 所示。

表 2－1　代表产品产量的换算表

序号	计划产量 N_i	单位产品定额 t_i	换算系数 $K_i = t_i/t_0$	折合成代表产品的计划产量 N_iK_i	各种产品在全部产品中所占比重 $N_iK_i/\Sigma N_iK_i$	以代表产品为单位的生产能力 M_0/台 $N_iK_i/\Sigma N_iK_i$	换算为具体产品单位的生产能力 $M_i = m_0 \cdot N_iK_i/\Sigma N_iK_i \cdot K_i$
1	180	180	1	180	48.39	194.6	196
2	150	120	0.67	100	26.88	108.5	163
3	20	200	1.11	22	5.91	24.6	22
4	50	250	1.39	70	18.82	76.3	55
Σ	400	–	–	372	100	402	436

多品种以代表产品为单位计算的负荷系数可用下式计算。

$$L = N_iK_i/M_0 = 372/402 = 92.5\%$$

②以假定产品为单位计算设备组生产能力

以假定产品为单位计算设备组生产能力时，$M_O = F \cdot S/t$ 中的 t 表示表示单位产品的台时消耗。如以 t_0 表示假定产品的单位台时消耗，则它等于各单位产品台时消耗与该产品在全部产品产量中所中比重的乘积之和，即

$$t_0 = \frac{N_1}{N_1 + N_2 + \cdots + N_m} \cdot t_1 + \frac{N_2}{N_1 + N_2 + \cdots + N_m} \cdot t_2 + \cdots + \frac{N_m}{N_1 + N_2 + \cdots + N_m} \cdot t_m$$

$$= \frac{\sum_{i=1}^{m} N_i T_i}{\sum_{i=1}^{m} N_i}$$

式中：t_0——假定产品的单位台时消耗；

N_i——第 i 种产品的计划产量；

t_i——第 i 种单位产品的台时消耗。

3. 生产能力的步骤确定

例 2－2　某企业刨床组有 6 台刨床，每台平均年有效工作时间为 3750 小时，加工 A、B、C、D 四种产品，年计划产量分别为 100 台、200 台、250 台和 50 台，单位产品的设备台时分别为 20、30、40 和 80 小时，求该刨床组以假定产品为单位的生产能力。

假定产品的单位台时消耗为

$$t_0 = \frac{100}{600} \cdot 20 + \frac{200}{600} \cdot 30 + \frac{250}{600} \cdot 40 + \frac{50}{600} \cdot 80 = 36.55(\text{小时})$$

6 台刨床以假定产品为单位的生产能力为

$$M_o = F \cdot S/t_0 = 3750 \times 6/36.66 = 614(\text{台})$$

本例中各产品折合为假定产品产量的换算如表 2－2 所示。

表 2－2　**假定产品产量的换算**

产品名称	计划产量（台）N_i	各种产品在全部产品中所占比重 $N_iK_i/\sum N_iK_i$	单位产品定额 t_i	单位假定产品在刨床组上的台时消耗（台时/台）$t_0 = \sum N_it_i/\sum N_i$	以假定产品为单位的刨床组生产能力（台）$M_0 = F \cdot S/t_0$	换算为具体产品单位的生产能力（台）$M_i = M_0 \cdot N_i/\sum N_i$
A	100	48.39	20	3.34	}614	103
B	200	26.88	30	10		204
C	250	5.91	40	16.68		256
D	50	18.82	80	6.64		51
Σ	600	100	–	26.76		614

①多品种以假定产品为单位计算的负荷系数可用下式计算：

$$L = \sum N_i/M_0 = 600/614 = 97.72\%$$

②另外，可以证明：不论以代表产品或以假定产品为单位计算的多品种设备组负荷系数，均可用下式计算：

$$L = h \sum N_i t_i / FS$$

③当用产品的重量作为计算生产能力的计算单位时，公式为

$$M_o = F \cdot S/t'$$

式中 t′表示产品单位重量的台时消耗，如以 t_0 表示假定产品单位重量台时消耗，则它等于各单位重量台时消耗 t_j 与相应产品的产量和产品单重乘积之和与全部产品总重量之和的比，即：

$$t_0 = \sum_{i=1}^{m} N_i \omega_i t_i / \sum_{i=1}^{m} N_i \omega_i$$

其中：

N_i——第 i 种产品的产量；

t_i——第 i 种产品的重量台时消耗；

ω_i——第 i 种产品的单重。

例 2－3　设某车间有 70 台设备，两班制，每班工作 8 小时，设备平均停工率为 0.12，生产普通吊车、冶金吊车和龙门吊等三种产品，各种产品吨定额工时分别为 20.9 小时，24.88 小时和 18.81 小时，车间产品重量构成比例为：普通吊车为 20%，冶金吊车为 60% 和龙门吊为 20%。求以假定产品重量表示的车间生产能力。

(1)车间假定产品吨定额台时为：

$20.9 \times 20\% + 24.88 \times 60\% + 18.81 \times 20\% = 22.87$ 小时/吨

(2)故以重量单位表示的该车间生产能力为：

$M_o = 254 \times 2 \times 8 \times (1 - 12\%) \times 70/22.87 = 10946.3$（吨）

(3)铸造车间的生产能力

上述生产能力的计算办法，主要适用于金属加工车间。至于铸造、锻造等热加工车间生产能力的计算有它 F 不同的特点：

铸造车间，主要是计算熔炼设备、造型设备和造型面积的生产能力。

熔炼设备组生产能力的计算公式为：

$$M_o = S \times P \times F(1 - r)$$

其中：

M_0——熔炼设备组生产能力(吨/年)；

S——熔炼设备数量；

P——熔炼设备小时的产量(吨/时)；

F——熔炼设备有效工作时间(小时)

r——铸造损耗率(包括自然损耗、浇冒口、废品等)。

造型设备生产能力的计算同机械加工设备相似，造型面积的生产能力计算公式为：

$$M_o = B \times P$$

其中：

M_0——造型面积的生产能力(吨)；

B——造型面积(平方米)；

P——单位造型面积年产量(吨/平方米)

在确定铸造车间生产能力时，除上述三部分外，还应综合考虑配砂、型芯、烘干、吊车等

各个环节的能力。

(4)锻造车间的生产能力

除考虑吊车，加热炉等环节的能力外，主要按锻锤、水压机锻造设备的生产能力来确定。锻造设备组生产能力的计算公式为：

$$M_o = P \times S \times F$$

其中：

M_0 – 锻造设备组生产能力(吨)；

P – 锻造设备台时产量(吨/时)

S – 设备组设备数量；

F – 设备有效工作时间。

在所计算的各车间生产能力的基础上进行综合平衡，从而确定全厂的生产能力。全厂生产能力的综合平衡主要包括：

第一,各基本生产车间生产能力的平衡，首先要确定主要车间,然后把主要车间生产能力与其他车间生产能力进行平衡。在机械工业企业中主要车间一般是指金加工车间或装配车间;如果出现基本车间能力不平衡的情况，这就需要经过综合平衡，使企业生产能力达到一个较高的水平。

第二，基本车间与辅助车间生产能力的平衡，一般以基本生产车间能力为准，了解辅助车间生产能力配合协调情况，在能力不平衡时，就应采取措施使之达到平衡。

2.2 工厂选址

2.2.1 工厂选址的重要性

工厂选址在企业运作管理中具有十分重要的地位。一个产品从原材料制成零件、组装成部件、装配成产品，再经过分销、零售，最后到达消费者手中，要经过不同企业的劳动，并克服地域和时间的限制。这本身就是一个极为复杂的系统。工厂厂址的选择就是在这样一个系统的基础上加以优化的。现代企业的运作，不仅要考虑到企业自身的业务流程，还要关注到整个供应链系统，厂址选择的涵义早已扩展到整个供应链上的各个环节当中。

一个企业的竞争力直接受其他地理位置和环境的影响。对制造企业而言，其地理空间的选择决定着某些成本的高低，如原材料和产品的运输成本、劳动力的成本及其他辅助设施的成本等。对服务业企业而言，选址问题直接影响着客流量。另外，选址问题还影响着员工的精神面貌、相互间的人际关系以及公共关系等。

选址是一件巨大的永久性投资活动，位置一经确定，就不能移动。厂址选择是否得当，对工业在各个地区的合理分布，城市和工业区的建设，自然资源的开发利用和环境保护，都具有深远的影响;同时，也直接关系到拟建企业的建设投资、建设工期和投产後的经济效益。这是一项政策性强、技术性和经济性要求高的工作，对大型和特大型建设项目的厂址选择尤为重要。

另外，工厂选址的正确与否还将影响着企业运作的机会成本。机会成本不是账面上反映出来的费用，而是一种隐性的但是对企业收益有重要影响的费用。因此，在企业进行工厂选址时，应同等考虑显性成本与隐性成本及机会成本。

2.2.2 影响工厂选址的因素

工厂选址通常涉及许多因素，与隐性成本相关的因素有国际间的文化差异、法律、环境、地方政府的态度、学校、医院、房价，气候等自然环境因素也是影响工厂选址的重要影响因素。总的来看，这些影响因素可以分为经济、政治、社会以及自然四个类型。

1. 经济因素

(1)运输条件与费用

企业的一切生产经营活动都离不开交通运输。原材料、工具和燃料进厂，产品和废物出厂，零件协作加工等，都需要大量的物料运输；员工上下班同样需要交通方便。便利的交通能使物料和人员准时到达需要的地点，使生产活动正常进行，促进原材料产地与市场的紧密联系。

水路、铁路、公路和空运等各种运输方式，各自具有不同的特征，应结合企业自身情况采取个合适的运输方式。在考虑运输方式时，要注意结合产品的性质。生产粗大笨重产品的工厂，要靠近铁路车站或河海港口；制造出口产品的工厂，厂址要靠近码头。

在企业生产过程中，有大量物资进出企业，有的企业输入运输量大，有的企业输出运输量大。有的企业输入输出量都很大。在工厂选址时，要综合考虑接近原材料供应地，还是接近消费市场，要追求单位产品的生产成本和运输成本最低，不能追求只接近消费市场或只接近原材料产地。

工厂选址接近原料产地时，原材料成本往往占产品成本的比重很大。优质的原材料与合理的价格正是企业所期盼的。下面各种类型的企业接近原料产地时，对企业较为有利。

原料笨重而价值较低的企业，如水泥厂、玻璃厂、钢铁企业等；

原料易变质的企业，如水果、蔬菜罐头企业；

原料运输不便的企业，如屠宰厂。

工厂区位接近消费市场的主要目的，主要是节省大量运费并及时提供相应的售后服务。

产品运输不便，如家具厂、预制板厂等；

产品易变化，如制冰厂、食品厂等；

大多数服务业企业，如商店、消防队、医院等。

(2)劳动力的可获得性及费用

对劳动力密集型企业而言，人工费用占产品成本的大部分，必须高度重视劳动力的成本。在劳动力资源丰富、工资成本较低的地区选址建厂，就成为工厂选址的重要参考标准。随着科技的进步，企业对员工业务素质的要求越来越高，也只有受过良好教育的职工才能胜任越来越复杂的工作任务。对需要大量具有专门技术员工的企业来讲，人工成本占比较大，并且员工的技术水平和业务能力，又直接影响到产品的质量和产量，因此劳动力资源的可获得性和成本高低就成了工厂选址的重要约束条件。在大中城市建厂，容易获得高素质劳动力资源。

(3)能源可获得性与费用

对于能耗较大的企业来说，比如钢铁、电解铝、火力发电厂等，工厂选址应该靠近燃料、动力供应地。

(4)厂址条件和费用

建厂地方的地势、利用情况和地质条件，都会影响到建设投资。显然，在平地上建厂比在丘陵或山区建厂造价要低得多。另外，在地震带建厂，应预先有防范措施。

地价是影响工厂选址的重要因素，城市地价高，城郊地价较低，农村地价低。

在相关产业集聚区选址建厂，有利于提升协作效率。

2. 政治因素

政治因素包括政治局面是否稳定、法制是否健全、税负是否公平等。

政治局面稳定是工厂选址的首要前提。有些国家或地区的自然环境适宜选址建厂，但法律环境变更无常，资本权益难以得到保障，也不宜建厂。如果税负不合理，使企业财务负担过重，也不宜选址建厂。相反，一些国家为了吸引外资，提供优惠地价，保障外商合法权益，并采取减免税收等政策，形成了有利的投资环境。

3. 社会因素

投资建厂要考虑的社会因素包括居民的生活习惯、文化教育水平、宗教信仰以及当地的生活水平等诸多方面。

不同国家和地区、不同民族的生活习惯存在显著差异。企业的产品一定要适合当地的需要。本国流行的产品或流行的款式，到另一国家或地区可能就行不通了，反之亦然。比如内地畅销的衣服款式，在民族地区就未必卖得出去。

在文化教育水平高的地区选址设厂，不仅有利于招收受过良好教育和训练的员工，而且该地区的氛围也有利于吸引过多的优秀人才，这对提升企业的核心竞争力是至关重要的。

建厂地生活的条件、水平决定了对职工的吸引力。人们的住房、交通工具、饮食、衣着以及能耗，反映了生活水平的高低。生活水平高的地区，通常企业支付给员工较高的工资，导致产品成本提高；生活水平低的地区，通常企业支付给员工较低的工资，产品成本较低，如果对劳动力的业务素质要求不高的话，到经济发展落后地区选址建厂将有着更大的利润空间。

4. 自然因素

自然因素主要是指气候条件与水资源状况。

气候条件将直接影响职工的健康与工作效率。气温的高低关系着厂房和办公室的建筑设计。通过空调来调节气温，不仅作用有限，且耗费能源，增加成本。

耗水量巨大的企业，应在水资源丰富的地区选址建厂。如，造纸厂、发电厂、钢铁厂等。选址时，应同时考虑环保的有关规定，并安装治理污染的设施，当然这会增加成本。

2.2.3 工厂选址的一般步骤

在工厂选址的过程中一般没有固定不变的程序，一般性步骤为：选择某一地区；在同一地区选择多个不同的地点；比较不同地点间的优劣，做出最后决定。

1. 选择某一地区

依据企业发展的总体战略进行选址建厂，选择拟建厂地址时要综合考虑经济、政治、社会以及自然等各种因素，最后确定某一地区。

(1)农村建厂

以下情况适合于在农村地区选址建厂：

①工厂规模较大，需占用大量土地；

②有高度制造机密，需要同周边环境隔离；

③需要大量非技术性劳动力；

④生产队环境造成较大污染，如噪音、有害物质排放等。

(2)城市建厂

城市人才集中，人口稠密，交通便利各种基础设施均极为方便，各种企业集聚，容易形成能够通力协作的产业集群。但城市对环境保护要求较高。以下情况较为适宜在城市当中选址建厂：

①工厂规模较小，但需要受过良好教育和培训的员工；

②工厂占用空间较小，且能够布局于多层建筑内；

③服务业，大部分服务业需要与顾客进行近距离的接触和互动；

④对环境污染较小。

(3)城郊建厂

城郊结合部地区具有城市和农村二者的优点。随着现代交通和通讯的愈发便捷，越来越多的企业选择在城郊结合地区选址建厂。

2. 选择适当的地点

地区选定之后，应进一步结合企业自身特点，更深入地研究具体的建厂地点。通常要考虑人工成本、运输费、管理费等各项费用。另外，还需要考虑：

(1)还需要考虑工厂平面布置方案，并适当留有扩充余地。在购置土地之前，就应有厂区平面布置的方案。尽管从长远考虑，留有余地会增加投资，但没有战略眼光的话，将来会导致更多的投资支出。

(2)整理场地环境的费用支出。在选址建厂过程中，显然不能仅仅考虑厂房和仓库建设的费用支出，还应考虑周围环境、道路、供水、下水道及废料堆放的场地等相关费用支出。尤其是在农村地区选址建厂时，基础设施的缺乏，使得一切都需自理，相关费用支出应该引起重视。

(3)职工生活的方便程度。在农村地区选址建厂时，职工的住房问题必须加以考虑，在城市选址建厂时，职工上下班的交通问题就得提上议事日程。

2.3 厂区布局

在工厂选址确定之后，紧接而来的就是厂区布局问题。所谓厂区布局就是按照布置合理紧凑、节约用地、利于生产、方便施工、降低造价、缩短工期、具有先进的技术经济指标，满足长期安全、经济运行要求的全厂区的平面布置。厂区布局的主要任务是把整个企业作为一个系统，根据厂区地形和生产工艺流程要求，统筹兼顾，全面安排企业内各建筑物的位置，以利于生产的正常进行和经济效果的提高。厂区布局的总目标为单一的流向，最短的距离，最大的利用空间，满足生产、运输、动力、环保、安全及建筑工程的经济、美观和适用等多方面要求。工厂总平面图布置将长期影响企业的生产经济效果。

合理的布置要满足：

第一，生产过程的要求。将辅助车间、材料库尽可能布置在接近其所服务的主要车间；按照生产性质、工艺流程、动力需要、货运方向和人行线路等要求，把一些同类车间和设施布置在一个地段内；

第二，运输的要求。使货物运转线路尽可能为直线，运输距离最短，并减少运输线路和工程管道的交叉点；

第三，动力供应和上下水连接的要求；

第四，地形、地质、气候等自然条件的要求；

第五，建筑经济要求，尽可能避免建筑大量小型厂房；

第六，防火、通风、采光、绿化、卫生和环境保护等要求；

第七，企业远景发展的要求。

厂区布局是企业生产管理当中的一个经典问题，厂区布局的合理与否对企业生产经营活动有着十分重要的影响，影响到企业的生产经营成本、职工的工作环境、物资运输流程以及企业的应变能力等。相关数据表明，在制造业中，总经营费用的20% ~30%属于物资运输费用、而合理的厂区布局可使这一费用至少减少10% ~30%。

2.3.1 厂区布局的原则

1. 以生产流程为中心，保持厂区内各要素间的协调配合

厂区的平面布局方案应以生产流程为中心，使厂房、建筑物和各种设备的配置满足企业生产过程的要求。例如，一个车间的出口应与工序上与其有着密切联系的另一车间的入口为邻。

2. 合理划分厂区

厂房、建筑物的布置，必须符合安全、防火和环境保护的要求。应把功能相近或对防火等条件要求相同或相近的单位集中布置在同一区域，既便于管理，又便于对不同的区域采取不同的安全防火措施。一个企业的厂区通常可以划分为生产加工区、动力区、行政办公区、生活区等功能区。

3. 在全厂范围内规划合理的物流路线

在满足生产工艺要求的条件下，各种物资在厂区内的运输应尽量缩短运输距离，避免交叉运输和往复运输，以减少物流量。出于安全考虑，还应避免物流运输的主干通道与员工上下班的出入道出现交叉。

4. 厂区布局应尽量紧凑合理，减少土地占用

在符合安全、卫生及防火要求的条件下，应合理确定通道宽度以及各部门建筑物之间的距离，尽量把厂房和各种设备布置的紧凑合理，不仅节约用地，还可以缩短厂区内各种管理和线路的长度。这样，既可以节省投资费用，又可以节省日后的运行费用。

5. 充分利用外部环境提供的便利条件

在进行厂区布局时，应充分考虑环境因素给予的各种便利条件，并尽可能地予以利用，特别是厂外的公路、河道及周边的商业区与居民区等。生产过程的流向和运输系统的配置，应与厂外提供的运输条件协调、衔接，以保证物资输入、产品输出的顺畅与方便。

6. 厂区布局要与周围环境相协调

在进行厂区布局时，企业应尽可能使厂区的环境、建筑群的布置、式样融入到周边社区环

境当中去，尤其是在历史名城或风景区周边附近时，更应如此。

7. 厂区的绿化、美化

厂区布局要符合环保的要求，并要搞好绿化和美化工作，为职工创造一个良好的工作、生活环境，愉快的心情和旺盛的士气是员工努力工作的首要前提。

8. 厂区布局要考虑到企业的远景发展

在厂区布局时要根据企业的长远发展规划，在现有的厂区面积上为企业未来发展预留必要的空间。

2.4 仓库布局

仓库布局是指在一定区域或库区内，对仓库的数量、规模、地理位置和仓库设施道路等各要素进行科学规划和整体设计。

2.4.1 仓库布局的原则和要求

1. 仓库布局的原则

(1) 尽可能采用单层设备，这样做造价低，资产的平均利用效率也高。

(2) 货物在出入库时尽可能采取单向和直线运动，避免逆向操作和大幅度改变方向的低效率运作。

(3) 采用高效率的物料搬运设备及操作流程。

(4) 采用有效的存储计划。

(5) 在物料搬运设备大小、类型、转弯半径的限制下，尽量减少通道所占用的空间。

(7) 尽量利用仓库的高度，也就是说，有效地利用仓库的容积。

2. 仓库布局的功能要求

(1) 仓库位置应便于货物的入库、装卸和提取，库内区域划分明确、布局合理。

(2) 集装箱货物仓库和零担仓库尽可能分开设置，库内货物应按发送、中转、到达货物分区存放，并分线设置货位，以防事故的发生；要尽量减少货物在仓库的搬运距离，避免任何迂回运输，并要最大程度地利用空间

(3) 提高装卸机械的装卸效率，满足现有装卸工艺和设备的作业要求。

(4) 仓库应配置必要的安全、消防设施，以保证安全生产。

(5) 仓库货门的设置，既要考虑集装箱和货车集中到达时的同时装卸作业要求，又要考虑由于增设货门而造成堆存面积的损失。

2.4.2 仓库布局的目标

1. 保护目标

可以制定一些通用的指导方针来实现保护的目标：

第一，应该把危险物品，如易爆、易燃、易氧化的物体与其他物体分开，以减小损坏的可能性；

第二，应该保护需要特殊安全设施的产品，以防被盗；

第三，应该对需要温控的设备如冰箱或者加热器的物品进行妥善安置；

第四，仓库人员应该避免将需要轻放和易碎的物品与其他物品叠放，以防损坏。

2. 效率目标

效率目标的含义主要包括：

(1)仓库空间要有效利用，即要利用现有设施的高度，减少过道的空间；

(2)仓库里台架的布局要合理，以减少人工成本和搬运成本。

3. 适度机械化

机械化系统的使用大大地提高了分销效率。当物品形状规则、容易搬运时，订单选择活动较为频繁时，产品数量波动很小且大批量移动时，机械化最为有效。在投资于机械化、自动化时，可能面临的风险是:技术快速进步而引起的设备磨损和贬值，以及大规模投资的回报问题。

2.4.3 几种典型的仓库布局模式

1. 辐射型仓库

辐射型仓库是指仓库位于许多用户的一个居中位置，产品由此中心向各个方向用户运送，形如辐射状。适用于用户相对集中的经济区域，而辐射面所达用户只起吸引作用，或者

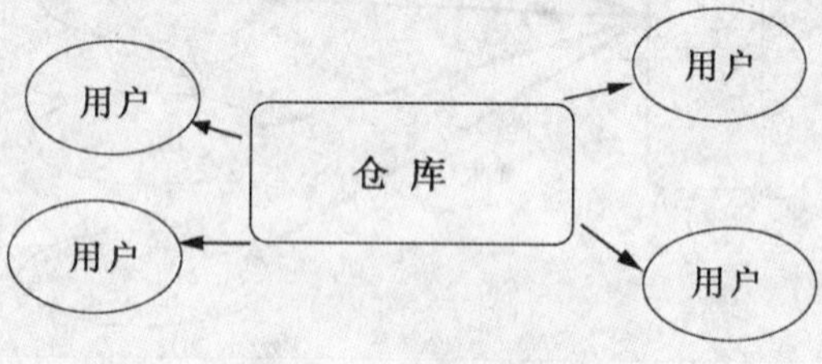

图2－1　辐射性仓库

适用于仓库是主干运输线路中的一个转运站时的情况。如图2－1所示。　　2. 吸收型仓库

吸收型仓库是指仓库位于许多货主的某一居中位置，货物从各个产地向此中心运送。这种仓库大多属于集散中心。如图2－2所示。

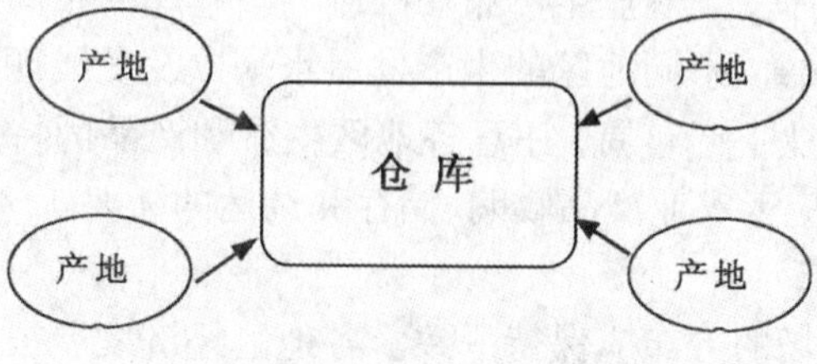

图2－2　吸收型仓库

3. 聚集型仓库这种仓库类似于吸收型仓库，但处于中心位置的不是仓库，而是用户，即生产企业聚集的经济区域，四周分散的是仓库，而不是货主和用户。聚集型仓库布局适用于经济区域中生产企业比较密集，不可能设置若干仓库的情况。如图2－3所示。

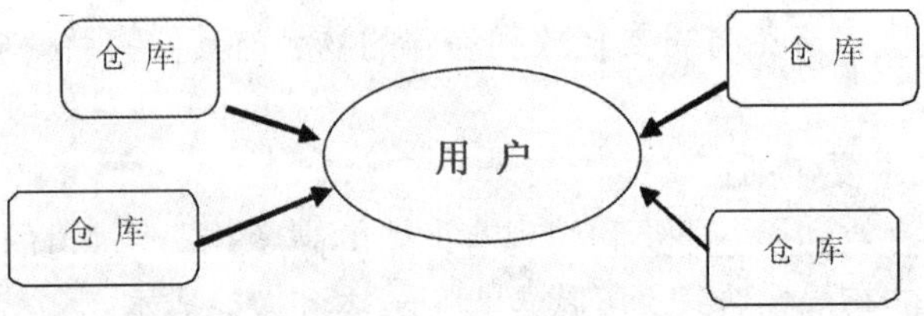

图 2－3　聚集型仓库

4. 扇形仓库

扇形仓库指产品从仓库向一个方向运送，形成一个辐射形状。辐射方向与干线上的运输运动方向一致。扇形仓库布局适宜于在运输主干线上仓库距离较近，下一个仓库的上方向区域，恰好是上一仓库合理运送区域时。如图 2－4 所示。

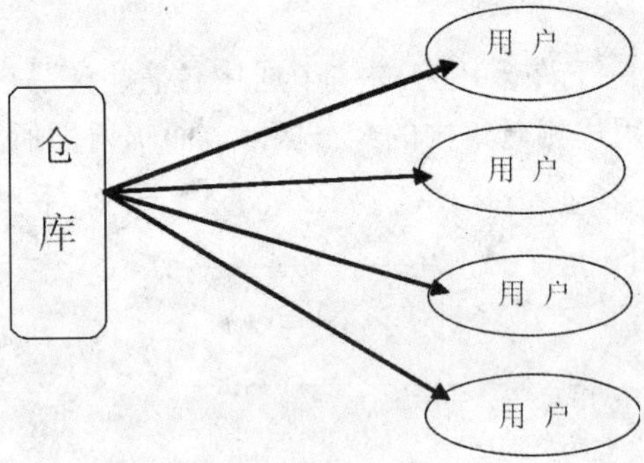

图 2－4　扇形仓库

5. 影响仓库布局的因素

影响仓库布局的因素主要有：

(1) 工农业生产布局

流通部门的工农业仓库受工农业生产布局的制约。仓库的布局，必须以我国资源的分布情况、工农业生产部门的配置、不同地区的生产发展水平以及发展规划为依据。即在进行仓库的布局时要充分研究工农业生产布局，注意各地区生产和产品的特点，以及这些物质产品进入流通过程的规律，以适应工农业产品收购、储存和调运的需要。

(2) 货物需求量的分布

仓库的分布与商品市场的分布应保持一致。各地区经济发展很不平衡，大众生产消费水平也各不相同，所以各地区对各种货物需求量的多少也有所不同，尤其对生活消费品需求更是五花八门。研究不同地区的消费特征，考虑各种货物的销售市场的分布及销售规律，是仓库布局的另一个重要依据。

(3) 经济区域

所谓经济区域，是对结合生产力布局、产销联系、地理环境、交通运输条件等所自然形成的经济活动区域的统称。按照经济区域组织流通，合理分布仓库，对于加速物流速度，缩短运输路线，降低物流费用，具有重要意义。

(4)交通运输条件

交通运输条件，是组织物流活动的基本条件之一。在仓库布局上，特别要重视交通运输条件，仓库地址的选择应尽量选择在具有铁路、公路、水路等运输方便和可靠的地方，这是合理组织物流的基础。

(5)仓库的布局还应根据组织流通的需要，以及我国现有仓库设施和批发、零售网点的分布状况，合理布局仓库。

总之，仓库的合理布局是在综合考虑上述因素的基础上，根据有利于生产、加快物流速度、方便消费和提高物流效益的原则，统筹规划，合理安排。这对于提高物流系统的整体功能有重要的意义 。

思考题:

1. 组成生产能力的基本因素是什么?
2. 什么是产能收缩与扩张?
3. 阐述工厂选址的重要性。
4. 工厂选址时需要考虑哪些因素?
5. 讨论几种厂区布局的特点。
6. 影响仓库布局的主要因素是什么?

【案例分析】

邦图化学品公司在印度的工厂选址

近年来，厂商在国外设厂的兴趣越来越浓。原因很多，第一，一些不发达国家的土地、劳动力和原材料的成本低廉;第二，为了开拓国际市场，就近生产可以节约运输和其他费用，如关税等;第三，通过与当地企业合作建厂，可以避免一些贸易限制。

作为世界上最大的化工企业之一，邦图公司也把跨国经营作为发展的重要战略之一。对于邦图公司来说，不够发达但拥有7亿人口的印度是个不容忽视的市场。但对邦图公司希望在印度销售的产品，印度政府规定必须与当地企业合资才能够生产，生产的地点也必须获得政府的许可。为了进入印度市场，邦图公司决定在印度设立合资企业。公司选择了一家印度企业作为合作伙伴，并对未来厂址提出如下要求:

接近市场;

接近港口 ;

便于原材料运输;

地方政府稳定;

合作伙伴与当地政府又良好的合作关系;

容易通过许可审查,便于与其他企业联系,劳动力便宜,地价低;

能源供应充足;

便于处理污染;

投资政策和环境良好;

接近基础设施;

接近首都新德里，因为邦图公司和其伙伴的总部都在那里。

根据以上条件，首先排除一些明显不具备条件的地点，如不接受政局动荡的地区。经过几番的筛选，最后选择了位于喜玛拉雅山脚下的 Uttar Pradesh 州作为候选地区。这个地方离最近的海港有 1700 公里，沿途有许多的地方的道路都很危险。邦图公司的合作伙伴历时两年才获得了在这个州生产的许可，其过程真可谓漫长而艰辛。而另外三家公司也获得了在印度生产同类产品的许可。所以时不待我，邦图公司必须尽快做出决策。

为此，邦图公司成立了一支由各方面专家组成的选址小组，深入印度，对候选地点进行考察和评价。其核心任务就是考察该地是否存在严重不符合投资建厂条件的因素。邦图公司的选址小组包括各方面的专家。房地产专家确保在计算土地成本时将所有占地包括进去，并且负责场地获得方式的选择。另外，他们还要调查建造公司派驻人员的住所和其他辅助设施的可能性，如仓库，办公场所等。土木工程师负责考察土质稳定性，工厂建筑的方式、公共设施，风向、环境因素等。后勤人员研究和评价将原材料运入和产品运出的可行性。制造和生产方面的代表对劳动人口、劳动纪律、劳动力的素质，以及该地是否适合生产进行整体上的评价。选址小组的一些人员到该地区的其他工厂调查劳动力的素质、当地政府的态度和政策、电力供应情况；还对公共服务设施以及当地的学校进行了调查，因为这对公司派驻到当地的员工和他们的家庭成员十分重要。

在做选址决策时，选址小组重点考虑了与以下几方面问题有关的内容：

合资企业生产所用的原材料是一种具有潜在毒性的异氢酸盐(NDI)；

这种异氢酸盐必须在内陆运输 1700 公里；

公司派驻人员的设施可能十分简陋和欠缺；

当地劳动力的素质状况；

必须重视当地的环境条件。

以下是选址小组对候选厂址各方面条件的调查结果。

一、原材料

合资工厂的主要原料之一是 NDI。NDI 是一种异氢酸盐，在印度的 BHOPAL，曾经发生过由异氢酸盐引起的毒气渗漏事故，造成 2500 余人死亡，10 万多人终生残废。因此无论是印度政府还是当地居民都对异氢酸盐都极度恐惧和反感。这可能会给原料的进口和运输带来一些问题。实际上，在 BHOPAL 的悲剧发生后，印度当局立即下令禁止所有的异氢酸盐在印度国内运输。以进口 NDI 为原料的印度泡沫制造商经过一个多月的努力才使当局相信它们使用的 NDI 与造成事故的异氢酸盐完全不同，至此才得以恢复 NDI 的进口。

邦图公司使用 NDI 与造成 BHOPAL 悲剧的那种异氢酸盐也不相同，邦图使用的是一种熔点很高的固体异氢酸盐。邦图的 NDI 主要来自于美国的道氏公司，如果需要也可以考虑从其他公司购买，比如目前为印度国内的泡沫制造商提供 NDI 的德国贝氏公司。只是为了确保 NDI 在整个运输过程中保持固态，邦图公司必须在从供应商到新厂的全程中使用 40 英尺长的冷冻容器装载 NDI。选址小组在调查中发现有几家运输公司与印度有着良好的接触或在印度有分支机构。这些公司可以作为承担邦图公司 NDI 运输的候选者。

新厂使用的另一种原材料则完全不会造成环境污染。这种原料可以在邦图公司的尼亚加拉瀑布分厂装入容器后再运往印度。

二、运输

另一个令人担忧的因素是将原料从生产地运到合资厂需要很长的提前期。不仅因为路上运输需要时间，沿途港口的停靠检查也要花去很长时间。在印度境内的运输情况还要受到雨季的影响。专家估计，如果运输原料的货车只在白天行驶的话，从港口到选定的厂址大约需要6天的时间。

装载NDI的货车将会经过Bombay。在这个地区，道路的宽度从6米急剧减到3米，沿途还有许多急转弯。这使装载有40英尺长容器的卡车在转弯是将十分困难。尽管邦图公司并没有改善路况的计划和预算，但专家们注意到印度政府正在将通往该地的某些路段加宽。其他因素

公司还考虑在厂区附近兴建一个住宅区。可这个地方实在太偏远，当地没有任何适宜居住的条件，如果要建住宅区，公司必须提供一切。在离厂区大约1小时路程处有一个环境很好的居住区，那里曾是英国殖民者消暑避夏的地方，从厂址处有一条路况不错但十分繁忙的公路通向那里。另外在离厂区大约2小时路程的Pontseib城内也有一个居民区，但那里的治安情况不太好，盗匪十分猖獗，所有住在那儿的西方人都雇有保安人员。菜蔬的购买也令西方人十分头疼。虽然有专门的商店，但商店处于闹市区，卫生状况也相当糟糕。

该地区有一个相当不错的男子学校，设有初中部。但该地区没有任何医疗设施，因此公司需要建立自己的医疗服务机构。

三、当地劳动力的素质

厂址所在地与一所重要的锡克族寺庙毗邻。有许多锡克族人居住在这一地区。锡克族是印度素质最高的人口之一，因此劳动力资源将是充足的，并且有一定的培训基础。附近的水泥厂有机械方面的专业人员。这一地区还有很多轻工企业。工厂的安全生产可能存在一定的障碍。因为这个地区的居民都有很高的宗教热情，他们不会放弃他们的穆斯林头巾，而现在的安全帽是无法戴在头巾之上的。劳动保护措施中的硬头鞋和听力保护等装备，也与当地人的风俗习惯不符，只能强迫员工执行这些安全措施。环境方面，工厂需要处理一些废液。虽然有一条河流过厂区，但这条河是当地居民饮水之源，废液不能直接向河中倾倒。但固体废物的处理则相对不成问题。

附近的水泥厂会造成一定程度的粉尘污染。但专家们认为在正常的风向条件下，水泥厂的粉尘不会造成影响。另外还要在厂内打井，这牵涉到地下水源的分布。但专家们认为，只要取得当地的支持，打井也不会是多大的问题。

最后要考虑的是印度的雨季。选址小组分别在雨季和旱季考察了该地。发现在7~8月的一个月内，降雨量可达25~35英寸。

四、场地的收购

所选的场地属于当地政府已经指定为工业用地的范围，因此购买不成问题。可以通过两种方式获得用地：一种是通过政府征用。这通常需要较长的时间，而且可能会造成土地原有者的反感。第二种方式是直接与土地所有者商谈。邦图公司选定的230亩土地属于27个不同的所有者。但土地收购只需要与村长及其助手们谈判就可以了，他们能够代表所有村民的决定。整个谈判大概需要1~6个月的时间。

以每亩4300美元价格计算，再加上十万美元的居民安置费，估计总共需要100万美元。居民们还要求邦图公司的医务室为居民提供医疗服务，并且雇佣那些移民的家庭成员。一般是一户一员。这些人可以被派作园艺、场地维护以及清扫工厂等，因为这些工作不要求员工受过教育。

案例讨论题：

1. 根据案例中现有的内容，你是否同意可以选择该地建厂？

2. 你认为邦图公司在选址时，所考虑的因素是否周全？你认为还须再考虑哪些因素？

【拓展训练】

生产系统的功能简介

生产系统具有什么样的功能是由其所面对的环境要求和其自身发展的需要决定的。事实上，生产系统的功能于生产系统的目标之间存在着一种对应关系，生产系统所具有的功能是直接与其所面对的功能目标相对应，有什么样的功能目标，就有什么样的功能。因此，我们可以从生产系统的功能目标引出生产系统所应该具备的主要功能。企业的生产系统应该具备以下六个方面的功能：

1. 创新功能。这种创新功能不仅体现在对产品的创新上，而且还包括对生产技术和工艺的创新；

2. 质量功能。质量功能包括产品质量保证功能和工作质量保证功能；

3. 柔性功能。这指的是生产系统对环境变化的协调机制和应变能力；

4. 继承性功能。生产系统应该能够保证产品生产的连续性、可扩展性和兼容性，以满足产品持续发展和为用户提供服务的需要；

5. 自我完善的功能。生产系统必须具备一种自我完善和自我学习的功能，以便根据自身的状况，自觉维护系统内部各种构成要素之间的关系的协调，时的生产系统具备顽强的生命力和发展能力；

6. 环境保护功能。

任何一个生产系统都应该具有这六种基本功能，不同的生产系统之间只是在不同功能的具体要求上有所不同。我们可以把生产系统的功能分为生存功能与发展功能，即前者包括创新功能、质量功能和继承性功能，后者柔性功能、自我完善功能和环境保护功能。如果生存功能在生产系统中得不到保证，则生产系统将失去存在的意义，但如果生产系统拥有良好的生存功能，却没有良好的发展功能为后盾，那么生产系统也就不可能得到发展。

但是在实际的生产系统中，由于目标子系统的多样性和相悖性，从而使得生产系统中的各项功能之间常常是相悖的。在生产系统的功能达到一定的水平之后，某些功能水平的提高将会导致另一些能力水平的下降，或者某些功能的改善需要以其他的功能劣化为代价。例如，要提高生产系统的创新功能，则会对保持系统的继承性功能产生影响。因此，如何合理配置各项功能及其强弱、协调它们之间的关系，从而使得各项功能之间相互补充，共同达成生产系统的总体目标，实现生产系统的高绩效是生产策略所必须解决的问题。

第 3 章　企业研发管理

由于很多企业缺乏对研究周期规律性的认识以及相应的管理，导致企业在新产品开发中投入很大、成效甚少。随着技术的不断进步和市场的迅速变化，结合本企业现有资源研究新技术、开发新产品是现代企业最为关注的课题之一。现在，企业的研发工作已成为知识经济时代、市场经济条件下形成企业核心竞争力的关键环节。研发管理工作是企业实现可持续发展的重要保证。

3.1　企业研发周期系统的管理

3.1.1 企业研发周期的内容

企业研发对企业生命体具有重要的造血功能，是企业活力的重要源泉。企业研发周期的长短在很大程度上影响着企业造血功能循环的快慢，影响着企业核心竞争力的提升。一方面，如果研发周期太短的话，企业片面追求新产品的开发速度，致使新产品的开发技术不够完善，降低了新产品的品质，影响了新产品的市场开发。过分压缩开发周期将导致开发成本居高不下，影响企业总体盈利水平和盈利能力。另一方面，如果研发周期过长，将导致新产品开发周期更长，有的研发项目尚未等到新产品具备上市条件，市场上就已经出现了该“新产品”的换代产品或替代产品。研发周期过长的话，还可能导致开发成本大幅度上升，研发经费难以为继，致使企业难以承受。

企业的研发活动是新技术、新产品形成过程当中经历的基础研究、应用研究和技术开发三个阶段中的最后一个阶段。

基础研究是指探索新的规律、创新新的学术性知识的活动，一般没有任何商业目的，往往由政府和大公司资助。

应用研究是指探讨如何将基础研究的结果应用于生产领域，即应用基础研究的新知识、新规律研究新产品、新材料和新工艺，其目的是实现商业应用。

企业研发是指经过设计、试验将应用研究的成果转化为具有商业用途的新技术、新产品。基础研究、应用研究和企业研发的目的不同、具体内容各异，在具体的计划和管理工作中存在较大差异。如表 3－1 所示。

表 3－1　　基础研究、应用研究与技术开发

类型 特征	基础研究	应用研究	技术开发
目的	研究新规律、探求基础性知识	探求基础性研究成果的可应用性	将应用研究的成果运用于生产实践
性质	从理论上探索新事物、新规律	发明新事物	实现新产品、新工艺的商品化
成果的体现形式	论文	专利	专利设计书、产品或工艺的图纸、样品等
成功率	低	较高	高
费用	较低	较高	高
时间	无严格限制	期限较长	期限较短
人力资源	理论性的科学家	应用能力强的发明家	动手能力强的技术专家

基础研究、应用研究和企业研发是密切联系、互动为一体的。今天的基础研究，可能就是明天的应用研究、后天的企业研发。通常而言，从基础研究到技术创新，最后达到商品化的全过程，大约需要八个步骤:即基础研究;确定技术上的可行性;应用研究;确定生产的标准和规格;进行初步设计;建立中间实验工厂;配备工具和其他生产设备;正规生产。确切地说，基础研究是认识和发现;应用研究是发明、创造;企业研发是将发明变为产品，转化为生产力。

3.1.2 企业研发周期的相关匹配

1. 企业研发周期的阶段划分

在对企业研发周期的管理过程中，企业必须具备划分各个阶段的能力，这对企业的研发管理工作十分必要，可以使企业能够在研发周期的各个阶段，较为准确地决定，是对该项研发继续投入，还是转向其他研发项目。在确定了研发周期总期限的基础上，企业一般可以将研发周期划分为三个阶段:初始期、推动期以及应用期。研发部门应针对企业研发周期的不同阶段进行有区别、有针对性的管理。

(1)初始期

该阶段的主要特征是使用试错法进行大量试验。与试验发展阶段的资源投入相比，企业需要对尚未明确预期的研究开发活动尝试进行大量投资。初始期通常具有较高的投资风险。

(2)推动期

此时，企业已经收集了一定数量的关于新产品的信息、知识和技术诀窍，因而进展加速，并转化为应用数量的增加，研发效率大大提高。追加投资可以使新产品的性能获得较大程度的改善。

(3)应用期

在应用期，企业对技术的追加投资的效果已经在相对降低，要想获得新产品性能的进一步改善，必须作出较大的投资，这种投资效果递减的原因在于，新产品的性能指标可能已经接近物理或化学的极限。

2. 企业研发周期与技术周期的合理匹配

技术固有的周期性特征对企业研发周期具有宏观层面上的影响。技术周期指的是企业开发出满足市场需求的技术，一般会经历生成期、定型期、稳定期与老化期四个阶段。技术周期是进行技术资源分配的有效工具，它表明某种重大的或基本的技术创新，是运用技术周期理论描述技术的演变过程，具有较强的动态性。在传统的企业管理理论当中，技术经常被作为经济系统的外生变量或既定因素。技术发展不仅是社会经济发展的基本动力，还是企业赢得竞争优势的主要途径。

技术周期的一般模型往往以市场价值的变动为依据。技术周期与技术的价值含量密切相关。对于技术的成熟程度以及技术的经济潜力的判断，直接影响到技术扩散的时机和转让条件的确定。企业如果具备雄厚的技术能力和市场控制力，就可能使技术扩散曲线呈现出以下特征：即通过战略规划影响技术创新成果扩散的起始点；提高技术扩散的速率。

技术周期是通过使用该项技术创新所生产的产品来测算和反映的。技术周期各阶段的长度一般很难确定，由于技术创新的时间不同、各地市场条件不同以及技术创新在各个领域的应用不同，技术周期各个阶段的长度会有很强的差异性。清楚地认识和把握技术周期各个阶段的长度和技术周期持续时间的长度，能够对经济增长的潜力有着更好地理解，从而有助于更好地实施企业研发周期管理工作。

(1)避免处于技术周期生成期或定型期的重大创新成果的流失。在进行企业研发管理的过程中，应高度警惕新技术在同行间的扩散问题，降低对本企业在技术上的垄断地位造成的冲击和影响。特别是要极力避免在技术周期生成期或定型期等阶段，过早地转让使企业遭受不应有的损失。

(2)减少可替代技术对原有产品市场的冲击。在企业研发周期中，如果新技术与企业原有技术是一种互补性关系，新技术的扩散就会促进原有业务的增长，企业从新技术中取得的利润就会比其竞争对手多，很容易就会激发企业促进新技术扩散的积极性与自觉性。反之，如果新技术与企业原有技术是一种替代性关系的话，企业对相关技术的扩散就会慎重很多，需要多方考虑促进新技术扩散的时机问题。企业通过会尽力保持对现有技术的市场垄断，在出现强劲的竞争产品前，储备替代技术，尽量推迟技术扩散的起点。

(3)合理掌握技术扩散的时机。按照技术周期来确定技术扩散时机，充分考虑技术采用者的经济技术能力对新技术扩散程度的影响，不论是在企业内部扩散，还是在技术市场向其他企业转让相关技术，都应做好技术扩散的顶层设计，合理把握技术扩散的时机，尽量确保技术扩散达到合理的商业效果。在大多数情况下，成熟技术的转让经常是在企业与经济技术基础比较薄弱的国家和地区进行的，所以这类技术转让的提前量应该稍微大些。为追求利润最大化，企业应该考虑在技术刚刚进入稳定期时就着手推进技术的外部扩散，此时，由于时滞原因，往往不会影响到企业对技术市场的垄断能力。

(4)强化各种新技术机遇，抢占新产品市场。在技术周期管理的过程中，企业要充分重视其他研究机构或经济组织关于该项技术研究动向即研究进程，并对企业研究开发成果可能产生的市场效果作出预估，及时引进新技术，结合自身优势抢占新产品市场。

3. 企业研发周期与产品周期的合理配置

在科技迅猛发展的今天，企业研发周期日益受到企业各个层面和部门的关注，企业研发活动的开展与产品周期间存在密切联系：在产品周期的各个阶段，企业研发的内容、重点以及数量都有着不同的变化;另一方面在整个产品周期的全过程当中，企业研发周期也都以其自身规律在运行，要使企业研发周期能够按计划、有预期地进行，企业需要在整个产品周期的各个阶段，进行相应地组织调整与改革，按照产品周期不同阶段制定企业研发策略，以期提高企业研发周期的效率和企业整体的经济效益。

(1)引入期

在产品周期的引入期，市场需求与技术尚不明确，企业研发应着眼于改进产品的功能和特征，从多种多样的产品创新型号当中筛选出具有较高性价比、较高市场竞争力的产品来。经过不断地改进，确定产品的基础设计、基础设计在产品开发的引入期有着至关重要的作用，它使产品具有创新的性质。在企业研发管理的组织架构中，应侧重于追求创新精神，而不是组织结构的庞大和复杂。

(2)成长期

产品周期的成长期是从产品创新向工艺创新过度的阶段，产品的标准化和工艺的合理化是其主要标志。在此阶段，产品的性能结构已经逐渐定型，只是在工艺方面可能存在改进之处。市场上同类产品间的竞争已经主要从性能竞争转向激烈的价值战。企业研发工作的重要性和迫切性大大提高，且风险降低。应当大力开展应用研究与技术开发工作，在企业研发管理的组织方面，特别要求那些同市场、企业研发、规划及生产有关的职能部门之间加强合作与协调。

(3)成熟期

在产品周期的成熟期，产品创新和工艺创新都已减少或趋于稳定，产品结构和工艺上的相互依赖性进一步增强，企业研发工作的重心集中在技术服务和工艺改进方面。在研发管理的组织方面，强调组织的稳定，各个部门间的矛盾开始相应减少，在研发周期的全过程中，企业可以采用计算机辅助设计系统来加快研发工作进程，缩短研发周期长度。

(4)企业研发周期与产业周期的合理配置

企业研发周期与产业周期的关系是分阶段的依附性关系。企业研发随着企业所在产业成熟度的变化而变化，如图 3 - 1 所示。

在产业周期初生期，企业研发的使命在于通过验证新产品的概念和制造过程，向市场投放新产品，以建立市场竞争中的主导地位。其使命还包括建立和保护企业的知识产权。

在产业周期的成长期，企业研发的目标在于通过扩大产品及其应用范围，或者通过改进外观、性能和降低成本来扩大现有产品的应用潜力，使经营业务快速成长、发展，以改善竞争地位。

在产品周期的成熟期，企业研发的战略作用在于通过扩大产品的多样性或集中力量降低成本，以保持产品的竞争地位。当企业决定让处于衰退中的经营业务恢复活力时，企业研发有责任使其恢复青春。

在产业周期衰退期，企业研发的主要作用是努力降低成本和给顾客提供服务，以保证最低限度的利润，同时不断更新产品或更新制造技术，以击败竞争对手。

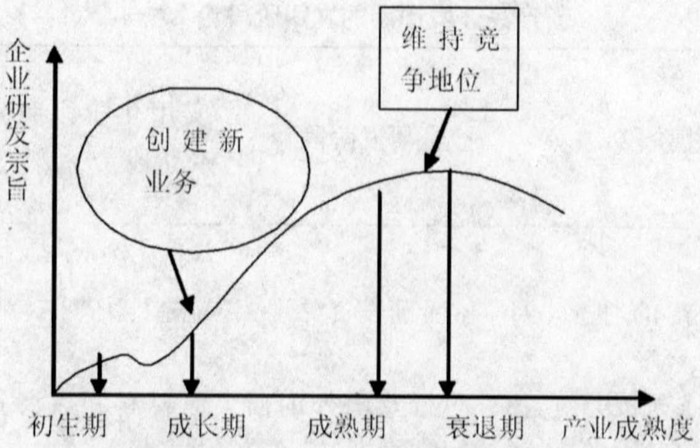

图3－1　企业研发管理与产业成熟度间的关系

3.2　新产品开发周期的管理

所谓新产品，其含义是指在一定地域范围内，第一次生产和销售的产品，在原理、用途、性能、结构、材料、技术等指标上比现有产品有着显著改进和提高。

3.2.1 新产品开发周期

1. 新产品开发的周期划分

尽管企业的新产品开发并没有固定模式，但一般企业的新产品开发周期都可以分成若干个不同阶段，并循序渐进。在新产品开发周期的阶段理论当中，依据不同的出发点，衍生出多种观点。如表3－2、表3－3所示。

表3－2　　部分新产品开发周期的阶段划分

新产品开发周期		各个阶段
三阶段论	之一	发明、创新及扩散
	之二	设想形成、发明即推向市场
	之三	可行性研究、开发、生产及销售
	之四	发现、决策、准备、开发及实现
四阶段论	之一	设想、研发、实用化及商品化
	之二	提出任务、技术准备、实施研究及评审应用
七阶段论	之一	构思、预选、经济性分析、产品研制、试验、新产品推入市场及销售
	之二	基础性探索、技术发展与实验、信息扩散、接受、产品开发、评估和常规化
八阶段论	产品构思、方案筛选、新产品计划、产品设计、产品试制、评定、试销及商业化	

表 3－3　　新产品开发周期的“四阶段论”之一

创新过程＼因素	设想阶段	企业研发阶段	实用化阶段商品化阶段	
资源	创新的性质、目的、环境	企业研发资源	制造能力	销售和经营能力
信息	需求与机会新、技术信息	同行及国外的研发信息	原材料和生产信息	市场信息
难点	有用性	新的生产方法	制造安全性	标准化

新产品开发周期的“八阶段论”是将新产品开发的工作程序大体分为产品构思、方案筛选、编制新产品计划书、产品设计、产品试制、新产品评定、试产试销和商业化八个阶段。如表 3－4 所示。

表 3－4　　新产品开发周期的“八阶段论”

新产品开发周期的八个阶段	要好的新产品；遵循新产品开发周期，增加开发成功的可能性，降低失败概率；八阶段中依次评估，通过则进入下一阶段，反之则直接返回构思阶段		
产品构思（创意） 方案筛选（过滤）	想象产品	方案尽可能多 从若干方案中选择满意方案	演绎分析 归纳分析
编制新产品计划书 产品设计 产品试制	形式产品	设计上是否可行，生产上是否可行 内部：预期目标 外部：营业分析	术、生产分析 成本、价格、利润分析 市场预测分析
新产品评定 市场试销 商业化	实体产品	商业上是否可行 小批量生产、销售 大批量生产、销售	市场需求变化的分析 消费者反应分析 消费者接受分析

（1）产品构思

产品构思就是开发新产品的设想，新产品开发是从产品构思开始的。在产品构思阶段，企业应该力图使新产品的创意尽可能多，尽可能新、尽可能与众不同。新产品构思可能源于科学家、消费者、销售人员或竞争对手，也可能源自与企业完全不相关的其他人员。由于不相干的外行的思维不受想象空间的限制，其提出的创意构思往往更新颖、更具革命性。

寻求产品构思的方法不外乎以下两种：一是产品属性列举法，将现有的产品属性一一列出，寻求改进每种属性的方法，从而改进产品；二是顾客问题分析法，从顾客发现的问题着手开始分析，以改进产品来满足市场需要。

(2)方案筛选

得到产品构思后，要对这些创意加以评估形成若干个筛选方案，并作出选择。在方案筛选时，主要基于以下两个标准：一是该创意是否与企业的战略目标相适应；二是当前企业有无足够的能力开发该创意。

新产品开发要以企业盈利为首要目标，必须遵循“根据市场需要、开发适销对路的产品；根据企业的资源、技术等能力确定开发方向；量力而行，选择切实可行的开发方式”的原则进行。企业利用新产品评分表来进行方案的筛选评价。如表3－5、表3－6所示。

表3－5　　某一种新产品的创意评价表

产品成功的要素	权重(A)	企业能力(B)									创意评价=(A)×(B)
		0.1	0.2	0.3	0.4	0.5	0.6	0.7	0.8	0.9	
研究发展	0.2										0.2
人事安排	0.15						√				0.09
财务状况	0.1						√			√	0.09
生产能力	0.05								√		0.04
采购供应	0.05									√	0.045
地理设备	0.05			√							0.015
销售情况	0.2									√	0.18
企业特色	0.2						√				0.12

在方案筛选过程中，应尽量避免以下两种误差的出现：一是未认识到创意的发展潜力而将其误舍，从而浪费了可能的机会；二是误用没有发展潜力的构思，以致发展方向出现重大失误。

(3)编制新产品计划书

在已经筛选出的新产品方案的基础上，具体确定产品开发的各项经济指标、技术性能以及各种必要的参数，是编制新产品计划书的主要内容。新产品计划书包括产品开放的投资规模、利润分析即市场目标等；产品设计的各项技术规范与原则要求；产品开发的方式以及实施方案。编制新产品计划书是制定新产品开发计划的决策性工作，是关系全局的工作，需要企业的领导者与各有关方面专业技术人员、管理人员通力合作，共同完成。

表 3－6 各种新产品评价表

各种新产品评价表				产品			
分析因素	评价内容	等级分类	得分	A	B	C	D
质量目标	顾客需求与同类产品比较	高质量	10	10	8	10	6
		较高质量	8				
		一般质量	6				
		较差质量	4				
技术水平	技术性能特色	很有特色	10	8	6	8	8
		较有特色	8				
		一般技术	6				
		过时技术	4				
市场规模	市场需求量	大量需求	10	8	10	4	6
		局部需求	8				
		个别需求	6				
		可有可无	4				
产品寿命周期	该产品所处的需求阶段	投入期	10	8	6	8	4
		成长期	8				
		成熟期	6				
		衰退期	4				
竞争情况	市场竞争力大小	垄断	10	10	6	8	8
		有竞争但可抗衡	8				
		竞争者较多	6				
		竞争力低	4				
技术开发能力	现有人员、设备开发技术的可能性	即时开发	10	6	8	4	6
		需增加一定条件	8				
		需增加较多条件	6				
		难以开发	4				
生产能力	现有人员、设备生产新产品的可能性	即时生产	10	8	10	10	6
		需增加一定设备	8				
		需增加较多设备	6				
		很难生产	4				

续表

寿命周期成本	生产维修适应等成本费用	成本低	10	8 6 6 10
		成本较低	8	
		成本较高	6	
		成本高	4	
管理能力	现有人员、销售网点的销售量	即时销售	10	
		需增加一定设施	8	
		需增加较多设施	6	
		难以销售	4	
利润水平	预测成本利润率	30	10	8 8 4 4
		25	8	
		20	6	
		10	4	
合计				80 78 68 64
平均				8 7.8 6.8 6.4

各有关方面的专业技术人员、管理人员密切合作的情况下，才能有效完成。

(4)产品设计

产品设计是实现社会或用户对产品特定性能要求的创造性劳动，是从技术经济上把新产品设想变成现实的重要阶段。产品设计在新产品开发的程序当中占据着十分重要的地位。新产品设计的好坏直接影响到产品的质量、功能、成本及效益，影响到产品市场力的高低。相关数据表明，新产品质量好坏以及能否取得销售成功，60% ~70%取决于产品的设计工作。

(5)产品试制

产品试制是按照一定的技术模式，实现产品的具体化或样品化的过程，包括产品试制的工艺准备、样品试制和小批量试制等。在新产品的样品制作出来后，必须进行功能试验和消费者试验，以确保研究新的新产品符合要求。

(6)新产品评定

在新产品研制出来后，从技术经济上对产品进行全面的试验、检验和鉴定，主要内容包括:系统模拟实验;主要零部件功能的试验;环境适应性、可靠性与使用寿命的试验测试;操作和噪声的试验测试等。对产品经济效益的评定，主要通过对产品功能、成本的分析，通过对产品投资和利润目标的发呢系，通过对产品社会效益的评价，来确定产品全面投产的价值和发展前途。

(7)市场试销

市场试销是在限定的市场范围内，对新产品的一次市场试验，不仅能增加企业新产品市场潜力的掌握，还有助于企业挑选与改进市场营销方法。不同的新产品通常采取不同的市场试销策略。对经常购买的消耗品，可以用试用率和再购买率指标来评定。对工业品而言，可以常用的试销方法有产品使用实验法、贸易展览会、批发商和零售商陈列室法等;采用这些试销方法，企业可以以较低成本更为便捷地摸清市场对新产品的反应，以便对新产品加以改进和补充，或淘汰完全不能满足市场需求的新产品。需要说明的是，市场试销存在一些弊端：有时反映的市场需求不够准确，存在信息失真的可能，同时还可能暴露企业新产品的相关信息，导致竞争对手采取防范措施。

(8)商业化

如果新产品的市场试销取得了成功，企业就应立即大批量正式生产和销售。新产品上市后，首先进入产品生命周期的导入期，能否获取市场认可，取得销售成功，尚未确定。企业需要慎重选择新产品的上市时间、上市地区、上市的方式方法、产品定位、目标顾客，以及决定要采取的市场营销策略等。

新产品开发周期系统中的各个阶段相互关联、彼此制约。在“八阶段论”当中，新产品开发的八个阶段的顺序反映了一种新产品开发的绝大多数活动，形成了一种新产品开发的周期。企业新产品开发周期的系统管理，就是要管理好新产品开发过程中八个阶段的每一个阶段，确保各个阶段间的无缝衔接。

2. 如何缩短新产品开发周期

不断开发新产品是形成竞争优势的一个主要因素。如何缩短新产品开发周期，是成功推出新产品的关键。

(1)有效的领导

在日本企业，开发新产品小组的负责人，具有很大的权力，他是领导者，而不是一般协调人。小组负责人的位置是一个受人羡慕的职位，容易得到进一步提升。相反，在美国企业，小组负责人没有实权，他的工作只是协调。他要说服来自不同职能部门的小组成员共同工作，这使得他在一个个问题面前束手无策。

(2)通力合作

在日本企业，为了开发新产品，由项目负责人组织一个小组，小组一直工作到新产品开发完成。小组成员来自不同的职能部门，包括市场评估、生产计划、设计、工艺、生产管道各部门的人员。尽管小组成员保持与各自的职能部门的联系，但他们的工作完全在项目负责人的控制之下，工作业绩同样是由项目负责人考核，项目负责人还可决定小组成员今后能否参加新项目的工作。

(3)相互沟通

西方企业在开发新产品时总是到最后才决定一些重大的决策问题。因为小组成员回避矛盾，加上工作是从一个部门到另一个部门序贯地进行，使成员之间沟通非常困难。相反，实行精益生产的日本企业，从一开始就将所有小组成员召集到一起，发誓要对项目负责。大家互相沟通，将一些重大问题一开始就定下来。虽然随着项目的进行，某些部门(如市场评估和产品计划)的人不必继续参加小组活动，但由于重大问题一开始就决定了，项目也能较顺利地进行。

(4)同步开发

将各部门人员放到一起可使许多行动同步地进行，从而大大缩短开发周期。在开发新产品过程中，模具设计和模具加工周期很长，为了加快开发速度，可使模具毛坯的准备与设计同时进行。由于模具设计者与设计者共同工作，模具设计者一开始就从设计者那里得到新设计产品的大致尺寸和零件的种类。于是，可以提前订购模具的毛坯。当设计最终完成时，毛坯就能准备好。在大量生产方式下，一般是序贯地进行各项工作，模具制造周期一般需要两年。而按同步开发方式，模具制造周期仅为一年，时间缩短了一半。

3.2.2 新产品采用周期

新产品采用是从微观的角度讨论市场接受新产品的过程，是指消费者个人由接受创新产品到成为重复购买者的各个心理阶段。

爱弗利特·罗杰斯(Everett M. Rogers)在《创造扩散》(1962)当中，把创新产品的采用过程，即每个消费者接受新产品的过程分解为认识、说服、决策、实施和证实五个阶段，认为这五个阶段受到一系列变了的影响，不同程度地促进或延缓了新产品的采用过程。如图3-2所示。

1. 认识阶段

认识阶段就是消费者受个人因素、社会因素、以及沟通行为的影响，逐步认识新产品、学会使用新产品的阶段。认识新产品和学会使用新产品主要包括：相对优越性(消费者个人对创新产品的认识程度而不是产品的实际状况)、适用性(创新产品与消费者行为及观念的吻合程度)、可试性(在一定条件下，创新产品可以试用)，明确性(创新产品在使用过程中，是否容易被人们观察、描述，是否容易被说明、示范)等内容。

2. 说服阶段

在说服阶段，购买心理从感性认识逐步过渡到确定认识，消费者从认识新产品到喜欢新产品。但这并不能促使消费者立即购买，除非营销部门能让消费者充分认识到购买新产品的急迫性。

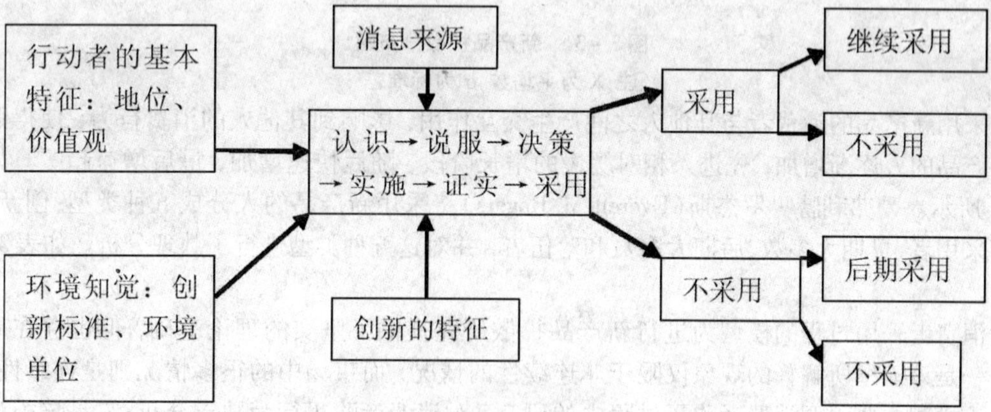

图3-2　消费者的采用过程

3. 决策阶段

在对新产品有了初步的认识后，消费者将决定接受还是拒绝新产品。若采用新产品就，可能导致两种结局：一是使用后感到失望，中断使用；二是使用后觉得效果不错，继续使用；若拒绝新产品后，同样可能导致两种结局：一是以后改变态度，接受新产品，二是继续拒绝采用新产品。

4. 实施阶段

当消费者开始使用新产品后，考虑的是怎样使用该新产品和如何解决使用中存在的问题，此时需要销售人员向消费者做出介绍和示范，并提出行之有效的措施建议。

5. 证实阶段

消费者做出决策后，总要寻找额外的信息来证明决策是否正确。以消费者光顾新商店的过程为例，在知晓、兴趣、试用决策、评价及惠顾的多个环节当中，如果消费无法和个人的家庭经济因素及人口统计因素相配合，如个人对商店的知觉不正确、新商店的相对利益低、个人受团体影响或零售店供应的产品的改变等导致个人觉得商店难以满足家庭需要时，个人将不会产生惠顾新商店的行为。

3.2.3 新产品扩散周期

对新产品扩散周期的研究，是从宏观视角出发来讨论市场对新产品的接受过程。新产品的扩散过程，是指新产品分布到整个产品市场的方式，“分布”的涵义是新产品在一定程度上被有规律地购买的行为。扩散过程一般都随着时间推移呈现出相似的“钟形”扩散模式。

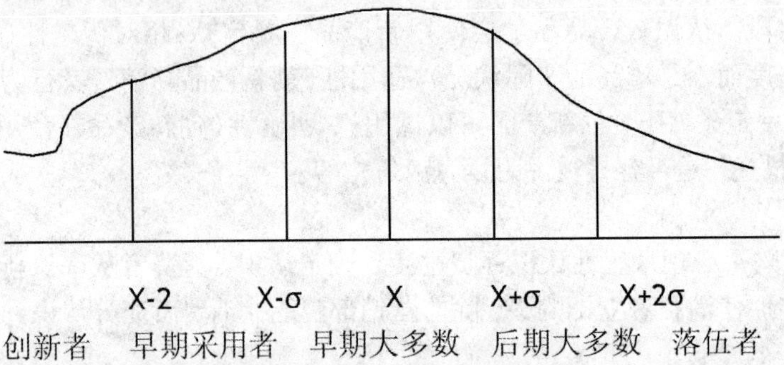

图 3－3　新产品扩散分布图

注:X 为平均数,σ 为标准差

采用新产品的消费者与其他人之间产生交互作用，影响到其他人的消费行为，使得购买该新产品的人逐渐增加，先进入相对缓慢的增长阶段，随后快速增加，最后增速趋缓。如图 3－3 所示。爱弗利特·罗杰斯(Everett M. Rogers)将采用新产品的人分成五种类型:创新者、早期采用者、早期大多数、后期大多数和落伍者，并对这五种类型进行了数理分析。如表 3－7 所示。

消费者采用过程的模型为进行新产品扩散研究提供了坚实的理论基础，但也存在局限性。一是该模型所解释的现象仅限于非连续性的情况，而市场中的很多情况则是连续性的；二是该模型主要强调消费者购买过程中的研究，对消费者购买行为缺乏分析；三是该模型在测量产品扩散时采用了“非是即非”式的二分法，即采用或不采用，过于简化的处理方法，进一步限制了该模型的实际应用性。

创新的扩散和采用是产品周期的重要内容。当一种新产品推出时，公司必须刺激知觉、兴趣、试用及购买，这都需要一个较长的时间段，且在产品介绍阶段，只有少数的创新者才会购买。只有在相关正面信息不断积聚的背景下，更多的购买者(早期采用者)才会加入进来。进一步地，随着日益增长的市场知觉和价格下降，竞争者逐渐加入市场，加快了采用过程。随着产品的日益正规化，更多的购买者(早期大众)加入市场。当潜在的新购买者人数趋向零时，成长率便下降。此时，销售量将基本稳定在重复购买率上。而随着新产品种类、形式和品牌的陆续出现，购买者对现行产品的兴趣则将逐渐转移，产品效率缓慢下降。因此，产品周期可通过新产品在扩散和采用中的正常发展过程来加以详细说明。

表3-7　不同采用者的相关特征

特征	创新者	早期采用者	早期大多数	后期大多数	落伍者
采用者比例(%)	2.5	13.5	34	34	16
态度与价值	敢冒风险	攻击性	保守	质疑新思想	害怕风险
受教育程度	高	较高	一般	稍低	低
人员组成	各级政府组织的领导者	社区内的"舆论"领袖	与社区有众多非正规联系	较少参与正式组织活动	半孤立状态
社会地位	较高	略高	一般	略低	较低
信息源	科学家、其他创新者以及研究研究简报	与地方改革人士相联系、企业杂志	企业杂志、朋友及邻居	朋友、邻居	主要是朋友、邻居

思考题:

1. 阐述新产品开发周期的各个阶段。
2. 如何缩短新产品开发周期?
3. 阐述新产品采用周期的各个阶段。
4. 诠释新产品扩散周期的各个阶段。

【案例分析】

润妍的黯然退市

宝洁公司始创于1837年，是世界最大的日用消费品公司之一。2002-2003财政年度，公司全年销售额为434亿美元。在《财富》杂志最新评选出的全球500家最大工业/服务业企业中，排名第86位，并位列最受尊敬企业第七。宝洁公司全球雇员近10万，在全球80多个国家设有工厂及分公司，所经营的300多个品牌的产品畅销160多个国家和地区，其中包括洗发、护发、护肤用品、化妆品、婴儿护理产品、妇女卫生用品、医药、食品、饮料、织物、家居护理及个人清洁用品。

1987年，自从宝洁公司登陆中国市场以来，在中国日用消费品市场可谓是所向披靡，一往无前。仅用了十余年时间，就成为中国日化市场的第一品牌，虽然后来者联合利华，高露洁等世界日化巨头抢滩中国市场后曾经一度在某些产品线有超过宝洁的表现，但却丝毫不减其颜色。时至今日，宝洁公司的系列产品，特别是以号称"三剑客"的飘柔、潘婷、海飞丝洗发水系列更是一支独秀，出尽风头。

世界著名消费品公司宝洁的营销能力早被营销界所传颂，但2002年宝洁在中国市场却打了败仗。其推出的润妍洗发水一败涂地，短期内就黯然退市。

润妍是宝洁公司在中国本土推出的第一个，也是惟一的一个原创品牌。因此，无论宝洁公司总部还是宝洁(中国)高层都对“润妍”寄予了厚望，满心希望这个原汁原味倡导“黑发美”的洗发水品牌，能够不负众望在中国市场一炮而红，继而成为宝洁向全亚洲和世界推广的新锐品牌。宝洁公司为这个新品牌的推广倾注了极大的心力和大量的推广经费。为了扩展“润妍”的产品线，增加不同消费者选购的空间，润妍先后衍生出6个品种以更大程度覆盖市场，可是市场的反映却大大的出乎宝洁的意料。

据业内的资料显示，润研产品在2001到2002两年间的销售额大约在1个亿左右，品牌的投入大约占到其中的10%。两年中，润妍虽获得不少消费者认知，但据有关资料，其最高市场占有率，不超过3%——这个数字，不过是飘柔市场份额的1/10。

一份对北京、上海、广州和成都女性居民的调查也显示，在女性最喜爱的品牌和女性常用的品牌中，同样是定位黑头发的夏士莲排在第6位，而润妍榜上无名，同样是宝洁麾下的飘柔等四大品牌分列1、2、4、5位——时间是2001年3月，润妍上市的半年之后。另一份来自白马广告的调查则表明，看过夏士莲黑亮去屑洗发水的消费者中有接近24%愿意去买或者尝试;而看过润妍广告的消费者中，愿意尝试或购买的还不到2%。

2001年5月，宝洁收购伊卡璐，表明宝洁在植物领域已经对润妍失去了信心，也由此宣告了润妍的消亡。2002年4月，在经历了中国市场两年耕耘后，润妍全面停产，逐渐退出市场。润妍的退市是宝洁在中国洗发水市场的第一次整体失败，面对染发潮流的兴起，在“黑头发”这块细分市场中，润妍没能笑到最后。

润妍的失利真的意味着宝洁引以为豪的品牌管理能力开始不适应新经济时代的需要了吗？我们可以回过头去看当时的市场背景。1997年，重庆奥妮洗发水公司根据中国人对中药的传统信赖，率先在全国大张旗鼓地推出了植物洗发全新概念，并且在市场上表现极为优秀，迅速取得了极为显著的市场份额。其后，夏仕莲着力打造黑芝麻黑发洗发露，利用强势广告迅速对宝洁的品牌形成新一轮的冲击。一些地方品牌也乘机而起，就连河南的鹤壁天元也推出了黛丝黑发概念产品，欲意争夺奥妮百年润发留下的市场空白。

在“植物”、“黑发”等概念的进攻下，宝洁旗下产品被竞争对手贴上了“化学制品”、“非黑头发专用产品”的标签。为了改变这种被动的局面，宝洁从1997年调整了其产品战略，决定为旗下产品中引入黑发和植物概念品牌，提出了研制中草药洗发水的要求，并且邀请了许多知名的中医，向来自研发总部的技术专家们介绍了传统的中医理论。

在新策略的指引下，宝洁按照其一贯流程开始研发新产品。先做产品概念测试，找准目标消费者的真正需求，研究全球的流行趋势。为此，宝洁公司先后请了300名消费者进行产品概念测试。

——“理想中的黑发是什么?”

——“具有生命力的黑发”。绝大多数消费者如是说。

——“进一步的心理感受?”

——“我就像一颗钻石，只是蒙上了尘埃，只要将她擦亮，就可以让钻石发出光芒。”

在调查中，宝洁公司又进一步了解到，东方人向来以皮肤白皙为美，而头发越黑，越可以反衬皮肤的白晰美。经过反复3次的概念测试，宝洁公司基本上握住了消费者心目中的理想护发产品——滋润而又具有生命力的黑发最美。

经过了长达3年的市场调查和概念测试，宝洁公司终于在中国酝酿出一个新的产品：推出一种全新的展示现代东方女性黑发美的润发产品，取名为“润妍”，意指“滋润”与“美丽”。在产品定位上，宝洁舍弃了已经存在的消费群体市场而独辟蹊径，将目标人群定位18~35岁的城市高阶女性。宝洁认为，这类女性不盲目跟风，她们知道自己的美在哪里。融传统与现代为一体、最具表现力的黑发美，也许就是她们的选择。但是，重庆奥妮最早提出了黑头发的利基，其经由调研得出的购买原因却是因为明星影响和植物概念，而夏仕莲黑头发的概念更是建立在“健康、美丽夏仕莲”和“黑芝麻”之上，似乎都没有着力强调“黑发”。

并且，润妍采用的是和主流产品不同的剂型，采取洗发和润发两个步骤，将洗头时间延长了一倍。然而，绝大多数中国人已习惯使用二合一洗发水，专门的护发产品能被广泛接受吗？宝洁公司认为，专门用润发露护发的方法已经是全球的趋势，发达国家约有80%的消费者长期使用润发露。在日本这一数字则达85%，而在中国专门使用润发露的消费者还不到6%，。因此，宝洁认为润发露在中国有巨大的潜在市场。针对细分市场的需求，宝洁的日本技术中心又研制开发出了冲洗型和免洗型两款“润妍”润发产品。其中，免洗型润发露是专门为忙碌的职业女性创新研制的。

产品研制出来后，宝洁公司并没有马上投放市场，而是继续请消费者做使用测试，并根据消费者的要求，再进行产品改进。最终推向市场的“润妍”倍黑中草药润发露强调专门为东方人设计，在润发露中加入了独创的水润中草药精华(含首乌)，融合了国际先进技术和中国传统中草药成分，能从不同层面上滋润秀发，特别适合东方人的发质和发色。

宝洁还通过设立模拟货架让消费者检验其包装的美观程度。即将自己的产品与不同品牌特别是竞争品牌的洗发水和润发露放在一起，反复请消费者观看，然后调查消费者究竟记住什么，忘记什么，并据此进行进一步的调整与改进。

在广告测试方面，宝洁让消费者选择她们最喜欢的广告。公司先请专业的广告公司拍摄一组长达6分钟的系列广告，组织消费者来观看；然后请消费者选择她们认为最好的3组画面；最后，根据绝大多数消费者的意见，将神秘的女性，头发芭蕾等画面进行再组合。广告片的音乐组合也颇具匠心，现代的旋律配以中国传统的乐器古筝、琵琶等，进一步呼应“润妍”产品的现代东方美的定位。

在润妍广告的最终诉求上体现的是：让秀发更黑更漂亮，内在美丽尽释放。即润妍信奉自然纯真的美，并认为女性的美就像钻石一样熠熠生辉。“我们希望能拂去钻石上的灰尘和沙砾，帮助现代女性释放出她们内在的动人光彩”。具体的介绍是：润妍蕴含了中国人使用了数千年的护发中草药——首乌，是宝洁公司专为东方人设计的，也是首个具有天然草本配方的润发产品。在推广策略上，宝洁公司润妍品牌经理黄长清认为，杭州是著名的国际旅游风景城市，既有浑厚的历史文化底蕴，富含传统的韵味，又具有鲜明的现代气息，受此熏陶兼具两种气息的杭州女性，与“润妍 ”要着力塑造的既现代又传统的东方美一拍即合。于是，宝洁选择了从中国杭州起步再向全球推广，并在“润妍 ”产品正式上市之前，委托专业的公关公司在浙江进行了一系列的品牌宣传。例如举办书法、平面设计和水墨画等比赛和竞猜活动等等，创新地用黑白之美作为桥梁，表现了现代人对东方传统和文化中所蕴含的美的理解，同时也呼应着润妍品牌通过乌黑美丽的秀发对东方女性美的实现。

从宝洁的产品研究与市场推广来看，宝洁体现了它一贯的谨慎。但在三年漫长的准备时间里，宝洁似乎在为对手创造蓄势待发的机会。奥妮败阵之后，联合利华便不失时机地将夏士莲“黑芝麻 ”草本洗发露系列推向市场，借用了奥妮遗留的市场空间，针对大众人群，以低价格快速占领了市场。对于黑发概念，夏士莲通过强调自己的黑芝麻成分，让消费者由产品原料对产品功能产生天然联想，从而事半功倍，大大降低了概念传播难度。而宝洁在信息传播中似乎没有大力强调它的首乌成分。

并且，宝洁因为四大品牌的缘由，已经成为主导渠道的代表，每年固定6%左右的利润率成为渠道商家最大的痛。一方面，润妍沿袭了飘柔等旧有强势品牌的价格体系，另一方面，经销商觉得没有利润空间而消极抵抗，也不愿意积极配合宝洁的工作，致使产品没有快速地铺向市场，甚至出现了有广告却见不到产品的现象。润妍与消费者接触的环节被无声地掐断了。

【拓展训练】

新产品开发战略的类型

新产品开发战略的类型是根据新产品战略的维度组合而成，产品的竞争领域、新产品开发的目标及实现目标的措施三维构成了新产品战略。对各维度及维度的诸要素组合便形成各种新产品开发战略。几种典型的新产品开发战略如下：

一、冒险或创业战略

冒险战略是具有高风险性的新产品战略，通常是在企业面临巨大的市场压力时为之，企业常常会孤注一掷地调动其所有资源投入新产品开发，期望风险越大，回报越大。该战略的产品竞争领域是产品最终用途和技术的结合，企业希望在技术上有较大的发展甚至是一种技术突破；新产品开发的目标是迅速提高市场占有率，成为该新产品市场的领先者；创新度希望是首创，甚至是首创中的艺术性突破；以率先进入市场为投放契机；创新的技术来源采用自主开发、联合开发或技术引进的方式。实施该新产品战略的企业须具备领先的技术、巨大的资金实力、强有力的营销运作能力。中小企业显然不适合运用此新产品开发战略。

二、进取战略

进取新产品战略是由以下要素组合而成：竞争领域在于产品的最终用途和技术方面，新产品开发的目标是通过新产品市场占有率的提高使企业获得较快的发展；创新程度较高，频率较快；大多数新产品选择率先进入市场；开发方式通常是自主开发；以一定的企业资源进行新产品开发，不会因此而影响企业现有的生产状况。新产品创意可来源于对现有产品用途、功能、工艺、营销策略等的改进，改进型新产品、降低成本型新产品、形成系列型新产品、重新定位型新产品都可成为其选择。也不排除具有较大技术创新的新产品开发。该新产品战略的风险相对要小。

三、紧跟战略

紧跟战略是指企业紧跟本行业实力强大的竞争者，迅速仿制竞争者已成功上市的新产品，来维持企业的生存和发展。许多中小企业在发展之初常采用该新产品开发战略。该战略的特点是：产品的战略竞争领域是由竞争对手所选定的产品或产品的最终用途，本企业无法也无须选定；企业新产品开发的目标是维持或提高市场占有率；仿制新产品的创新程度不高；产品进入市场的时机选择具有灵活性；开发方式多为自主开发或委托开发；紧跟战略的研究开发费用小，但市场营销风险相对要大。实施该新产品战略的关键是紧跟要及时，全面、快速和准确地获得竞争者有关新产品开发的信息是仿制新产品开发战略成功的前提；其次，对竞争者的新产品进行模仿式改进会使其新产品更具竞争力；强有力的市场营销运作是该战略的保障。

四、防御战略

保持或维持企业现有的市场地位，有这种战略目标的企业会选择新产品开发的防御战略。该战略的产品竞争领域是市场上的新产品；新产品开发的目标是维持或适当扩大市场占有率，以维持企业的生存；多采用模仿型新产品开发模式；以自主开发为主，也可采用技术引进方式；产品进入市场的时机通常要滞后；新产品开发的频率不高；成熟产业或夕阳产业中的中小企业常采用此战略。

第 4 章　生产计划

计划是管理的首要职能。没有计划，企业内的一切活动都会陷入混乱。现代企业生产运作的社会化程度很高，企业内部分工精细，协作严密，任何一部分都无法离开其他部门而单独进行。因此，需要制定统一的计划来协调指挥企业的所有的生产经营活动。生产计划是企业执行生产任务的行动大纲，它是一个体系，是由长期生产计划、短期生产计划、中期生产计划等多项计划组成的计划体系。

4.1　生产计划体系

4.1.1 生产计划体系的含义

1. 生产计划体系的概念

生产计划体系又称作是生产计划系统，是一个包括需求预测、中期生产计划、生产作业计划、材料供应计划、生产能力计划、设备维修计划、新产品开发计划等相关计划职能，并以生产控制信息的迅速反馈连接构成的复杂系统。

在现代企业中，企业内部分工精细、协作严密，任何一部分活动都不可能离开其他部分而独立进行。尤其是生产活动，需要调配多种资源，按时、按量地提供所需的产品和服务，因此必须要有周密的计划来指挥企业各部分的生产活动。生产计划的作业就是要充分利用企业的生产能力和其他各种资源，保质、保量、按品种、期限要求完成订货合同，满足市场需求，尽可能地提高企业的经济效益，增加利润。

2. 生产计划的主要指标

生产计划的主要指标有:产品品种、产品质量、产品产量与产值等，它们各有不同的经济内容，从不同的侧面反映了企业计划期内生产活动的要求。

(1)产品品种指标

产品品种指标是指企业在计划期内应该生产的品种、规格的名称和数目。表明企业在品种方面满足社会需要的程度，反映企业的专业化协作水平、技术水平和管理水平。努力发展新品种和产品的更新换代，对于满足国家建设和人民生活的需要，具有重要意义。

(2)产品质量指标

产品质量指标是指企业在计划期内各种产品应该达到的质量标准。反映产品的内在质量（如机械性能、工作精度、使用寿命，使用经济性等）及外观质量（如产品的外形、颜色、装潢等）。产品质量是衡量产品使用价值的重要标志。保证和提高产品质量，是企业实现生产任务、满足社会需要的一个十分重要的方面。企业的产品质量，也综合地反映了企业的技术水平和管理水平。

（3）产品产量指标

它是企业在计划期内应当生产的可供销售的工业产品的实物数量和工业性劳务的数量。产品产量指标通常采用实物单位或假定实物单位来计量。产品产量指标是表示企业生产成果的一个重要指标。它是国家进行物资平衡工作的依据，也是企业进行供、产、销平衡和编制生产作业计划，组织日常生产的重要依据。

（4）产值指标

为了计算不同品种的产品总量，需要运用综合反映企业生产成果的价值指标，即产值指标。企业产值指标有商品产值、总产值与净产值等不同形式。

①商品产值。商品产值是指企业在计划期内应当出产的可供销售的产品和工业性劳务的价值。它一般按现行价格计算。在计算商品产值时，工业性劳务对象的价值和订货者自备材料的价值不应该包括在内。商品产值是反映企业生产成果的重要指标，它表明企业在计划期内向社会提供的商品总量。

②总产值。它是用货币表现的企业在计划期内应该完成的工作总量。它一般按不变价格计算。总产值指标反映了一定时期内企业生产总的规模和水平；是计算企业生产发展速度及劳动生产率指标的重要依据。总产值中除包括商品产值外，还包括在制品、半成品、自制工具、模型的期末、期初结存量差额的价值，以及订货者来料的价值。

③净产值。净产值指标表明企业在计划期内新创造的价值，也就是从总产值中扣除物质消耗以后的净值。所谓物质消耗是指生产过程中所消耗的原材料、辅助材料、燃料、动力、低值易耗品、管理、办公所用物质的消耗总和。

4.1.2 生产计划体系的层次

在企业从事生产经营活动的过程中，需要制定各种各样的计划，众多的计划按照一定的规律形成体系。在企业生产计划体系当中，每一个计划都处在特有的层次上。企业的生产计划体系通常可以分为战略层计划、战术层计划以及作业层计划。如图4－1所示。从战略层计划到作业层计划。分别对应从高到低的管理层次，计划期由长到短，计划的时间单位越来越细，覆盖的空间范围越来越少，计划的内容越来越详细，计划的确定性越来越强。生产计划包括三个层次。如表4－1所示。

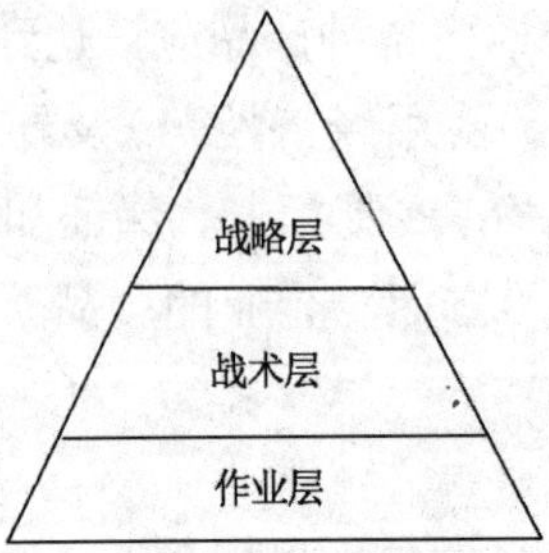

图 4-1　生产计划的层次

1. 长期生产计划

长期生产计划属于战略计划范畴。其主要任务是进行产品决策、生产能力决策以及确立何种竞争优势的决策。涉及产品发展方向、生产发展规模、技术发展水平以及新的生产设备建造等诸多方面。

2. 中期生产计划

中期生产计划属于战术性计划范畴，又称为生产计划大纲或年度计划，一般为一年期计划。其主要任务是在正确预测市场需求的基础上，对企业在计划年度内的生产任务作出统筹安排，规定企业的品种、质量、数量和进度等指标。制定中期生产计划的目的是充分利用现有资源和生产能力，尽可能均衡地组织生产活动和合理地控制库存水平，尽可能地满足市场需求并获取利润。

3. 短期生产作业计划

短期生产作业计划（简称为生产作业计划）的主要任务是直接依据用户订单，合理地安排生产活动的每一个细节，确保根据用户要求的质量、数量和交货期交货。

短期生产作业计划是一项十分详细和复杂的工作，是作业计划的具体实施。把生产计划规定的任务，逐项分配到每个生产单位、每个工作中心和每个操作工人，规定逐月、逐日以及每个轮班的具体工作任务。

表 4-1　生产计划的不同层次

	长期生产计划	中期生产计划	短期生产计划
计划期	长（≥5 年）	中（1 年）	短（月、旬、周）
计划形式及种类	企业发展规划、经营计划	生产计划大纲、产品出产计划、原材料需求计划	双日（或周）生产作业计划、关键机床加工计划等
计划的时间单位	年	月、季	工作日、班次、小时、分
空间范围	企业	工厂	车间、工段、班组
详细程度	高度综合	综合	详细
计划的不确定性	高	中	低
计划编制人员	企业高层领导	中层、部门领导	低层、车间领导
计划基础数据	产品生命周期、成品库存	产品结构、加工制造提前期、零件、原材料、毛坯	加工路线、加工时间、在制品库存
编制方法举例	线性规划	物料需求计划、批量算法	各种作业排序方法

4.2　总生产计划

总生产计划是在一定的计划区域内，以生产计划期内成本最小化为目标，根据已知每个时段的需求预测数量，确定不同时段的产品生产数量、生产中的库存量和需要的员工总数。总生产计划建立在企业生产战略和总体生产能力计划的基础之上，决定了企业的主生产计划和随后的具体作业计划的制定。

4.2.1 影响总生产计划的因素

在编制总生产计划时，面临的主要问题是如何处理非均衡的市场需求，即相对稳定的企业生产能力与波动的市场需求之间的矛盾。可以从内外两方面因素着手来分析影响总生产计划制定过程中遇到的非均衡需求。内部因素主要影响到企业生产能力，包括企业的库存量、现有的劳动力、当前的生产能力等；外部因素主要是影响到市场需求，包括市场需求、能够提供的原材料、竞争者的情况等。

企业面对的需求变动存在三种可能：超过企业的生产能力、与企业的生产能力相匹配和低于企业生产能力。面对需求的不断变化，企业需要研究各种因素，使其生产供给尽可能地符合市场需求。

1. 对生产能力的调整

(1)调整劳动力数量

任务重时多雇工，任务轻时少雇工。在具有明显季节性特征的行业当中，这种特征最为明显，比如旅游业具有明显的淡季、旺季。但对技术要求高的工种，一般不能采取这种策略，因为技术工人通常不是随时可以聘请到的。另外，直接生产工人队伍的不稳定，还可能引起产品质量下降和一系列的管理问题。

(2)调整工作时间

忙时加班加点，闲时培训的做法具有一定的可行性。有利于企业维持稳定的职工队伍并增加职工收入。但过度的劳累将会降低工作效率和产品质量，并可能引发安全事故。

(3)利用钟点职工

饭店和超级市场可以在忙时用“钟点工 ”，以提高企业的服务能力。

2. 对市场需求的调整

(1)通过市场营销和生产的配合，在需求低迷的时候通过促销刺激需求，在需求高涨的时候减少促销扩大利润。

(2)随需求波动调整生产产品的品种。

另外，还可以通过改变库存水平处理非均衡的市场需求，而维持生产率和职工人数的基本稳定。如图 4 -2 所示。

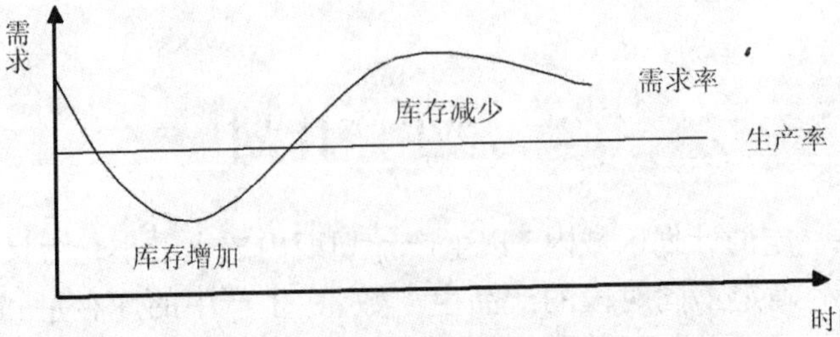

图 4－2　通过改变库存水平来吸收需求波动

当需求不足时，由于生产率不变，库存量就会上升。当需求过大时，将消耗库存，将消耗库存来满足需要，库存就会减少。这种策略可以不必按最高生产符合来配备生产能力，节约了固定资产投资。但是，通过改变库存水平来处理非均衡的市场需求，肯定会产生维持库存费，从而提高了成本；同时，库存也破坏了生产的准时性。对单纯劳务性生产，则不能采取这种策略。单纯的劳务性生产只能通过价格折扣等方式来转移需求，使负荷高峰较为平缓。

4.2.2 制定总生产计划的方法

1. 技术方法

制定总生产计划的技术方法主要有以下几种，其中非正式计算方法直观，应用简便，适合于一般企业的运用；数学方法需做大量工作，非常复杂，但比较精确；模拟模型方法则比较直观。

⑴非正式计算方法

生产计划设计的成本主要包括：

①基本的生产成本：在计划期内生产某一种产品的固定成本和变动成本之和。

②与生产率相关的成本：如培训和解雇人员的成本。

③推迟交货的成本：因推迟交货而形成的影响企业销售收入的成本。

④库存成本：由于库存对资金的占用而产生的机会成本。

企业运用非正式的计算方法时，需要对各种生产策略的成本进行比较，以选择成本相对较小的生产方案。不过，在企业的实际计划过程中，需要考虑各种因素，并进行组合考虑，所以常常采用计算机软件进行计算和估算，以期得到最佳资源配置。

⑵数学方法

随着对生产计划研究的深入，利用数学制定更精确的生产计划来满足发展的需要，正变得越来越普遍。

①线性规划方法。条件是各个变量之间呈现一种线性关系，目标是单个的，而不是多个的。该方法把每个时期的需求量作为目标，将获得产品的各种手段作为供给的来源，运用矩阵模型来进行规划。

②线性决策规则方法。该方法设定一系列成本近似函数，得到两个线性等式，其中一个规定了产出水平，另一个规定了各个时期的劳动力水平，通过求解，寻求正常工资、招聘和解聘、加班工作和库存变更之间最有效的解决方案。这种规则往往用于对生产计划的检验，而不是生产计划的制定，合适的技术和生产计划必须能通过这两个等式的检验。这种方法存在明显的局限性：应用二次成本曲线时须先假定这种模型是特定的；在企业的生产和经营中很难

取得如此大量的成本数据；提出的解决方案往往无法实施，或者实施的成本非常高。

(3)模拟模型方法

模拟是计算机应用之后产生的一种技术，目前模拟已经广泛的应用在生产计划的制定中，首先建立一个计算机模型，通过对这个模型进行多次的条件测试，得到解决问题最合理的可行性方案。当然，用模拟模型方法得到的方案往往不是最优的。

2. 非技术方法

由于外部因素的无法控制性，企业在制定生产计划时，往往更为关注对内部因素的控制，把内部因素看成是调节企业生产的变量。总生产计划的非技术方法主要包括以下四个方面：

(1)聘用熟练工人。如果企业非常容易就可以聘用到熟练工人，企业就可以在订货变动时随时聘用和解聘工人。这种方法的缺陷是显而易见的，当订单数量减少时，工人的工作效率会下降，因为他们意识到订单完成时可能会面临失业。

(2)弹性分配时间和人数。通过弹性工作时间和弹性工作人数的方法保证稳定的劳动力水平。弹性工作时间可以使产量同订货量匹配起来，弹性工作人数则可避免生产中的大起大落。

(3)外包给其他企业。企业将产品生产的部分环节外包给其他厂家生产，外包数量的大小和市场需求的变动有关。外包关系稳固与否，会影响企业生产的稳定性。

(4)平准化生产。通过采用积压订单、减少销售量或浮动库存。

4.3 主生产计划与物料需求计划

4.3.1 主生产计划

1. 主生产计划的概念

主生产计划（Master Production Schedule，简称 MPS），又称为产品出产计划或企业产品出产进度计划，是 MRP 系统的主要输入。主生产计划中所列的是最终产品项，是相对于本企业来说的最终完成、要出厂的完成品，具体到各产品的品种、型号。是确定每一具体的最终产品在每一具体时间段内生产数量的计划。这里的具体时间段，通常是以周为单位，在有些情况下，也可以是日、旬、月。主生产计划是独立需求计划，详细规定生产什么、什么时段应该产出。主生产计划根据客户合同和市场预测，把经营计划或生产大纲中的产品系列具体化，使之成为展开物料需求计划的主要依据，在从综合计划向具体计划过渡过程中，主生产计划起着承上启下作用。

主生产进度计划作为物料需求计划的输入，当生产或采购不能满足主生产计划的要求时，采购系统和车间作业系统就要把信息返回给主生产计划，从而形成一个闭环反馈系统。

作为闭环计划系统的一个部分，主生产计划的实质是保证销售规划和生产规划对规定的需求（需求什么，需求多少和什么时候需求）与所使用的资源相一致。主生产计划统筹经营规划和销售规划，使生产规划同它们相协调，着眼于销售什么和能够制造什么，能够为车间制定一个合适的“主生产进度计划 ”。

2. 主生产计划的对象

主生产计划的计划对象是把生产规划中的产品系列具体化以后的出厂产品，通称最终项目。最终项目通常属于独立需求件，对它的需求不依赖于对其他物料的需求而独立存在。由于计划范围和销售环境不同，作为计划对象的最终项目其含义也不完全相同。

可以从满足最少项目数的原则出发，考虑在三种制造环境中主生产计划的计划对象。

⑴为库存而生产的公司：用很多种原材料和部件制造出少量品种的标准产品，则产品、备品备件等独立需求项目成为主生产计划（MPS）对象的最终项目。对产品系列下有多种具体产品的情况，有时要根据市场分析估计产品占系列产品总产量的比例。此时，生产规划的计划对象是系列产品，而主生产计划（MPS）的计划对象是按预测比例计算的。产品系列同具体产品的比例结构形式，类似一个产品结构图，通常称为计划物料。

⑵为订单而生产的公司：最终项目一般就是标准定型产品或按订货要求设计的产品，主生产计划（MPS）的计划对象可以放在相当于T形或V形产品结构的低层，以减少计划物料的数量。

⑶为订单而装配的公司：产品是一个系列，结构相同，表现为模块化产品结构，都是由若干基本组件和一些通用部件组成。每项基本组件又有多种可选件，有多种搭配选择（如轿车等），从而可形成一系列规格的变型产品，可将主生产计划设立在基本组件级。在这种情况下，最终项目指的是基本组件和通用部件。这时主生产计划是基本组件（如发动机、车身等）的生产计划。

通常而言，对于一些由标准模块组合而成的、型号多样的、有多种选择性的产品（如个人电脑），将主生产计划设立在基本零部件这一级，不必预测确切的、最终项目的配置，辅助以成品装配计划（FAS）来简化主生产计划的处理过程。成品装配计划（FAS）也是一个实际的生产制造计划，它可表达用户对成品项目的、特定的多种配置需求，包括从部件和零配件的制造到产品发货这一部分的生产和装配，如产品的最终装配。测试和包装等。主生产计划（MPS）和成品装配计划（FAS）的协同运行，实现了从原材料的采购、部件的制造到最终产品交货的整个计划过程。

3. 主生产计划的约束条件

编制主生产计划（MPS）时要确定每一具体的最终产品在每一具体时间段内的生产数量。它所需要满足的约束条件如下：

⑴主生产计划所确定的生产总量必须等于总体计划确定的生产总量。该约束条件包括两方面内容：

一是每个月某种产品各个型号的产量之和等于总体计划确定的该种产品的月生产总量。

二是总体计划所确定的某种产品在某时间段内的生产总量（也就是需求总量）应该以一种有效的方式分配在该段时间段内的不同时间生产。这种分配通常基于多方面考虑，例如，需求的历史数据，对未来市场的预测，订单以及企业经营方面的其他考虑等。

此外，主生产计划既可以周为单位，也可以日、旬或月为单位。当选定以周为单位以后，必须根据周来考虑生产批量（断续生产的情况下）的大小，其中重要的考虑因素是作业交换成本和库存成本。

⑵在决定产品批量和生产时间时必须考虑资源的约束。

与生产量有关的资源约束有若干种，例如设备能力、人员能力、库存能力（仓储空间的大小)、流动资金总量等等。在制定主生产计划时，必须首先清楚地了解这些约束条件，根据产品的轻重缓急来分配资源，将关键资源用于关键产品。

4. 主生产计划的编制原则

主生产计划是根据企业能力来确定要做的事情，通过均衡地安排生产实现生产规划的目标，使企业在客户服务水平、库存周转率和生产率方面都能得到提高，并及时更新、保持计划的切实可行和有效性。主生产计划中不能有超越可用物料和可能能力的项目。在编制主生产计划时，须遵循以下基本原则。

⑴最少项目原则

用最少的项目数进行主生产计划的安排。如果主生产计划中的项目数过多，就会使预测和管理都变得困难。要根据不同的制造环境，选取产品结构不同的级，进行主生产计划的编制。使得在产品结构这一级的制造和装配过程中，产品(或)部件选型的数目最少，以改进管理评审与控制。

⑵独立具体原则

要列出实际的、具体的可构造项目，而不是一些项目组或计划清单项目。这些产品可分解成可识别的零件或组件。主生产计划应该列出实际的要采购或制造的项目，而不是计划清单项目。

⑶关键项目原则

列出对生产能力、财务指标或关键材料有重大影响的项目。对生产能力有重大影响的项目，是指那些对生产和装配过程起重大影响的项目。如一些大批量项目，造成生产能力的瓶颈环节的项目或通过关键工作中心的项目。对财务指标而言，指的是与公司的利润效益最为关键的项目。如制造费用高，含有贵重部件，昂贵原材料，高费用的生产工艺或有特殊要求的部件项目。也包括那些作为公司主要利润来源的，相对不贵的项目。而对于关键材料而言，是指那些提前期很长或供应厂商有限的项目。

⑷全面代表原则

计划的项目应尽可能全面代表企业的生产产品。主生产计划(MPS)应覆盖被该 MPS 驱动的物资需求计划(MRP)程序中尽可能多数的组件，反映出关于制造设施，特别是瓶颈资源或关键工作中心尽可能多的信息。

⑸适当余量原则

适当留有余地，并考虑预防性维修设备的时间。可把预防性维修作为一个项目安排在主生产计划中，也可以按预防性维修的时间，减少工作中心的能力。

⑹适当稳定原则

在有效的期限内应保持适当稳定。主生产计划制订后在有效的期限内应保持适当稳定，那种只按照主观愿望随意改动的做法，将会引起系统原有合理的正常的优先级计划的破坏，削弱系统的计划能力。

4.3.2 物料需求计划

1. 物料需求计划的概念

物料需求计划(Material Requirement Planning，简称为 MRP)是由美国库存协会在上世纪60 年代初提出的。计算机技术的发展，使得将物资分为相关需求(非独立需求)和独立需求来进行管理成为可能。相关需求根据物料清单、库存情况和生产计划制定出物资的相关需求时间表，按所需物资提前采购，这样就可以大大降低库存。

物料需求计划的基本原理，是由主生产进度计划（MPS）和主产品的层次结构逐层逐个地求出主产品所有零部件的出产时间、出产数量。把这个计划叫做物料需求计划。其中，如果零部件靠企业内部生产的，需要根据各自的生产时间长短来提前安排投产时间，形成零部件投产计划；如果零部件需要从企业外部采购的，则要根据各自的订货提前期来确定提前发出各自订货的时间、采购的数量，形成采购计划。确实按照这些投产计划进行生产和按照采购计划进行采购，就可以实现所有零部件的出产计划，从而不仅能够保证产品的交货期，而且还能够降低原材料的库存，减少流动资金的占用。与市场需求相适应的销售计划是物料需求计划（MRP）成功的最基本的要素。

在物料需求计划当中，打破产品品种台套之间的界线，把企业生产过程中所涉及的所有产品、零部件、原材料、中间件等，在逻辑上视为相同的物料。把所有物料分成独立需求（independent demand）和相关需求（dependent demand）两种类型。在MRP系统中，"物料"是一个广义的概念，泛指原材料、在制品、外购件以及产品。所有物料分成独立需求和相关需求二类。

独立需求的含义是，若某种需求与对其他产品或零部件的需求无关，则称之为独立需求。它来自企业外部，其需求量和需求时间由企业外部的需求来决定，如客户订购的产品、售后用的备品备件等。其需求数据一般通过预测和订单来确定，可按订货点方法处理。

相关需求的含义是，对某些项目的需求若取决于对另一些项目的需求，则这种需求为相关需求。它发生在制造过程中，可以通过计算得到。对原材料、毛坯、零件、部件的需求，来自制造过程，是相关需求，MRP处理的正是这类相关需求。

例如：汽车与零部件的关系。汽车产品的零部件与物料就具备非独立性需求，因为任意时刻所需零部件与原材料的总量都是汽车生产量的函数。相反地，产成品汽车的需求则是独立性需求——汽车并非其他任何东西的组成元件。

总之，物资需求计划是指根据产品结构各层次物品的从属和数量关系，以每个物品为计划对象，以完工时期为时间基准倒排计划，按提前期长短区别各个物品下达计划时间的先后顺序，是一种工业制造企业内物资计划管理模式。MRP是根据市场需求预测和顾客订单制定产品的生产计划，然后基于产品生成进度计划，组成产品的材料结构表和库存状况，通过计算机计算所需物资的需求量和需求时间，从而确定材料的加工进度和订货日程的一种实用技术。

2. 物料需求计划的内容

物料需求计划主要包括客户需求管理、产品生产计划、原材料计划以及库存纪录等内容。其中客户需求管理包括客户订单管理及销售预测，将实际的客户订单数与科学的客户需求预测相结合即能得出客户需要什么以及需求多少。物资需求计划可以分为再生式MRP和净变式MRP。

（1）再生式MRP，表示每次计算时，都会覆盖原来的MRP数据，生成全新的MRP。再生式MRP是周期性运算MRP，通常的运算周期是一周。

（2）净变式MRP，表示只会根据指定条件而变化，例如MPS变化、BOM变化等，经过局部运算更新原来MRP的部分数据。净变式MRP是一种连续性的操作，当指定数据改变时就需要立即运行。

3. 物料需求计划的特点

⑴需求的相关性

在流通企业中，各种需求往往是独立的。而在生产系统中，需求具有相关性。例如，根据订单确定了所需产品的数量之后，由新产品结构文件 BOM 即可推算出各种零部件和原材料的数量，这种根据逻辑关系推算出来的物料数量称为相关需求。不但品种数量有相关性，需求时间与生产工艺过程的决定也是相关的。

⑵需求的确定性

MRP 的需求都是根据主产进度计划、产品结构文件和库存文件精确计算出来的，品种、数量和需求时间都有严格要求，不可改变。

⑶计划的复杂性

MRP 要根据主产品的生产计划、产品结构文件、库存文件、生产时间和采购时间，把主产品的所有零部件需要数量,时间,先后关系等准确计算出来.当产品结构复杂,零部件数量特别多时,其计算工作量非常庞大,人力根本不能胜任,必须依靠计算机实施这项工程。

⑷物料需求计划须具备的基本数据

第一项数据是主生产计划，它指明在某一计划时间段内应生产出的各种产品和备件，它是物料需求计划制订的一个最重要的数据来源。

第二项数据是物料清单(BOM)，它指明了物料之间的结构关系，以及每种物料需求的数量，它是物料需求计划系统中最为基础的数据。

第三项数据是库存记录，它把每个物料品目的现有库存量和计划接受量的实际状态反映出来。

第四项数据是提前期，决定着每种物料何时开工、何时完工。

这四项数据都是至关重要、缺一不可的。缺少其中任何一项或任何一项中的数据不完整，物料需求计划的制订都将是不准确的。因此，在制订物料需求计划之前，这四项数据都必须先完整地建立好，而且保证是绝对可靠的、可执行的数据。

4. 物料需求计划的计算步骤

一般来说，物料需求计划的制订是遵照先通过主生产计划导出有关物料的需求量与需求时间，然后，再根据物料的提前期确定投产或订货时间的计算思路。其基本计算步骤如下：

⑴物料的毛需求量

即根据主生产计划、物料清单得到第一层级物料品目的毛需求量，再通过第一层级物料品目计算出下一层级物料品目的毛需求量，依次一直往下展开计算，直到最低层级原材料毛坯或采购件为止。

⑵物料的净需求量

即根据毛需求量、可用库存量、已分配量等计算出每种物料的净需求量。

⑶批量计算

即由相关计划人员对物料生产作出批量策略决定，不管采用何种批量规则或不采用批量规则，净需求量计算后都应该表明有否批量要求。

⑷安全库存量、废品率和损耗率等的计算

即由相关计划人员来规划是否要对每个物料的净需求量作这三项计算。

⑸下达计划订单

即指通过以上计算后，根据提前期生成计划订单。物料需求计划所生成的计划订单，要通过能力资源平衡确认后，才能开始正式下达计划订单。

⑹再一次计算

物料需求计划的再次生成大致有两种方式，第一种方式会对库存信息重新计算，同时覆盖原来计算的数据，生成的是全新的物料需求计划；第二种方式则只是在制定、生成物料需求计划的条件发生变化时，才相应地更新物料需求计划有关部分的记录。这两种生成方式都有实际应用的案例，至于选择哪一种要看企业实际的条件和状况。

4.4 作业计划

作业计划涉及为企业运作的各个环节作出时间安排，以便实现整个系统的运作效率。

1. 作业计划的涵义

作业计划是由基层管理者制定的，用于完成其工作职责的计划。战术计划虽然比较具体，但在时间、预算和工作程序方面还不能满足实际实施的需要，这使得制定作业计划十分必要。作业计划根据战术计划确定的具体目标，确定工作流程，划分合理的工作单位，分派任务和资源，以及确定权力和责任。

作业计划的重要性体现在：有效的作业计划能够使企业可以更加高效的利用各种资产，使每一分钱都能发挥更大的作用，从而使成本更低；生产能力以及生产柔性的增加使交货更加迅速，因此提供给顾客的服务更好；好的作业计划也是一种竞争优势，因为它保证了可靠的交货期。

常见的作业计划主要包括生产作业计划和采购作业计划。

⑴生产作业计划：是指企业生产计划的具体执行计划。它把企业的年度、季度生产计划具体规定为各个车间、工段、班组、每个工作地和个人的以月、周、班以至小时计的计划。

生产作业计划又可分为流水线加工生产作业计划、周期性生产类型的生产作业计划和适应需求变动的生产计划。

⑵采购作业计划：是根据企业的内外环境的特点而制定的有关采购作业活动详细的时间安排。

2. 作业计划设计

作业计划是完成任务、利用资源中配置设施的一张时间表。作业计划的编制过程可以看作为是生产计划的实施方面，并作为贯穿在生产系统中持续不断的活动。作业计划的目的是将总的按时间进度分解成为周、日、时的任务，也就是说在短期内确切地对生产系统安排计划的工作负荷。

在设计作业计划系统时，必须保证能够有效地完成下列职能：

⑴对各工作中心或其他指定的工作点分配工作任务单、设备及人员。这基本上是以需要能力和实有能力的平衡为基础作出决策。

⑵决定完成工作任务单的次序，这也就是安排任务的优先顺序。

⑶根据日程安排，投入计划任务，这通常称工作任务单的高度。

⑷检查各工作任务单在系统中的进行状况，这通常称作“跟踪”。

⑸督促拖期的或关键的工作任务单。

一个项目通常是指一些需要较长时间才能完成的大型产品所包括的一系列有关工作。在宇宙航空工程、造船、大型建筑和重型设备制造等过程中可看到典型项目的作业计划的相关情况。就绝大部分项目而言，作业计划的主要工作是对资源：人力、材料、设备等的协调，无论何时何地的需要均应保证供应。另外，像公路、水闸、管道以及建筑物建造等的建设过程，由于受各构件的支配，控制作业计划的进度将会加倍地困难。

近年来，在单件生产作业计划中，特别是在建筑及军事家事业中已广泛使用了网络技术，例如关键路线法，计划评审技术。在建筑业和其他行业的作业计划中，最常用的安排进度的方法是 H. L. 甘特在 1917 年发明的条形图称甘特图 。

4.5　MRPⅡ和 ERP 系统及应用

20 世纪 80 年代发展起来的制造资源计划（Manufacturing Resource Planning，MRPⅡ），不仅涉及物料，而且涉及生产能力和一切制造资源，是一种资源协调系统。MRP 包含在 MRPⅡ当中。MRPⅡ系统能够为企业生产经营提供一个完整而详尽的计划，可使企业各部门的活动协调一致，形成一个整体，从而提高企业的整体效率和效益。MRPⅡ系统在国内外应用后，给企业带来了巨大的经济效益。MRP 具有广泛的适用性，不仅适用于多品种中小批量生产，而且适用于大批量生产，不仅适用于制造企业，且适用于某些非制造企业。MRP 的长处在多品种中小批量生产的加工装配式企业中，得到了最有效的发挥。

20 世纪 90 年代初由美国加特纳公司（Gartner Group Inc.）首先提出企业资源规划（Enterprise Resource Planning，ERP）的概念。ERP 已经超出单个企业的范围，涉及供应链和客户管理。ERP 的概念仍处于发展中。

4.5.1 MRPⅡ系统

1. MRPⅡ的涵义

制造资源计划 MRPⅡ是一种生产管理的计划与控制模式，因其效益显著而被当成标准管理工具在当今世界制造业普遍采用。MRPⅡ实现了物流与资金流的信息集成，是现代集成制造系统（CIMS）的重要组成部分，也是企业资源计划（ERP）的核心主体，是解决企业管理问题，提高企业运作水平的有效工具。作为先进的现代企业管理模式，MRPⅡ的目的是合理配置企业的制造资源，包括财、物、产、供、销等因素，以使之充分发挥效能，使企业在激烈的市场竞争中赢得优势，从而取得最佳经济效益。

作为先进的现代企业管理模式，MRPⅡ的目的是合理配置企业的制造资源，包括财、物、产、供、销等因素，使之充分发挥效能，使企业在激烈的市场竞争中赢得优势，从而取得最佳经济效益。

MRPⅡ的基本思想就是把企业作为一个有机整体，从整体最优的角度出发，通过运用科学方法对企业各种制造资源和产、供、销、财各个环节进行有效地计划、组织和控制，使他们得以协调发展，并充分地发挥作用。

2. MRPⅡ管理模式的特点

MRPⅡ的特点可以从以下几个方面来说明，每一项特点都含有管理模式的变革和人员素质或行为变革两方面，这些特点是相辅相成的。

(1)计划的一贯性与可行性

MRPⅡ是一种计划导型管理模式，计划层次从宏观到微观、从战略到技术、由粗到细逐层优化，但始终保证与企业经营战略目标一致。它把通常的三级计划管理统一起来，计划编制工作集中在厂级职能部门，车间班组只能执行计划、调度和反馈信息。计划下达前反复验证和平衡生产能力，并根据反馈信息及时调整，处理好供需矛盾，保证计划的一贯性、有效性和可执行性。

(2)管理的系统性

MRPⅡ是一项系统工程，它把企业所有与生产经营直接相关部门的工作联结成一个整体，各部门都从系统整体出发做好本职工作，每个员工都知道自己的工作质量同其他职能的关系。这只有在“一个计划”下才能成为系统，条块分割、各行其是的局面应被团队精神所取代。

(3)数据共享性

MRPⅡ是一种制造企业管理信息系统，企业各部门都依据同一数据信息进行管理，任何一种数据变动都能及时地反映给所有部门，做到数据共享。在统一的数据库支持下，按照规范化的处理程序进行管理和决策。改变了过去那种信息不通、情况不明、盲目决策、相互矛盾的现象。

(4)动态应变性

MRPⅡ是一个闭环系统，它要求跟踪、控制和反馈瞬息万变的实际情况，管理人员可随时根据企业内外环境条件的变化迅速作出响应，及时经常调整，保证生产正常进行。它可以及时掌握各种动态信息，保持较短的生产周期，因而有较强的应变能力。

(5)模拟预见性

MRPⅡ具有模拟功能。它可以解决“如果怎样……将会怎样”的问题，可以预见在相当长的计划期内可能发生的问题，事先采取措施消除隐患，而不是等问题已经发生了再花几倍的精力去处理。这将使管理人员从忙碌的事务堆里解脱出来，致力于实质性的分析研究，提供多个可行方案供领导决策。

(6)物流、资金流的统一

MRPⅡ包含了成本会计和财务功能，可以由生产活动直接产生财务数据，把实物形态的物料流动直接转换为价值形态的资金流动，保证生产和财务数据一致。财务部门及时得到资金信息用于控制成本。通过资金流动状况反映物料和经营情况，随时分析企业的经济效益，参与决策，指导和控制经营和生产活动。

以上几个方面的特点表明，MRPⅡ是一个比较完整的生产经营管理计划体系，是实现制造业企业整体效益的有效管理模式。

4.5.2 ERP 系统

1. ERP 系统的涵义

ERP 是 Enterprise Resource Planning(企业资源计划)的简称，是上个世纪 90 年代美国一家 IT 公司根据当时计算机信息、IT 技术发展及企业对供应链管理的需求，预测在今后信息时代企业管理信息系统的发展趋势和即将发生变革，而提出的概念。ERP 是针对物资资源管理(物流)、人力资源管理(人流)、财务资源管理(财流)、信息资源管理(信息流)集成一体化的企业管理软件。它将包含客户/服务架构，使用图形用户接口，应用开放系统制作。除了已有的标准功能，它还包括其他特性，如品质、过程运作管理、以及调整报告等。

ERP 系统是建立在信息技术基础上，以系统化的管理思想，为企业决策层及员工提供决策运行手段的管理平台。它是从 MRP(物料需求计划)发展而来的新一代集成化管理信息系统，扩展了 MRP(物料需求计划)的功能，ERP 系统的核心思想是供应链管理，从供应链范围去优化企业的资源。ERP 系统集信息技术与先进管理思想于一身，成为现代企业的运行模式，反映时代对企业合理调配资源，最大化地创造社会财富的要求，成为企业在信息时代生存、发展的基石。它对于改善企业业务流程、提高企业核心竞争力具有显著作用。

2. ERP 系统的作用

ERP 的核心目的就是实现对整个供应链的有效管理，其作用主要体现在以下三个方面。

(1)管理整个供应链资源

在知识经济时代，企业仅靠自身资源很难有效地参与市场竞争，必须把经营过程中的利益攸关方(如供应商、制造工厂、分销网络、客户等)纳入一个紧密的供应链中，有效地安排企业的产、供、销活动，促使企业尽可能利用外界的市场资源，以快速高效地进行生产经营活动，以期进一步提高效率和在市场上获得竞争优势。换句话说，现代企业竞争不是单一企业与单一企业间的竞争，而是一个企业供应链与另一个企业供应链之间的竞争。ERP 系统实现了对整个企业供应链的管理，让企业自动地将多个业务流程整合起来，适应了知识经济时代企业市场竞争的需要。

(2)精益生产同步工程

ERP 系统支持对混合型生产方式的管理，其管理思想表现为“精益生产 LP(Lean Production)”与“敏捷制造(Agile Manufacturing)”二者的核心思想。

(3)事先计划与事中控制

ERP 系统中的计划体系主要包括主生产计划、物料需求计划、能力计划、采购计划、销售执行计划、利润计划、财务预算和人力资源计划等，这些计划功能与价值控制功能已完全集成到整个供应链系统中。

ERP 系统通过定义事务处理(Transaction)相关的会计核算科目与核算方式，实现了在事务处理的同时自动生成会计核算分录，保证了资金流与物流的同步记录和数据的一致性;实现了根据财务资金现状，追溯资金的来龙去脉，并进一步追溯所发生的相关业务活动，改变了资金信息滞后于物料信息的状况，便于做到事中控制和实时做出决策。

此外，计划、事务处理、控制与决策功能都在整个供应链的业务处理流程中实现，要求在每个流程业务处理过程中最大限度地发挥每个人的工作潜能与责任心。流程与流程之间则强调人与人之间的合作精神，以便在有机组织中充分发挥每个的主观能动性与潜能。实现企业管理从“高耸式”组织结构向“扁平式”组织结构的转变，提高企业对市场动态变化的响应速度。

总之，借助IT技术的飞速发展与应用，ERP系统得以将很多先进的管理思想变成现实中可实施应用的计算机软件系统。

4.5.3 ERP与MRPⅡ的主要区别

ERP系统在MRPⅡ的基础上扩展了管理范围，提出了新的管理体系结构，把企业的内部和外部资源有机地结合在了一起。ERP充分贯彻了供应链的管理思想，将用户的需求和企业内部的制造活动以及外部供应商的制造资源全部包括进来，体现了完全按客户需求制造的思想。ERP与MRPⅡ的区别主要体现在以下几个方面。

1. 在资源管理范围方面的差别

MRPⅡ主要侧重对企业内部人、财、物等资源的管理，ERP系统在MRPⅡ的基础上扩展了管理范围，它把客户需求和企业内部的制造活动、以及供应商的制造资源整合在一起，形成企业一个完整的供应链并对供应链上所有环节如订单、采购、库存、计划、生产制造、质量控制、运输、分销、服务与维护、财务管理、人事管理、实验室管理、项目管理、配方管理等进行有效管理。

2. 在生产方式管理方面的差别

MRPⅡ系统把企业归类为几种典型的生产方式进行管理，如重复制造、批量生产、按订单生产、按订单装配、按库存生产等，对每一种类型都有一套管理标准。而在80年代末、90年代初期，为了紧跟市场的变化，多品种、小批量生产以及看板式生产等则是企业主要采用的生产方式，由单一的生产方式向混合型生产发展，ERP则能很好地支持和管理混合型制造环境，满足了企业的这种多角化经营需求。

3. 在管理功能方面的差别

ERP除了MRPⅡ系统的制造、分销、财务管理功能外，还增加了支持整个供应链上物料流通体系中供、产、需各个环节之间的运输管理和仓库管理；支持生产保障体系的质量管理、实验室管理、设备维修和备品备件管理；支持对工作流（业务处理流程）的管理。

4. 在事务处理控制方面的差别

MRPⅡ是通过计划的及时滚动来控制整个生产过程，它的实时性较差，一般只能实现事中控制。而ERP系统支持在线分析处理OLAP（Online Analytical Processing）、售后服务即质量反馈，强调企业的事前控制能力，它可以将设计、制造、销售、运输等通过集成来并行地进行各种相关的作业，为企业提供了对质量、适应变化、客户满意、绩效等关键问题的实时分析能力。

此外，在MRPⅡ中，财务系统只是一个信息的归结者，它的功能是将供、产、销中的数量信息转变为价值信息，是物流的价值反映。而ERP系统则将财务计划和价值控制功能集成到了整个供应链上。

5. 在跨国（或地区）经营事务处理方面的差别

现在企业的发展，使得企业内部各个组织单元之间、企业与外部的业务单元之间的协调变得越来越多和越来越重要，ERP系统应用完整的组织架构，从而可以支持跨国经营的多国家地区、多工厂、多语种、多币制应用需求。

6. 在计算机信息处理技术方面的差别

随着IT技术的飞速发展，网络通信技术的应用，使得ERP系统得以实现对整个供应链信息进行集成管理。ERP系统采用客户/服务器（C/S）体系结构和分布式数据处理技术，支持Internet/Intranet/Extranet、电子商务（E－Business、E－Commerce）和电子数据交换（EDl）等平台，还可以实现在这些不同平台之间的互操作。

思考题：

1. MRPⅡ的基本思想是什么？
2. 什么是主生产计划？
3. 什么是总生产计划？影响主生产计划的因素有哪些？
4. 简述生产计划体系内容

【案例分析】

ERP成功案例：国美ERP大飞跃

作为中国家电零售业内的领军企业，国美电器成功部署了全新的ERP系统，并一跃成为具有世界最先进信息化平台的零售企业。

2011年12月1日，国内最大的家电及消费电子零售连锁企业国美电器与中国连锁经营协会、中国家电协会、中国消费者协会，SAP、惠普、麦肯锡及上百家全球家电制造商，在天津召开领航者ERP信息系统实施成功发布会。

发布会上，国美电器总裁王俊洲正式宣布国美ERP信息系统实施成功，国美将加速向以商品和客户经营为中心的商业模式转型。

一、填补家电零售业信息系统标准空白

从中国家电制造业与零售业的发展历程来看，由于两者的发展阶段不同，导致双方分工不清晰，制造业将大量人力和物力投入到零售业。制造业在零售产业链上的延伸，就不可避免地造成了大量重复投入，产业资源浪费，其结果必然是商品销售成本的增加，而成本增加最终导致市场竞争力的降低，这是目前制造业与零售业深层次的矛盾。同时零售业能力的不配套，也使得零售商更多停留在物业经营和供应商经营阶段。

对此，国美电器总裁王俊洲表示，在我国家电产业升级转型的关键时期，作为国内最大的电器零售企业，国美电器有责任率先承担起解决产业现有问题、推动产业快速崛起的重任，真正实现制造与零售的同步发展，提升制造业和零售业的国际竞争能力。正是基于对经济形势和行业发展的深刻判断，国美启动了以消费者需求为导向、以供需链全面整合为核心的新型商业模式转型，但要实现这一转型，必须首先打通企业内部、产业链各环节，实现信息流、物流、资金流的高度对接，因此全面升级信息化系统势在必行。2007年国美集团就开始了对信息化的全球选型，2009年正式与SAP合作，次年与惠普达成合作，另外还签约了14家国内外知名IT合作商。国美、SAP、惠普历时16个月，完成了对新ERP系统需求整理、蓝图设计、系统功能实现和系统切换上线。此次国美信息化系统采用了SAP的最新版本，并结合国美25年的商业经营管理经验，是中国零售业最先进的信息化系统，也成为我国零售服务行业的标杆。

二、率先开启家电供需链共赢时代

未来的竞争将是供需链之间的竞争，产业链各环节将成为一个紧密合作的利益共同体，这一点已被越来越多的企业所认识到。对于零售企业来说，只有与供应商、消费者共赢，才能实现长久的健康发展。近来年，国美一直在推动产业供需链的无缝对接。新的ERP系统在提升国美核心能力的同时，打造了与供应商之间全新的信息共享平台和协同管理平台，率先开启家电供需链共赢时代。

三、首创供需链协同管理模式与供应商和谐共赢

在谈及新系统的最大特点时，王俊洲认为是透明、开放与共享。国美通过新ERP系统，首次在行业内构建了“真正”联合共同体，与供应商实现了订单协同、库存协同、收入及结算协同、促销协同、商品推广协同、促销员资源共享、市场信息协同、服务协同等共8大供应链协同。通过供应链的协同，国美和供应商之间资源得到最优利用，进而提高双方市场业绩，降低产业链的损耗。

在国美系统平台上，供应商可以共享包括市场基础数据、市场竞争信息、服务信息、研发信息等在内的信息，实现了零供信息的透明化、及时化、精准化和无缝对接。在这一新的平台背景下，对零售商来说最重要的工作是发现需求，根据需求指导供应商研制适销对路的产品；对制造商来说最重要的工作就是提升核心技术能力，快速为消费者生产满足需求的产品，双方通过协同供需链平台第一时间将产品和服务送到消费者手中，实现产品研发、市场试生产、量产等制造环节与市场环节紧密结合，形成完整的需求－供给－创造需求的产业链提升，在从根本上解决了产业链供需矛盾的同时，大幅提升我国家电业的国际竞争力。

四、专注消费需求全力保障消费利益最大化

作为中国家电零售业首个以消费需求为导向的信息化系统，国美新ERP系统极大地增强了零供双方发现、研究与共同满足消费需求的能力，促使整个行业回归到消费者需求这一本源上来，实现最大程度地满足消费者低成本选购产品的需求。

随着新ERP系统的全面应用，零供双方最重要的工作就是共同研究和满足消费需求。零售商根据需求指导供应商研制适销对路的产品，制造商提升核心技术能力快速为消费者生产产品，双方通过协同供需链平台第一时间将满足需求的产品送到消费者手中。整个产业链效率提升，成本降低，再加上零售企业大规模采购的常态化，使得消费者能够持续享受到低成本高品质的商品。

为全面提升消费者体验，国美也在行业内首次实现了对物流能力、售后能力的实时管理，为一线销售人员提供了完整的服务能力信息，以帮助他们能够准确的按照客户需求确定送货和上门安装的时间，使得国美的服务能力、上游制造商的服务能力与消费需求最大限度的结合，最大程度地提升了消费者的体验和满意度。同时也最大限度地整合了供应链的资源，并为进一步优化供应链的效率和服务能力打下了坚实的基础。从国美新系统上线后统计数据来看，关于物流配送和送货服务的客诉率大幅降低，部分分部实现了零投诉。

1. 一场艰难的战役

“虽然原有的ERP系统能够满足我们日常的需要，但基于推进公司商业变革和未来发展战略的考虑，几年前，我们就已决定要对信息系统进行一次全面的改造和升级”。国美副总裁、ERP项目负责人牟贵先说。

据悉，2007年国美就成立了ERP选型小组。通过长达两年时间的全球范围内的甄选，

国美最终选择了SAP，采用目前业内最高版本的ERP解决方案ECC6.0，并聘请惠普作为ERP实施商。今年7月1日，在与惠普共同奋战一年后，国

美ERP领航者工程成功上线，且顺利通过了“十一黄金周”的考验。

回顾整个ERP系统的建设，牟贵先表示：“我们项目有几个突出的特点，引起了业内的关注和惊叹。”

一是实施范围宽。一般ERP工程在第一阶段只设置一些最基本的架构，例如财务和业务架构，而国美此次ERP建设第一阶段就包含了从业务到财务、物流、CRM、全面预算等公司经营管理涉及到的全部环节。这一点开创了零售企业ERP项目第一阶段的先河。

二是复杂度高。国美对精细化管理有明确的需求，例如要管理整个产品生命周期、要实现库存全国共享等。很多企业并不敢这么做，因为需要整合外围系统而且将会产生巨量的数据，无疑会加大整个系统蓝图设计与实施的复杂度，然而在惠普的帮助下，国美最终攻破了这个难关。

三是时间短。涵盖范围这么宽、复杂度这么高的系统，一般企业至少需要18~24个月时间，但国美只用了12个月的时间，而且一次性成功上线。

四是组建高水平的实施团队。

包括国美员工、惠普资深顾问、SAP专家、业界其他资深顾问共同参与了此项项目。牟贵先表示：“惠普为我们提供了很多方法论上的好建议，而且惠普的顾问特别能打能拼。”中国惠普副总裁、企业服务事业部总经理潘家驰也告诉记者，惠普将很多大项目管理经验用在了国美ERP项目上，并根据国美需求进行了大量的创新，才完成了这个几乎不可能实现的任务。“我们与惠普一起打了一场艰难的战役。我们不知道别的企业能不能做到，但惠普做到了。”牟贵先如此表达对惠普的肯定。

2. 三大特色成就基业长青

新ERP系统的功能和意义表现为：

首先，从范围上来看，国美ERP系统是国内覆盖流程最全的信息化系统，因此在经营精细化方面真正实现了核算到门店、管理到单品、绩效到个人、门店运营管理、人力资源管理、全面预算管理、财务管理等全方位。

其次，新系统极大地提升了消费者体验。牟贵先解释说：“新系统中的CRM模块，可以更好地把握、分析消费者需求，借助分析结果，国美进行优化改善，这将大幅提升消费者的消费体验，从而增强消费者对国美的忠诚度，这对国美长期、可持续发展有巨大的帮助

此外，新系统的成功上线还使国美实现了“物资流、资金流、信息流、服务流”四流合一，不仅如此，国美的信息化平台还将对供应商开放，从而实现供需的无缝对接，最大化地优化资源，降低整条产业链的成本，最终消费者和全球供应商都将从中受益。

“我们相信，全新ERP系统会将国美引入一个发展更快速、管理水平更高的轨道。”牟贵先说。

【拓展训练】

生产计划的演变

生产计划体系的演变主要包括以下类型:

一、MRP(物料需求计划)

MRP是制造业生产计划的早期阶段,是为解决原材料库存和零组件投产计划问题而发展起来的。MRP明确指出生产必须以市场需求为导向,把由市场决定而不是能由企业决定的外部需求称之为“独立需求”,把为产品出厂所需用的一切物料称之为“相关需求”;阐述了物料存在的相关性。它建立以时间为坐标的产品结构模型,并将要销售的产成品、生产物料和采购物料分成为三层。产成品、采购件和加工件都集成在一个模型中,能够实现生产计划和采购计划同步生成和调整。MRP所依据的管理理念主要是:

1. 供应必须与需求平衡,即供需平衡原则;
2. 优先级计划原则,即生产与供应计划必须根据需用时间和数量来确定优先顺序。

这两条简单明了的理念适合任何制造业企业。

二、MRPⅡ(制造资源计划)

MRPⅡ通过具有成本属性的产品结构(成本物料单),赋予物料以货币价值,实现了资金与物料静态信息的集成。MRPⅡ系统的成本计算是在正确理解产品结构的基础上进行的;通过定义物料流动的事务处理(如物料位置、数量、价值和状态的变化),对每一项事务处理赋予代码,定义会计科目上的借、贷方关系,实现了资金流同物流的动态信息集成的问题,做到财务与业务同步,随时将经营生产状况通过资金运行状况反映出来,提供给企业的决策层,以便不误时机地纠正和处理。MRPⅡ在MRP基础上主要增加了管理会计的应用。

三、ERP(企业资源计划)

ERP要把信息集成的范围扩大到企业所有的上下游,也就是同企业所有的供应商和客户实现信息集成;“管理整个供需链”就是ERP(企业资源计划)要解决的问题。ERP完全建立在信息技术和网络通信技术的迅猛发展与企业业务流程的改进和优化的基础之上。从MRP到ERP的发展过程,就像水的波纹一样,由中心逐渐向外扩张。我们说MRP是制造业ERP的核心,因为它就是处在水波的中心,而且波纹首先就是由它引发。

四、WLC(生产负荷控制技术)

WLC适用于Job Shop生产流程,面向订货生产的生产计划与控制技术。它起源于1970年由Wight提出的输入(输出)控制思想。Wight认为订货生产中出现的许多严重问题都可以通过有效地控制工厂的输入(机器负荷)和输出(机器生产能力)来解决。与MRPⅡ、JIT、OPT等常见的生产计划技术相比,WLC技术更加适用于订货生产企业。由于订货生产方式将被越来越多的企业所采用。

五、JIT(准时化生产方式)

JIT的目标是彻底消除无效劳动和浪费,具体要达到以下目标:

1. 质量目标:废品量最低,JIT要求消除各种引起不合理的原因,在加工过程中每一工序都要求达到最好水平;

2. 生产目标:

(1)库存量最低,JTT认为,库存是生产系统让不合理、生产过程不协调、生产操作不良的证明;

(2)减少零件搬运，搬运量低;节约装配时间，减少装配中可能出现的问题;

(3)机器损坏低。

(4)批量尽量小。

3. 时间目标:

(1)准备时间最短。准备时间长短与批量选择相联系，如果准备时间趋于零，准备成本也趋于零，就有可能采用极小批量;

(2)生产提前期最短。短的生产提前期与小批量相结合的系统，应变能力强，柔性好。

六、OPT(最佳生产技术)

OPT是一种改善生产管理的技术，强调任何企业的真正目标是现在和未来都赚钱;要实现这个目标，必须在增加产销率的同时，减少库存和营运费用。它吸收MRP和JIT的长处，是以相应的管理原理和软件系统为支柱，以增加产销率、减少库存和运行为目标的优化生产管理技术。其特别之处不仅在于提供了一种新的管理思想，而且在于它的软件系统。

OPT两大支柱是OPT原理及OPT软件，它是一套可提高产出、减少存货的分析性技术理论。OPT系统将重点放在控制整体产出的瓶颈资源上，优先处理所有瓶颈作业，并以平衡物料流动为原则，使整个系统达到产出最大的目的。

七、TOC(约束理论)

TOC由OPT技术发展而来，简单来讲，TOC理论就是关于进行改进和 如何最好地实施这些改进的一套管理理念和管理原则，可以帮助企业识别出在实现目标的过程中存在着哪些制约因素，TOC理论称之为“约束”，并进一步指出如何实施必要的改进来一一消除这些约束，从而更有效地实现企业目标。TOC逻辑地、系统地回答以下三个问题:

改进什么？(What to change?)

改成什么样子？(What to change to?)

怎样使改进得以实现？(How to cause the change?)

该定义主要着眼于对阻碍发展的瓶颈因素的理性思考，这三个问题是任何企业改进流程时都必须思考的。

第5章　物流供应链管理

供应链管理是一种系统的管理思想和方法，它执行供应链中从供应商到最终用户的物流的计划和控制等各项职能。供应链管理对于企业降低成本、提升客户满意度、最优化企业整体的“流程品质”具有重要意义。

5.1　物流管理与供应链管理的基本思想

5.1.1 物流管理

1. 物流管理的发展

现代物流作为供应链管理的重要内容，与传统的物流管理有着很大的区别。了解物流管理的形成和发展，对于理解供应链管理思想的实质以及供应链管理中的物流管理的作用十分必要。

通常认为，物流管理是从军事后勤管理发展而来的。

军事后勤管理在物流管理的起源和发展过程中扮演者重要角色。后期管理最初起源于战时军事物资管理的供应管理。二战期间，后勤的概念首次出现，随后逐渐形成了后勤工程、后勤管理、后期分配等相关应用领域，在军队的后勤保障方面取得了显著效果。二战结束后，后勤管理走出军事领域成为企业管理体系中的重要内容。

美国学者鲍沃索克斯认为，所谓后期管理就是“以买主为起点，将原材料、零部件、制成品在各个企业间有策略地加以流转，最后达到用户手中，其间所需要的一切活动的管理过程”。20世纪70年代后，后勤管理逐渐发展为物流管理，

2. 物流管理的内容

在2001年颁布的中华人民共和国国家标准《物流术语》（GB/T 18354－2001）中，物流管理是指为了以最低的成本达到客户所满意的服务水平，对物流活动进行的计划、组织、指挥、协调与控制。物流管理使各项物流活动实现最佳的协调与配合，以降低物流成本，提高物流效率和经济效益。现代物流管理是建立在系统论、信息论和控制论的基础上的。物流贯穿整个供应链，它连接供应链的各个企业，是企业间相互合作的纽带。供应链管理赋予物流与采购管理新的意义和作用。

物流管理的主要内容包括：对物流活动过程诸要素的管理。包括诸如运输、储存等实体环

节的管理;对物流各活动过程中诸要素的管理，即对其中人、财、物、设备、方法和信息等六大要素的管理;对物流活动中具体职能实施的管理。主要包括物流计划、质量、技术、经济等职能的管理等。

以制造企业为例，其物流系统由三部分构成:物资管理、生产过程物流(又叫制造支持)和实物配送。这三个部分依次贯通，构成企业完整的物流过程。物资管理主要涉及与企业供应有关的内容。包括供应商的选择、定货模式的决定、采购定单作业、生产物料计划等内容。它是企业向内物流，又被称作供应物流。生产过程支持主要指制造过程中原材料、半成品等的储存，和在仓库、生产车间之间，以及生产车间内部流水线之间和不同工位之间的流动。又称企业内部物流。实物配送主要是指企业产成品的向外流动，包括运输、仓储、配送计划、货物交付、售后服务等内容，是企业的向外物流。因其与营销活动的密切联系，又被称作营销物流。具体而言，制造企业的物流管理可以归纳为五个方面:运输管理、存货管理、设施构建、物料处理以及信息与通讯。

(1)运输管理

企业自营运输/委托外部运输公司经营的决策。即企业究竟是采用自有车队还是委托外部运输公司代为运输(简称委外)。采用自有车队可以实现较好的控制，但是，自有车队需要占用企业投资，且管理成本会上升。采用委外经营可以节省投资车队的投资，但是企业对外部承运人的控制能力会低于对自有车队的控制，且由自有转向外包会带来企业间的交易成本。因此需要从总成本角度进行比较后再决策。

①运输方式的选择。企业可以选用的运输方式有多种，常用的有空运、水运、铁路运输、公路运输和管道运输。除管道运输较为特殊，主要用于运送液体和气体物质以外，其他四种运输方式之间基本可以通用。运输方式不同，运输的速度和运输成本也各不相同。企业需要比较不同运输方式对运输成本、存货成本、仓储成本的不同影响做出选择。随着竞争的激烈化和存货成本对企业造成的压力日益上升，存货成本的削减对企业来说变得非常重要，因此，在选择运输方式时，越来越多企业开始关注运输的速度与质量。

②向内运输与向外运输的整合。一般企业都会同时存在向内运输和向外运输两种流动。如何将这两种流动结合起来，实现内外运输的整合，是减低空车驾驶率，降低运输成本的一个重要领域。而这种整合，需要采购部门与销售部门的协调运作。如果企业设立了综合物流部，将物流作业整合起来，则运输上的协调可以较为便利地得到实现。

③国际运输管理。如果货物需要实现跨国界的转移，就要安排国际运输。相比于国内运输而言，国际运输要复杂得多。首先，需要涉及进出口的手续，包括通关、商检等;其次，运输距离大大增加，运输的时间和成本也大大增加;第三，由于很少企业可以凭借自身资源完成货物的跨国流动，因此，对于国际运输，一般企业都是采取委外方式，这就涉及承运人的选择与管理问题。

⑵存货管理

①采购。采购是企业存货的根源，采购政策会直接影响企业的存货水平。采购的成本与质量也会直接影响企业的存货成本与质量。因此采购部门应与生产与销售部门保持密切的联系，确保生产和销售需要的存货可以实现充分的供应，同时基于需要的采购也可以避免存货水平的过度上升。

②原材料存货管理、半成品存货管理、产成品存货管理。企业存货形态多种多样，有原材

料、半成品和产成品存货，此外还包括生产、办公耗材等。但前三种是存货管理关注的主要领域。存货管理包括存货结构管理、存货水平管理、存货补给管理、存货流动速率控制等。存货管理是企业物流管理的最重要内容。

③服务与零部件支持。存货管理除了对与企业生产、经营活动相关的物品管理，还包括与产品售后服务相关的零配件与维修保养材料的计划与管理。例如汽车厂在根据生产需要制造发动机时，还要根据所生产的车辆总量按一定比例生产出车辆维修、更换所需的发动机或发动机零配件，投放到维修系统中去。

⑶设施构建

①厂房、仓库与配送中心的选址。厂房、仓库、配送中心等设施，是物流系统中的结点，是运输活动的起点或终点。这些设施的数量和选址会直接影响点与点之间的运输距离，从而对运输成本和到达时间产生决定性影响。因此，物流结点的选址也是物流管理中一个非常重要的内容。且由于它涉及企业的长远投资，一般属于企业的战略性物流决策。

②厂房、仓库与配送中心的建造。在进行厂房、仓库与配送中心建造时，需要根据生产、储存和物料移动的特点以及所处理货物的特性和土地、建造成本进行综合决策。

⑷物料处理

①包装。产品包装分为内包装和外包装。内包装又称销售包装，主要目的是吸引消费者的注意力，刺激购买欲望以及便利消费者购买和使用。外包装又称运输包装，主要目的是保护货物和便利搬运。物流所关注的是后者。由于包装方式会对产品的搬运与储存产生直接影响，因此，把包装放在物料处理中进行讨论。包装的成组化对于产品的搬运效率与存放空间的有效利用起着重要影响。

②物料搬运。指物料在设施内部的短距离位移活动。物料搬运的效率取决于库房的构造以及物料搬运系统的效率。

③挽救与丢弃处理。指对于库房中的受损物料或过时、过期物料的处理。恰当的挽救措施可以使受损物料重新具有价值。而对于由于损坏或过时、过期而无法挽救的物料也需要根据有关规定进行妥善的丢弃处置。

⑸信息与通讯

①需求预测。需求预测是企业经营活动的先导。准确、及时的预测可以减少企业的缺货情况并降低企业的安全库存水平。如果需求预测可以百分之一百准确，企业就没有必要准备安全库存。但由于市场是瞬息万变的，完全准确的预测几乎是不可能的，所以企业不得不持有一定数量的超量库存以应付不时之需。但是预测精度的提高可以帮助企业降低安全库存的需要量，从而降低存货成本。以往企业的需求预测多是由营销部门来完成，但往往所获得的预测数据只是营销部门希望达到的销售目标。现在，有些企业开始由物流部门来承担需求预测工作，因为物流部门是直接与市场和客户接触的部门，当货物由物流部门手中流向客户手中的时候，物流部门所捕捉到的销售点信息(point - of - sales in - formation)是市场需求的最真实反映。

②定单作业。定单作业指的是企业接受客户定单并按照客户定单要求将货物送达客户手中的过程。定单作业效率与效果直接影响到客户能否在指定时间和地点收到所需的完好状态的货物。企业定单作业是由物流部门来完成的。物流部门的作业人员收到客户定单以后会进行客户资信度的检查和库存水平与地点的盘查，随后向属下的仓库发出发货指令并联络内部

车队或外部承运人。仓库收到指令后，会按照定单要求进行货物拣选和包装，最后，车队或外部承运人将定单货物交付到客户手中。在上述整个过程中都离不开信息的流动，如，客户定单的传送、客户资信记录的检查、库存点与库存水平状态的查询以及仓库、车队的信息作业等。此外，还有越来越多的客户要求供应商提供定单状态即时查询等。

③制造资源计划。指企业完成制造过程所需的各种资源的需求计划。由于企业制造涉及物料、机器设备、人力、资金等多种资源的投入，计算起来相当复杂。目前企业通常采用计算机软件辅助进行。常用的软件有 MPR 系统、ERP 系统等。

5.1.2 供应链管理 Supply chain management(SCM)

1. 供应链管理的基本思想

当今世界各种技术和管理问题日益复杂化，促使人们认识、分析和解决问题的思想方法开始从点的思考和线的思考逐渐转向面的思考和多维空间思考，从纵向思考转向横向思考。在此背景下，出现了以供应链管理为代表的新的管理理论与方法。

一直以来，企业处于管理和控制上的考虑，对于产品有关的活动和资源一直采取自行投资或兼并的“纵向一体化”模式，即核心企业通过股权来控制为其提供原材料、半成品或零部件的企业。许多制造企业拥有从铸造、零部件加工、装配、包装、运输、销售等一整套设备、设施及组织机构。

“纵向一体化”管理模式的主要特征源于它的决策背景、管理制度等诸多方面。它以规模化需求和区域性的卖方市场为决策背景，通过规模效应降低成本，获得效益。它的生产方式必然是少品种、大批量，采用刚性和专用的流水生产线，因为这种生存方式可以最大限度地提高效率，降低成本，其规模化效益是最好的。其缺陷首先在于适应品种变化的能力较差，一旦外界发生新的需求，原有的生产系统很难适应。其次，作为一种多级梯阶控制的组织结构，管理跨度小，层级多，影响到整个企业的响应速度。第三，从管理思想和管理制度的特征看，“纵向一体化”管理模式属于以集权式管理为核心，以追求稳定和控制为主。为控制可能影响企业生产和经营的这些资源，企业往往选择自己投资建设或者参股控股相关企业，只有实行集权式管理，才能实现企业最大程度地对资源进行控制的愿望。第四，由于采取的是高度自制的策略，企业形成了高度封闭的系统，与外界的共赢式的交流合作较少，形成纯粹式的竞争关系。

在相对稳定的市场环境中，“纵向一体化”管理模式是有效的，通过加强对原材料、制造、销售全过程的控制，企业能很好地适应市场的发展变化，增加各个业务活动阶段盈利水平。在全球性竞争日益激烈的市场环境中，顾客需求日益个性化和多样化，“纵向一体化”管理模式的弊端日益显现，20 世纪 80 年代以后，近 80% 的西方发达国家企业放弃了“纵向一体化”，转而采用供应链管理模式。

供应链管理的基本思想就是横向一体化（horizontal integration），即把原来由企业自己生产的零部件外包出去，充分利用外部资源，于是就跟这些企业成了一种水平关系，形象地成为“横向一体化”。对通常的组织内部管理而言，组织内部的管理体现为一种权力关系，即上级指挥下级；而供应链则是具有独立法人地位企业的合作链，企业无论大小都是平等的独立法人。因此供应链管理主要体现为如何加强合作，加强对资源的协调运作和管理水平。

实践证明，供应链管理模式效益明显，在降低成本、改善客户服务、加快资金周转、增加市场占有率等各方面提升企业的竞争优势。供应链管理有助于加强信息流和物流的协调，信息可以及时、准确地传递给相关合作企业，供应链各个环节上的企业，不论大小均能够成为受欢迎的业务伙伴，提升自身的市场竞争力。

2. 供应链的概念

供应链管理是跨企业范围的广泛的管理，它从战略层次上把握最终用户的需求，通过企业间的有效合作，获得包含成本、时间、效率、柔性等的最佳效果。其含义是在满足一定的客户服务水平的条件下，为了使整个供应链系统成本达到最小而把供应商、制造商、仓库、配送中心和渠道商等有效地组织在一起来进行的产品制造、转运、分销及销售的管理方法。供应链管理包括计划、采购、制造、配送、退货五大基本内容。

计划：这是 SCM 的策略性部分。你需要有一个策略来管理所有的资源，以满足客户对你的产品的需求。好的计划是建立一系列的方法监控供应链，使它能够有效、低成本地为顾客递送高质量和高价值的产品或服务。

采购：选择能为你的产品和服务提供货品和服务的供应商，和供应商建立一套定价、配送和付款流程并创造方法监控和改善管理，并把对供应商提供的货品和服务的管理流程结合起来，包括提货、核实货单、转送货物到你的制造部门并批准对供应商的付款等。

制造：安排生产、测试、打包和准备送货所需的活动，是供应链中测量内容最多的部分，包括质量水平、产品产量和工人的生产效率等的测量。

配送：很多“圈内人”称之为“物流”，是调整用户的定单收据、建立仓库网络、派递送人员提货并送货到顾客手中、建立货品计价系统、接收付款。

退货：这是供应链中的问题处理部分。建立网络接收客户退回的次品和多余产品，并在客户应用产品出问题时提供支持。

现代商业环境给企业带来了巨大的压力，不仅仅是销售产品，还要为客户和消费者提供满意的服务，从而提高客户的满意度，让其产生幸福感。科特勒表示：“顾客就是上帝，没有他们，企业就不能生存。一切计划都必须围绕挽留顾客、满足顾客进行。”要在国内和国际市场上赢得客户，必然要求供应链企业能快速、敏捷、灵活和协作地响应客户的需求。面对多变的供应链环境，构建幸福供应链成为现代企业的发展趋势。

5.1.3 物流管理与供应链管理之间的关系

1. 物流管理与供应链管理的重要内容

供应链是物流、信息流、资金流三个流的统一。物流管理是供应链管理体系的重要组成部分。物流只有迎合供应链管理的发展趋势，才能促使物流自身以及供应链更好地发展。

(1)明确物流只是供应链过程的一部分，应主动适应供应链管理的发展。供应链管理的目标是提高整个供应链运行的速度、效益及附加值。为整个供应链上的所有贸易伙伴带来巨大的经济效益。只有明确物流只是供应链过程的组成部分，才能具备整体观，努力通过发展现代物流去适应供应链管理的发展。

供应链管理是指对供应链中的物流、商流、业务流、价值流、资金流和信息流进行的计划、组织、协调及控制。它是在社会化生产分工越来越细、产品生产日趋全球化的过程中提出的一种管理理念，当前正处于形成和发展探索阶段。它的目标是提高整个供应链运行的速度、效益及附加值，为整个供应链上的所有贸易伙伴带来巨大的经济效益。只有明确物流只是供应链过程的一部分，才能从整体看问题，去发展现代物流，适应供应链管理的新发展。

⑵促进现代物流技术与信息流的融合，更加科学地促进供应链管理。信息时代的到来，每天在全球范围内发生着数以百万计的商业交易，每一笔商业交易的背后都伴随着物流和信息流。供应链上的贸易伙伴都需要这些信息以便对产品进行发送、跟踪、分拣、接收、存贮、提货以及包装等。在世界信息化高度发展的今天，物流与信息流的相互配合体现得越来越重要。

⑶高质量服务和总体低成本间的平衡是现代物流和供应链管理的重要原则 。生产有形产品的企业创造价值的方式是通过降低原材料和生产过程的成本而获得。成本降下来，产品降低就有了空间，这也是人们看到许多企业在通过价格战来占领市场的原因。但是降低成本是有限度的，如果企业间价格战使产品售价低于成本，最终企业会承受不起。所以企业越来越以服务，特别是个性化服务去占领市场。高质量服务就需要现代物流和供应链管理，而且供应链中的每一个环节都必须尽可能坚固。

随着信息技术的发展与管理思维的创新，有效的供应链管理和现代物流正取而代之成为公司赢得竞争优势的重要源泉。以前的竞争是企业与企业之间的竞争，以后的竞争将是供应链与供应链之间的竞争。现代物流作为供应链的一部分，必须更好地去迎合供应链的发展。

2. 供应链管理是物流管理的扩展

供应链管理是物流管理的扩展；供应链管理是物流一体化管理的延伸；供应链管理是物流管理的新战略。供应链管理与传统的物流管理在存货管理的方式、货物流、成本、信息流、风险、计划及组织间关系等方面存在显著的区别，这些区别使得供应链管理比传统的物流管理更具优势。

⑴从存货管理及货物流的角度来看，在供应链管理中，存货管理是在供应链成员中进行协调，以使存货投资与成本最小；而传统的物流管理则是把存货向前推或向后延，具体情况是根据供应链成员谁最有主动权而定。事实上，传统的物流管理把存货推向供应商并降低渠道中的存货投资，仅仅是转移了存货。解决这个问题的方法是通过提供有关生产计划的信息，比如共享有关预期需求、订单、生产计划等信息，减少不确定性，并使安全存货降低。

⑵从成本方面来看，供应链管理是通过注重产品最终成本来优化供应链的。这里提到的最终成本是指实际发生的到达客户时的总成本，包括采购时的价格及送货成本、存货成本等。而传统的物流管理在成本的控制方面依然仅限于公司内部达到最小。

⑶风险与计划是供应链管理区别于传统物流管理的另外两个重要的方面。在供应链管理中，风险与计划都是通过供应链成员共同分担、共同沟通来实现的，而传统的物流管理却仅仅停留在公司内部。在组织间关系方面，供应链管理中各成员是基于对最终成本的控制而达成合作，而传统的物流管理则是基于公司内降低成本。

⑷实施供应链管理是因为供应链管理比传统的物流管理更具活力，更能对供应链成员带来实质性好处。不过，要成功地实施供应链管理，各供应链成员之间必须要有很好的信息共享；而要做到开诚布公的信息分享，对于追求不同目标的企业来说，尤其是当一家企业与其众多的竞争对手均有合作的情况下，要实现信息共享更加困难。因此，成功的供应链整合，需要各节点企业在协作一致：共同认识到最终客户的服务需求水平、共同确定在供应链中存货的位置及每个存货点的存货量、共同制订把供应链作为一个实体来管理的政策和程序等。

第一个方面相对比较容易做到，但在决策时往往容易疏忽这一目标。最终客户的服务需求是在渠道中确定存货的关键，成功的制造商能辨认客户及它的需求，进而在制造商自己的范围及整个渠道中协调存货流。第二个方面是物流管理的基本作业原则，即满足客户需求的内容应包括需要什么、哪里需要和需要多少。第三个方面需要供应链上各节点企业的真诚合作才能实现，只有各节点企业均站在整个供应链的高度来看待问题的时候，才容易彼此作出理解与让步，共同制订出某些政策与程序，并进而建立起综合性的物流组织。

5.2 采购管理和外协管理

5.2.1 采购管理

采购管理是物流管理的重点内容之一，使供应链企业之间在原材料和半成品生产合作交流方面架起一座桥梁，沟通生产需求与物资供应的联系。为使供应链系统能够实现无缝连接，并提高供应链企业的同步化运作效率，就必须加强对采购的管理。

采购管理是计划下达、采购单生成、采购单执行、到货接收、检验入库、采购发票的收集到采购结算的采购活动的全过程，对采购过程中物流运动的各个环节状态进行严密的跟踪、监督，实现对企业采购活动执行过程的科学管理。采购管理包括采购计划、订单管理及发票校验三个组件。在供应链管理模式下，采购工作必须做到五个恰当：恰当的数量、恰当的时间、恰当的地点、恰当的价格、恰当的来源。

1. 采购管理的目标

采购管理的总目标：以最低的总成本为企业提供满足其需要的物料和服务。

采购管理的子目标：为企业提供所需的物料和服务；力争最低的成本；使存货和损失降到最低限度；保持并提高自己的产品或服务。

一般地，对于高新技术产业企业来说，其采购成本比例一般为10% ~30%；对于技术含量较低的企业而言，其采购成本比例为30% ~80%，对于技术过于简单的企业而言，其采购成本比例可能高达90%。因此，企业在寻求不断提高竞争优势的过程中，不仅要在研发、制造、销售等环节上寻求改进之处，而且要在物流采购供应链上挖掘潜力。

2. 采购管理的内容

采购管理，一般由以下七部分组成。

(1)采购计划与预算

采购预算是采购部门为配合公司年度销售预测或生产计划，对所需的原料、物料、零件等数量及成本所做的估计。采购计划与预算以年度生产计划、物质消耗定额和存量管制卡为基础，是企业预算的重要组成部分，其制定应以有利于整体企业目标的实现。包括物料标准成本指标体系、监控价格涨跌变化规律、针对现实状况进行必要的调整、实行动态滚动管理方法等。

(2)供应商开发管理

供应商的开发是采购工作顺利进行的基础。正确考察、评估、认证和选择适当的供应商，是物流采购工作成功的关键。必须建立严格的评选标准，确定科学、合理和系统的评审项目（一般包括经营状况、企业资信、制造能力、技术水平、品质性能、管理绩效等相关指标）；根据评审结果，把合格厂商按最好、良好、合格等建立分级档案；并定期重新评估；根据《供应商评估制度》，从品质、成本、价格、服务水平、交货周期、履行合约的承诺与能力等得分重新划分调整，进行动态管理，把对供应商的开发与管理有机地结合起来，实现采购环境的最佳选择。

(3)采购物流管理

采购物理管理是指任何物品从卖方到买方场所进行的转移活动，包括包装、装卸、运输、存储、配送、信息以及管理等方面。可以分为包装运输、暂存检验和物料入库三个方面。优化采购物流子系统必须优化调整几个环节：送货的计划性、批量规模采购的合理性、协作配送的高效性、物流路径的最优化、信息电子网络化管理，最终建立起便捷、高效的采购供应链模式。

(4)采购绩效评估

采购绩效包括采购部门目标绩效考评制度、采购人员绩效考评制度、供应商绩效考评制度。进行采购绩效评估时，要正确、重点地设定与选择最能反映和代表采购绩效的指标体系，明确绩效考评的目的、原则、程序和方法，保证考评内容重点化、考评指标定量化、考评手段科学化、考评结果客观化。与供应商绩效指标体系和采购人员绩效指标体系有所不同，采购组织绩效指标体系通常包括采购（计划完成及时率）、物料质量合格率、采购成本（价格差额比率）、采购周期、供应准确率、库存周转率、服务满意度等。

(5)采购信息

采购信息的全面导入可以提升采购效能，促进采购部门及整个组织管理收益的明显提升。例如，ERP的使用有助于使企业获得更多、更新、更全面、更精确、的即时资讯，有助于拓宽采购视野，获得谈判主动权，提高工作效率和改善作业流程，可以将更多地工作时间用于采购策略和绩效提升等工作当中去。

(6)采购管理制度、工作标准与作用流程

只有在完善的管理制度、明确的工作标准、适用的运作程序以及合理的作业流程为前提的情况下，才能确保全面、准时、有效地完成采购工作，实现生产计划、物料需求计划同物料采购三者之间的同步运作与平衡。

采购管理组织包括以下四个部分内容：

①管理制度，主要是制定解决采购组织部门的方向、关键与重大的管理问题；

②工作标准以及按照岗位拟定、衡量工作优劣的基准，是用于检验考评工作人员是否称职的依据；

③运作程序，规定物流采购工作层面各接口环节的运作程序；

④作业流程，详细地制定出各项具体业务的作业流程图，明确指导采购人员按作业流程正确执行工作指令，及时完成本周工作任务。

(7)采购策略规划

采购策略规划包括采购政策策略规划、成本价格策略规划、采购品质策略规划、支持供应策略规划、环境变动策略规划和存储策略规划等。制定并实施企业未来发展的策略规划，始终是企业领导者面临的最重大问题。正因如此，实施采购策略规划的目的是通过策略性的规划管理，从企业长期经营目标出发，结合外部采购环境的变动，分析企业所处的内外环境优劣因素，以求利用自己的长处并抓住外部的机遇，克服自身的弱点和规避外部的风险，采取积极的对策迎接挑战，使企业采购活动由被动变主动，化劣势为优势，从而实现企业在未来发展中获得良好的采购收益的目的。

5.2.2 外协管理

在一个制造企业中，制造产品通常会用到很多的物料，这些物料被称为子件。这些子件中有些是需要采购的零件，有些是需要制造的部件，制造这些部件还需要其他的部件或原材料。

某些企业把一些部件送到外部的协作单位去，让他们加工好之后再拿回来使用，这种方式一般称为“外协加工”，或者“外加工”、“委托加工”、“委外加工”等。一旦发生外协加工，就会牵涉到计划、采购、生产调度、应付账、成本核算等多方面的管理，如果某个外协加工具有长期性和重复性，那么和外协单位之间进行材料及加工品的对账将是一个比较复杂的工作。

1. 外协加工的分类

(1)按照外协加工的对象划分：

①工序级外协，即把生产中一个或几个工序(但不是全部工序)让某一个外协单位去加工。

②物品级外协，即把某个自制件的全部工序都请某一个外协单位去加工，那就是物品级外协。

(2)按照外协加工在制造过程中所处的位置划分：

①头道外协，从广义上看：一个物品有多道加工工序，其中第一个工序就要进行外协加工的；从狭义上看：只有整个产品的第一道工序是由外协单位进行加工的才算头道外协。制造企业中谈到头道外协时，通常是是基于狭义的理解。

②末道外协，广义理解：如果产品生产的最后一道工序是外协加工的，则是末道外协；狭义的理解是：只有整个产品的最后一道工序是外协加工的才能算作末道外协。

③中间外协，企业在发生外协加工时最常见的一种形式，除了头道和末道之外的所有外协加工都被称为中间外协。

④连续外协，几个外协单位之间是以“连续接力的方式”进行外协加工。有时候，连续外协采用“物品直接移动”方式，即前一个外协单位加工完后不是把在制品运送回企业而是直接运到下一个外协单位，在这种情况下，物料控制、账务核对等难度加大，容易出问题。

(3)按照外协加工对物料的需求划分：

①不带料外协，即外协加工单位不需要自己准备任何物料，只需要按照要求组织生产，及时把部件交付就可以。

②部分带料外协，一般来说，加工物品需要的物料有专用和通用之分，企业不提供通用物料给外协加工单位，这是部分带料的一种情况。另外一种是：企业只需要把一些关键的物料发给外协单位，其余由外协单位自行采购，然后完成外协加工任务。

2. 外协加工的管理

(1)降低成本

有些物品是企业自己也能加工的，但因为需求不稳定、产量偏小，自制成本偏高，采用外协加工方法能够降低产品整体的成本。

(2)确保供应安全

有些物品自己可以加工，只不过产能有限。为了确保有外部的加工单位可以进行外协供货，要制定一种策略来对这些外协单位进行管理和引导，即使自身产能并没有超出，也要适时地给外协单位一些任务，使它不至于轻易产生转产的念头。

为确保供应安全，需要强化对长期合作外协单位的管理。有些物品如果偶尔几次给某个外协单位进行加工，企业一般会比较严格地控制，从考察选择到技术把关，从物料发出跟踪到数量接收对账，一切都会做的比较规范，但对建立长期合作关系的外协单位来说，管理往往比较松懈。为确保供应的质量安全，企业应尽量把头道外协改成采购。

作为强化管理和控制的重要手段，在采用外协加工时，尽量采用物品级外协，如果有ERP系统，那么把工序级外协转变成物品级外协。把确定需要外协的东西定义成一个物品，然后从定单下达、子件发放、加工完成品的接受、外协单位现场的物料结余等通过物品号来跟踪。

3. 外协管理的具体措施

外协加工是制造企业的常见业务，由于制造企业种类极为复杂多样，与此相对应地外协加工具有同样的复杂性。对外协加工加强分析研究工作，加深对外协加工的理解和认识，有助于更加有针对性地去强化对外协加工的管理。

案例：某企业外协管理办法

第一条　适用范围

1. 用于本公司人员、设备不足，生产能力负荷已达饱和时；

2. 特殊零件无法购得现货，也无法自制时；

3. 协作厂商有专门性的技术，利用外协质量较佳且价格较低。

第二条　选定方法及基准

1. 查方式：书面审查与实地调查

(1)外协加工及外协制造的申请，是否符合规定，数量方面是否适宜。

(2)申请核准后，由外协管理人员判定是否有协作厂商承制，若没有则选择三家以上的协作厂商。

(3)实地调查时，由质量管理委员会指定质量管理、生产管理、技术、外协管理等单位派员组成联合调查工作组，但每一次不一定所有人员都要参加，要视加工或零件制造的重要性而定，将调查结果填入厂商资料调查表中。实地调查后可选定其中一家厂商试用。

2. 审查内容

联合调查工作组主要从质量、供应能力、价格、管理等方面进行考察，选择合适的协作厂商。

3. 审查流程

第三条　试用

当选择最佳厂商之后，必须经过试用，待试用考核达到标准以上时，才能正式成为本公司的协作厂商。

1. 试用合同：规定试用期为三个月，每个月要考核一次，并将结果通知试用厂商。

2. 试用考核：试用期间要对试用厂商进行考核。

3. 试用开始时，试用厂商要将样品送来检查，经判定合格才能继续大量地加工或制造。

第四条　正式设立

1. 正式设立判定基准，即试用考核期间的成绩达到某一要求时(比如70分以上)，则正式判定为本公司的协作厂商。

2. 正式合同内容应与与试用合同格式相同。

第五条　外协

1. 负责单位：由外协管理员负责外协加工或外协制造的事务。

2. 外协资料:外协加工或外协制造时要给试用厂商或协作厂商的相关资料。具体包括:蓝图、工程程序图、操作标准、检查标准、检验标准、材料的规格、数量等。

3. 在外协指导管理方面,应做到:使其确实按照我们的规定来加工或制造;协助其提高质量;经常联系协调,了解外协的进度、质量;指导教育与考核。

4. 外协核价:

(1)数量必须要经负责的生产管理员签证,有时可由过磅员重新核算。

(2)报废率(抽样测量)或报废数的资料由质量管理部门提供。

5. 外协督促,确使外协加工或外协制造的货品如期交来。

第六条　质量管理

1. 入厂检验

(1)按双方协定的验收标准及抽样计划来验收。

(2)进料管理流程(见有关文件)。

2. 外协质量管理和定期考核

为使试用厂商或协作厂商供应的产品符合要求,必须建立定期检查制度。每月巡回检查各协作厂商,对每个协作厂商,三个月中至少要做一次至两次以上的检查,对试用的厂商,三个月内要做两次检查。

第七条　不良抱怨

1. 抱怨程序

(1)生产时的抱怨。

生产中发现不良的主要原因是由于外协而发生时,通知生产管理单位;生产管理单位通知质量管理员重检外协厂商交付的半成品或零件,并通知外协管理人员,资料存档,作为验收依据;外协管理员通知协作厂商,资料存档,并作为考核的依据。

(2)验收时的抱怨。

验收人员将检验报告通知外协管理人员,并将资料存档,作为下次验收的依据。外协管理人员将验收情况通知协作厂商或试用厂商,使其针对缺陷进行改进,资料存档,作为考核依据。

(3)质量管理日常检查抱怨。

(4)国内外客户诉怨。

2. 责任分担

发生不良抱怨时,除要通知协作厂商或试用厂商,针对缺陷进行改进外,自身更要做好质量检查考核管理工作。再次发生时,依照合同规定进行经济处罚。

第八条　指导教育与考核

1. 负责单位

有关外协的质量管理、生产管理、设计,外协管理单位均有负责指导教育考核的责任。

2. 健全本厂的质量管理组织。

(1)指导教育方面。

鼓励协作厂商管理人员参加本厂召开的产品开发座谈会、质量管理座谈会。

鼓励协作厂商质量管理人员参加质量管理训练,或参加本厂举办的专业质量管理班,使其了解:

①本厂的质量管理政策及相关组织程序。

②本厂的进料验收、在制品及成品的质量管理及最后检验等相关程序。

③本厂使用何种验收规格、仪器、量规、抽验表以及如何判定合格等内容。

(2)其他协助方面。

管理制度、质量管理制度的建立实施，原料管理等。

5.3　库存管理

库存是一种处于储备状态的、尚未被运用的资源。无论是制造业还是服务业，库存都十分重要。库存管理包括仓库管理和库存控制两个方面。仓库管理是指库存物料的科学保管，以减少损耗，方便存取；库存控制则是要求控制合理的库存水平，即用最少的投资和最少的库存管理费用，维持合理的库存，以满足使用部门的需求和减少缺货损失。管理好库存，对提高库存系统的服务水平、降低成本、提高企业的经济效益，十分重要。优秀的库存管理是绝大多数企业及其供应链成功运作的关键。

5.3.1 库存管理概述

1.库存概述

国民经济的各个行业，尤其是制造业和服务业都会遇到库存问题。尚未售出的产成品，等待状态的在制品，都处于储备状态，都是库存物资；此外储备状态中的工模具、量刃具、修理用备件、基建器材、办公用品、劳保用品等也都属于库存。

从理论上看，如果供应单位能够紧随需求变化，在数量上和品种上都可以及时供应所需物资，实现供需同步，那么库存就失去价值，达到所谓的“零库存”境界。现实是，需求变化具有随机性，很难预测，供应单位、运输单位的工作也会不时地出现故障，使得“零库存”只能是一种理论上的理想境界。

库存的类型主要有以下几种情况：

⑴按库存在生产过程和配送过程中所处的状态，分为原材料库存、在制品库存、维修库存、产成品库存等类型。

原材料库存包括原材料和外购零部件；在制品库存包括处在生产过程各个阶段的半成品；维修库存包括用于维修与养护的经常消耗的物品或零部件；产成品库存是准备用于销售的最终产品。

⑵按库存的需求特性，分为独立需求库存和相关需求库存。

独立需求库存是指企业自身不能控制，由企业外部的市场环境决定的需求，只能大概估算，在时间上还是数量上都有很大不确定性的产品，属于随机性质的需求。相关需求库存是指与其他需求有内在相关性的需求，依据这种相关性，企业能够精确地估算出需求量和需求时间，属于确定性需求。

⑶按库存需求的重复程度，分为单周期库存和多周期库存。

单周期库存又称为一次性订货需求，是指仅发生在一个较短时间段内的需求。多周期库存是指在足够长的时间内，对某种物品的重复、连续的需求，其库存需要不断地得到补充。

2. 库存管理的作用

实行库存管理(控制)是物资管理的重要工作。库存处于储备状态是尚未被利用的社会资源。过多库存造成物资积压，甚至报废，资金周转不灵，增加库存费用，降低经济效益;库存不足(没有保险库存)，则又影响到企业生产的正常运行，影响交货期。

库存管理的作用，不是着眼于库存物料的科学保管，方便存放，减少损耗，保证账物相符，数量准确等具体的管理。而是用最少的投资和库存管理费用维持合理的库存储备，以保障最大限度满足物资使用部门的需求，减少缺货损失。

⑴满足不确定性的顾客需求。

顾客对产品的需求在时间上与空间上都有不确定性，库存可以提高对顾客需求的响应性，缩短顾客的订货提前期，确保稳定供应。

⑵平滑生产的均衡性。

外部需求的波动性与企业内在生产的均衡性之间的矛盾需要用一定量的库存来平衡。只有保持适量的库存，才能既满足具有波动性的需求，又能保持生产的均衡性。

⑶防止缺货。

在生产过程中维持一定量的在制品库存，可以防止生产因缺货而中断。

⑷减轻价格上涨的冲击，降低单位产品成本。

企业对有涨价预期的物品加大库存储备，有助于降低成本。企业也常常通过加大订货量来获取价格上的折扣，降低单位订货费用。在生产过程中，采用批量生产加工，可以分摊生产准备费用和结束整理费用。

尽管库存有着如此重要的作用，但也有其不利的一面:库存占用大量资金，物资库存还要修建仓库，维持库存物品不变质、不生锈、不老化等都需要额外支出。不仅如此，大量库存还可能掩盖某些管理中的问题。因此，库存管理的目标不是增加库存，而是在保证一定服务水平的基础上，不断降低库存。

3. 库存控制系统的构成

库存控制系统一般包含需求特性、供应特性、进货方式、库存储备以及订货费用、库存管理费用、缺货损失等。

⑴需求特性

需求特性是指满足需求是库存管理的基本任务。生产系统需求受市场需求派生，主要包括:

①确定性需求，即物资的需求量和需求时间都已知。

②随机性需求，即需求随机发生，每次需求的时间和数量不确定，但可以估测概率。

③不确定性需求，即需求的时间和数量不确定，也不可知发生的概率。

⑵供应特性

①订货提前期，即从发出订单到物资入库所经历的时间。订货提前期与供应商数量、供应商产品的生产周期，运输距离时间，产品本身的物理化学性质等密切相关。供货时间通常受合同约束。

②起订点，即供应单位规定的最低订购数量，是对库存控制系统的约束。

③采购价格和价格折扣，即影响供应点的选择和订货批量决策。

⑶进货方式

进货方式是库存控制完成库存管理任务的关键要素，而订货批量和订货间隔期是控制库存水平的两个重要因素。

①定量订货方式，即固定每次订货的数量，订货间隔期随需求量的变化而变化。

首先计算各种物资的经济订货批量，然后为每种物资确定一个订货点，当库存量降到订货点时，发订货通知，按经济批量进行订货以恢复库存。

②定期订货方式，即订货间隔固定不变，每次的订货批量随需求量而变化。在盘点的基础上，使每次订货的批量等于该项物资现存库存量与规定最高库存限额之差。

优点是可简化订货工作，节省订货及运输费用，还可能获得价格折扣；与此对应，不足之处是不到订货期不订货，对变化适应性差，易造成缺货，要建立较大的保险库存量。

③按需求计划组织订货，即生产系统在编制生产计划时就编制物资需求计划（MRP计划），直接按计划需求组织采购和加工。其他各部门的物资需求，根据分散管理体制，按需采购。

(4)库存控制系统中的费用

有三大类成本对库存决策起到决定性的重要作用。

存储成本：物品存放在库房里引起的费用。如物品资金占用的利息、保管员的工资福利、库房租金、保险费、水电费等等，与存货单元的价格成正比。

订货成本：处理一笔订货业务的平均成本，只与订货次数有关。

缺货成本：由于缺货造成的损失，如停产等。

5.4 分销渠道管理

5.4.1 分销渠道的概念与功能

1. 分销渠道的概念

分销渠道是促使产品或服务顺利地被使用或消费的一整套相互依存的组织。起点为生产者、终点为消费者，位于两者之间的为中间环节。包括商流、物流、资金流、信息流和促销流等五个流程。

2. 分销渠道的功能

渠道的存在使得顾客在想要得到产品的时候、方便得到产品的地点、实际得到了所需要的产品。它提供了时间效用、空间效用和所有权效用。其功能主要包括：

信息沟通、服务、促销、谈判、订货、融资、承担风险、储运、付款、所有权交易。

3. 分销渠道的层次

分销渠道可以按渠道层次数目来划分。每个中间商，只要在推动产品及其所有权向最终购买者转移的过程中承担若干工作就是一个渠道层次。可以用中间商的层次数目来表示渠道的长度。

(1)零层渠道（直接渠道）

由生产者直接将产品销售给消费者，不利用中间商，即生产者→消费者零层渠道。

销售方式有：上门推销、邮购、电视直销、网络销售和生产者自设商店销售等。

⑵一层渠道

由生产者向零售商供货，再由零售商将商品销售给消费者，即生产者→零售商→消费者。一些耐用消费品和选购性商品往往采取这种渠道。

⑶二层渠道

生产者先将商品供应给批发商，再由批发商将产品供应给零售商并销售给最终顾客，即生产者→批发商→零售商→消费者。一般适用于生活日用品商品的销售。

⑷三层渠道

在跨地区销售，特别是在国际贸易中经常采用的一种渠道形式。企业先通过代理商将其产品分销给批发商，再由批发商销售给零售商，最后由零售商销售给消费者，即生产者→代理商→批发商→零售商→消费者。经由三层渠道销售的商品通常是技术性较强，企业对市场环境不很熟悉的产品。

4. 分销渠道的构成

⑴批发商的含义

批发是指一切将物品或服务销售给为了转卖或者商业用途而进行购买的人的活动。批发商主要有三种类型：

①商人批发商。自己进货，取得产品所有权后再批发出售的商业企业，也就是人们通常所说的独立批发商。商人批发商按职能和提供的服务是否完全又可分为完全服务批发商和有限服务批发商。

②经纪人和代理商。主要职能在于促成产品的交易，借此赚取佣金作为报酬。

③制造商及零售商的分店和销售办事处。由买方或卖方自行经营批发业务，而不通过独立的批发商进行。

⑵产业/商用/公共机构销售

产业销售指将产品或服务销售给工业企业用作生产资料或生产工具。

商用销售和公共机构销售指将产品或服务销售给商业企业或公共机构在经营管理过程中使用。

⑶零售商店的类型

零售商的类型千变万化，新组织形式层出不穷。国内的零售业商店主要包括：百货店、超级市场、大型综合超市、便利店、仓储式商场、专业店、专卖店、购物中心等。从发达国家情况看，零售商店类型主要有：

①专用品商店。经营的产品线较为狭窄，但产品的花色品种较为齐全。

②百货商店。一般销售几条产品线的产品，尤其是服装、家具和家庭用品等，每一条产品线都作为一个独立部门由专门的采购员和营业员管理。此外，还有一些专门销售服装、鞋子、美容化妆品、礼品和皮箱的专用品百货商店。

③超级市场。指规模巨大、成本低廉、薄利多销、自我服务的经营机构，主要经营各种食品、洗涤剂和家庭日常用品等。超级市场的主要竞争对手是方便食品店、折扣食品店和超级商店。

④方便商店。设在居民区附近的小型商店，营业时间长，每周营业七天，销售品种范围有限、周转率高的方便产品。

⑤超级商店、联合商店和特级商场。超级商店比传统的超级市场更大，主要销售各种食品和日用品。

⑥折扣商店。特点是经常以低价销售产品，突出销售全国性品牌，在自助式、设备最少的基础上经营，店址趋向于在租金低的地区，能吸引较远处的顾客。

⑦仓储商店。是一种以大批量、低成本、低售价和微利多销的方式经营的连锁式零售企业。

⑧产品陈列室推销店。这类商店将产品目录推销和折扣原则用于品种繁多、周转快和有品牌等的产品。顾客可用电话订货，由店方送货上门，顾客支付运费。顾客也可开车来商店亲自验货提货。

⑷无门市零售形式

虽然大多数物品和服务是由商店销售的，但是无门市零售却比商店零售发展得更快。

①直复市场营销。是一种为了在任何地方产生可度量的反应和达成交易而使用一种或多种广告媒体的互相作用的市场营销系统。

②直接销售。主要有挨门挨户推销、逐个办公室推销和举办家庭销售会等形式。

③自动售货。使用硬币控制的机器自动售货是第二次世界大战后出现的一个主要的发展领域。

④购物服务公司。购物服务公司是不设店堂的零售商，专为某些特定顾客，通常是为学校、医院、工会和政府机关等大型组织的雇员提供服务。

⑸网上销售平台

通过互联网进行销售的新型分销渠道，主要包含四种类型：

①制造商网络平台。

②传统零售商网络平台。

③新兴网络零售商。

④新兴网络中间商。

5. 设计分销渠道

⑴环境分析

环境分析是进行分销渠道设计的第一步，必须充分考虑各种影响分销渠道建设的因素。

①顾客特性分析：目标市场规模及潜力、行业发展水平、顾客购买习惯。

②产品特性分析：产品线与效能分析、目标消费者购买特性、产品物理特性、产品价格分析。

③企业特性分析：企业规模、运营能力、管理能力。

④中间商特性分析：中间商构成与销售贡献、中间商实力、中间商进入与维护成本、中间商服务能力。

⑤竞争分析：竞争者构成、竞争者规模与实力、竞争者的4P's策略与现状。

⑥宏观环境特性分析。

⑵确定目标渠道

确定通过什么渠道将产品卖给消费者，基于顾客导向的指导思想，我们进行渠道选择首先考虑的是终端渠道，即与消费者距离最近的渠道环节。

渠道选择一般将终端渠道分为三类：

①主渠道：对品牌和销量价值巨大，需要重点开发和管理的渠道。

②次要渠道：对品牌的销量有一定价值或目前不适合重点开发管理的渠道，进行简单或补充的开发管理。

③自然分销渠道：能产生销售，但价值不大，或者无力开发，或者放弃开发的渠道，在开

发和管理时基本不予考虑，通过自然分销或粗放分销方式发展的渠道。

⑶确定目标区域市场

确立目标区域市场必须基于以下几点考虑：

①集中单一市场还是全面开花?

②中心城市、二级城市还是乡村市场?

③重点市场、一般市场还是自然分销市场?

⑷制定产品分销标准

确定在目标地域市场的目标渠道应该主要销售什么目标产品，必须依据：

①各个渠道的客户开发数。

②每个渠道目标分销规格。

⑸渠道长度策略

确定产品从企业流动到消费者手里的渠道层次，必须基于以下几点考虑：

①要不要渠道中间商；

②渠道层级的级数；

③选谁作中间层级；

④渠道中间环节的供销关系。

⑹渠道宽度策略

分销渠道的宽度是指渠道的每个层次使用同种类型中间商数目的多少，与企业的分销策略密切相关。企业分销策略通常分为三种：即密集分销、选择分销和独家分销。

①密集分销策略。

选择尽可能多的分销商或零售商来销售产品。

优点：客户数量多，销售任务分担机会多，短期上量快；快速覆盖市场，覆盖面广；厂家取舍容易，容易取得强势地位。

弱点：客户不大，单位销售能力低；客户间竞争激烈，容易窜货与杀价；管理与控制复杂；客户流动性强。

②选择分销策略。

在区域市场所有目标客户中选择符合要求的有限数量的分销商或零售商作为客户。

优点：扩大了承担销量和市场开发的范围；经销商可以获得较高利润，积极性较高；容易管理和控制。

弱点：客户较小，单个客户销售承担能力低；留下了较大的渠道空间给竞争对手。

③独家分销策略。

在限定区域选一家分销商或经销商的分销策略。

优点：营运简便、成本低，可与客户建立战略伙伴关系。

缺点：对经销商的依赖性强，市场掌握在分销商手里；缺乏竞争，经销商可能动力不足；深度市场开发可能受限；销售任务压在一个客户上，缺乏分担；经销商可能提出过分要求；让利空间一般较大。

⑺厂商角色定位策略

指与分销环节中各类型的客户与厂家建立何种合作关系的策略，用来解决以下问题：谁对区域市场的客户拓展具有决策权？谁负责获取订单、送货以及收款？

厂商角色的定位直接影响到：与客户的交易条款；销售组织架构以及人员配置；市场拓展与管理水平。

厂商角色定位的类型包括：

①厂家主导：直销（到消费者）、直接分销（到终端渠道）、批发协作。

②经销商主导：买断经销、指导分销。

③对等合作：合作分销。

(8)评估分销模式

评估渠道系统设计是否合理主要从以下三方面进行：

①经济性原则：厂家和中间商的投资回报分析。

②控制性原则：组织结构与业务管理流程对中间商的控制力。

③适应性原则：持续运作与适应变化的能力。

思考题：

1. 供应链管理的基本思想是什么？

2. 简述物流管理与供应链管理之间的关系

3. 什么是库存管理？库存管理的作用体现在哪些方面？

4. 简述分销渠道的功能及其类型划分。

【案例分析】

Spices 公司的库存控制

一、基本情况

Spices是一家已有110年历史的、中等规模的调味品、提取物、蛋糕材料、沙司材料以及色拉调料生产商，其产品销售渠道有超级市场、杂货店、食品外卖店等。公司在印第安纳波利斯有一个工厂，专事制造，产品经过印第安纳波利斯和丹佛的两上库房中转销往10个州。公司雇员200人，其中30名销售代表负责所有的销售和服务事务。

二、改善库存控制的背景

Spices之所以到要对库存控制进行改善，是基于以下因素的考虑：

1. 采购费用的增长是其进行改善库存的直接原因。过去十个月中，Spices耐用品的采购费用已经增长了200000美元。无论在采购人员的观念里，还是出于公司保持库存最小的目标，这个数字都太大了，必须对其采购费用进行削减。

2. 销售与营销部门的提前期与供应商的提前期之间的矛盾是其进行库存控制改善的内在因素。在Spices公司中，销售与营销部门给采购部门下新耐用品定单时，提前期通常是2周，这当然不符合供应商所需的4－8周的提前期。于是，供应商往往会被要求加紧供货，而采购、销售和营销部门之间也会增加冲突。尽管采购人员每周都检查耐用品的库存水平，但分销仓库不予通知的缺货现象仍然经常发生。

3. 陈列库存量太多与有效库存不足的矛盾是其进行改善库存控制的重要原因。Spices的采购人员还发现，无论何时，持有库存差不多都价值200000美元，而理想的库存价值应该比较接近80000美元。同时，即使库存水平很高，采购人员也会因为各种细项经常性的缺货而受到销售代表的质问。已是4月底了，Spices的采购经理面临着备用陈列品库存总量增加

25%的问题。尽管如此，销售代表还一直在抱怨经常抱怨出现缺货现象。在与物料经理计划的6月会议之前，采购经理必须找到一条改善库存控制的办法。

三、可以进行库存控制改善的几个方面

1. 在营销和销售方面进行控制

(1) 营销部门负责产品开发、包装，以及各种备用陈列品的设计。陈列品属于耐用品，免费提供给零售商，用于Spices产品的商品展示。过去五年中，需要供应陈列品的零售商数目大幅度上升，对陈列品库存的需求也相应上升。

(2) 陈列品定单通过采购部门发放。尽管营销与销售部门不对未来需求进行预测，但当销售代表签了新客户时，肯定会生成一张新报表并送到他们那里。报表中有关于该零售商所需陈列品数量的信息。在新报表生成前，如果现有库存不够的话，采购部门必须挖空心思地在1天–2周之内找到陈列品。

(3) 销售代表对自己所属区域内的销售与服务负责。服务包括为零售商提供和更换陈列品。一般情况下，如果陈列品不能用或不再需要了，零售商只会将它一扔了事，而不会将可用部分还回来。销售代表从最近的库房领取陈列品时，只需要填写一张采购定单，再换取一张设备定单就行了。这个过程对所有的批量规模都一样。如果无法完成定单，销售代表或地区销售经理就会与采购部门联系，通知他们库存不够了。

2. 在分销方面的控制

尽管分销仓库只有两个，但明尼阿波利斯地区销售经理的车库里还有价值50000美元的库存。在印第安纳波利斯和丹佛，销售代表的采购定单是惟一的库存记录。没有人计算库存的日损耗数。商品从印第安纳波利斯运到丹佛需要10天，运到明尼阿波利斯需要3天。分销仓库和采购部门之间的信息沟通不是很顺畅，因此，采购部门总是不知道库房里究竟还有多少陈列品库存。另外，销售代表们一般也在自己的地下室或车库里维持一定数量的库存，当然，没有任何记录。

3. 进行采购上的控制

采购部门负责所有的原材料、产品包装物、易耗品、耐用品采购与库存控制。耐用品采购在6月份结束的上一财年中价值500000美元。由其中一个员工负责采购的价值总额就高达2000万美元。

4. 进行库房检查

所有的库存都需要经过每年两次检查，通过实地计数的方式。同时，工作人员始终在周五那天去印第安纳波利斯的库房，检查耐用品的库存情况。然后，他为各种细项计算相应的再定货点。再定货点记录在卡片上，同时记录的还有产品与供应商信息。如果某细项达到了再定货点，定单就会发放出去。十个月前，定单每月发放一次。

5. 确定耐用品的库存

耐用品库存包括75种不同型号的陈列品，有木制的、金属的，还有塑料的。产品与陈列品的迅速变化意味着库存中即有最近设计的新样子，也有出于替换目的的老样子。有限的供应商们的提前期一般是金属产品8周，木制或塑料产品4周。

四、改善库存控制的具体实施

基于对以上几个方面的认识，面对严峻的形势，采购经理采取了以下措施：

1. 提高耐用品库存的再定货点水平 提高耐用品库存的再定货点水平虽然这样增加了总

库存，但也同时消除了缺货。

2. 尽量了解销售代表向分销部门发出的陈列品定单信息 由于度量单位不标准，定单数目往往被表示成箱、个或其他单位，极易引起混淆。因此，必须首先更正错误的数字表示，然后便着重的尽量了解销售代表向分销部门发出的陈列品的定单信息。

3. 采购经理决定视丹佛和明尼阿波利斯的仓库为“外部顾客”，只对印第安纳波利斯的库存水平进行集中管理。这意味着采购经理无法得知可获得的库存总量究竟是多少，以及存货的具体位置究竟在哪里等。所有的这些实施还只是初步的改善，因为仅在耐用品库存等较少的方面进行了控制，还有例如处理销售代表抱怨的缺货等问题，还有待进行进一步的解决。以便真正的做到对库存控制的改善。

五、对 Spices 公司改善库存控制的分析

1. 在现代物流管理中，库存控制能够缩短从接受订单到送达物品的时间、保证库存数量并节省库存费用、降低物流成本、保证生产的计划性、平稳性以消除或避免销售的波动的影响等等。要充分了解库存控制所取得的这些效果，首先需要清楚整个库存流程：

(1) 订货过程：即从决定订货起，到出差订货或发出订货单，然后进行订货谈判，直到订货成交，签订订货合同为止的一段过程。

(2) 进货过程：即把订货成交的货物用运输工具从供方所在地运进自己仓库的过程。

(3) 保管过程：物资入库后，就进入了物资保管过程，其保持库存物资数量不变的过程。

(4) 销售过程：物资保管一段时间后，就要被销售，或者被领用而出库，此过程发生物资所有权的转嫁以及物资空间位置的转移。在了解了库存的整个过程以后，现在来把握一下库存控制的原理：因为从库存控制的角度来看，库存过程的四个过程中，能影响库存量大小的只有订货、进货和销售过程，订货进货过程使库存量增加，销售过程使库存量减少要进行库存控制，既可以控制订货进货过程，也可以控制出库过程，都可以达到库存控制的目的。进行有效的库存控制尤为重要的是要掌握好的操作方法，而现在企业中普遍采用的是采用采购订货策略，即通过控制订货进货过程来控制库存，采用这种方法是要制定一个合适的采购订货、策略，以便对采购订货的时间、数量、操作方法等进行规范化控制，从而达到对整个库存水平进行控制的目的。采购订货策略涉及到的基本内容包括：订货时机、订货量、订货操作方法等。

2. Spices 在采购方面改善库存控制的特点

(1) 相对的库存不足以及绝对量的库存过多是 Spices 进行改善库存控制的背景。

(2) Spices 仔细的分析了在改善库存上能够进行控制的几个关键点，例如营销和销售，分销，采购，库存检查，耐用品库存等，在此基础上进行操作。

(3) 在耐用品库存方面，利用增加总库存的方法消除了缺货。

3. 有待讨论的问题

(1) 怎样针对不同的物品确定其库存控制计划？

(2) 如何解决库存总量过多而西部缺货的矛盾？

(3) 怎样对库存各关键控制点进行分析及运作？

(4) 采购经理有库存控制方面的职责是什么？怎样确定自己的工作重心？

【拓展训练】

供应链中的牛鞭效应

供应链活动中存在一种奇怪的现象，当真实的需求信息在供应链中自下而上传递时，需求信息会不断被扭曲变异和逐级放大，这种现象被形象的描述为“牛鞭效应”。当真实消费者的市场需求信息从供应链的下游零售商向上游分销商直至制造商传递时，需求信息的不确定性会不断加剧，会产生逐级放大的现象。当达到源头的供应商时，其获得的需求信息与实际的消费者需求信息会产生很大的偏差，与下游的制造商、分销商相比，其需求变异系数更大。由此而导致供应链上游企业比下游企业维持更高的库存水平，以应付下游企业订货的不确定性，人为地增加了整个供应链的库存水平、经营成本和营销风险。

之所以产生“牛鞭效应”，其原因在于：

一、需求预测偏差

供应链中的各企业都需要进行需求预测，以便作出各自的订货量决策。当企业将其直接的下游企业的订货数据作为市场实际需求数据而进行预测时，便会产生需求放大现象。作为库存管理者，总会用一些需求预测方法，比如指数平滑法，预测数据来源于直接顾客过去几个月的历史订单数量，这样，传递给供应商的补货订单数量便是过去几个月历史数据的修正值。当提前期较长时，订货量的时间波动更显著一些，与实际市场销售量就会发生偏差。如果更上游的供应商也采用指数平滑法预测市场需求和安全库存量时，就会加剧实际市场销售量和订货量的偏差。这种不断加剧的需求波动和数量偏差变化导致产生“牛鞭效应”。

二、订货批量决策

供应链的订货决策有两种形式:周期性订货决策和订单推动。

周期性的批量订货策略在企业中普遍存在，导致供应链不同环节的企业自下而上的需求放大和“牛鞭效应”的产生，而且订货周期越长，供应链的级数越多，“牛鞭效应”就越明显。

订单推动库存问题，接到订单后，并不是立即订货，而是在考虑库存和运输费用的基础上，按照一个周期或汇总到一定的数量后再向上级供应商订货。这种批量订货决策使零售商保持了一定的库存量。同时如果零售商的供应商(分销商)也采用批量订货决策，在零售商未发出订货单以前，它的库存水平维持不变，最终它将维持一个比零售商更高的库存水平。

三、价格波动

在制造商、分销商、零售商直至最终消费者的相互交易关系中，通常存在预先购买的商业行为。预先购买是价格波动的一种反应。在市场销售中，制造商、分销商等为了促进下游消费者的需求，往往提供一些特别措施，如价格折扣、数量折扣、特别奖励等，这种种促销手段在增加消费者购买的同时，同样也增加了各级库存。因为当预先购买成为一种惯例，在商品价格较低时，如果价格折扣的获益大于库存成本，消费者就愿意大量购买，购买量大于实际需求量，产生库存;当商品价格居中或偏高时，消费者就会减少购买力直至耗尽原有库存。因此消费者的这种购买模式无法反映实际需求模式，而且，购买数量的变化大于实际需求量的变化，于是产生“牛鞭效应”。

四、短缺博弈

当供应商的存货量小于订货量时，供应商往往会理性地根据各消费者的订货量按比例分配现有库存，比如当供应量只是订货量的50%时，所有的需求者都只能获得其订单量的50%。这样，需求者为了能获得更多的配额，便会夸大其订货需求。并且可能同时向多家供应商发出重复订单，当第一家供应商的订货满足后，便会取消发给其他供应商的订单。这样订单的突然增加或取消并未反映实际需求的变动，而是需求者对未来市场短缺的一种预期。

在订单波动时，供应商无法从需求者的订单中获得真实、准确的需求信息，无法确定订单波动是来自真实需求的反映，还是需求者对未来需求的预测，结果常常是供应商为这种非真实的需求付出了超额库存。当短缺博弈成为社会的一种普遍行为后，订货模式和实际需求模式的差距将是巨大的，“牛鞭效应”便由此而产生。

第6章　现场管理

现场管理是指运用科学的管理手段，对现场中的生产要素和管理目标要素进行设计和综合治理，达到全方位的配置优化，最终达到提高生产效率、提高产品质量、降低成本、增加经济效益的目的。

6.1　现场管理的概念及常用方法

6.1.1 现场管理的概念

现场，是直接从事生产、经营、工作、试验的作业场所。企业现场是指企业进行生产经营作业活动的特定场所，包括生产现场、经营现场、办公现场、生活现场等。其中，生产现场按分工关系可以分为基本生产现场和辅助生产现场。如机器制造、机械加工等从事产品生产活动的作业场所就是基本生产现场；维修保养等从事辅助生产活动的作业场所为辅助生产现场。

现场管理可分为广义现场管理和狭义现场管理。广义现场管理是指企业所有现场作业活动的管理，包括生产现场管理、经营现场管理、办公现场管理以及生活现场管理等。狭义现场管理是指企业生产现场管理，包括基本生产现场管理和辅助生产现场管理两方面含义。我们主要以狭义的现场管理为研究对象，即以生产现场为主要内容。其含义为：

1. 运用管理制度、标准、方法和手段来进行管理。管理制度是指与现场的设备、工具、在制品、产成品等相关的管理制度、交接班制度、设备维修制度、现场质量事故的处理制度等。管理标准主要是指现场岗位管理标准、设备管理标准、操作管理标准以及工艺管理标准等。

2. 现场管理的对象是各种生产要素。包括现场的人员、机器设备、原材料、在制品、燃料动力、场地环境、信息等。

3. 现场管理的职能是计划、组织、协调、控制和激励。这里的计划主要是指现场生产作业计划，组织主要是指现场合理组织作业班组等；协调是指班组之间、操作者之间生产进度的相互协调；控制主要是指通过信息流反馈对生产过程的控制。

4. 现场管理达到的目的是优质、低耗、高效、均衡、安全、文明生产。

现场管理的主要内容包括：

(1) 现场实行“定置管理”，使人流、物流、信息流畅通有序，现场环境整洁，文明生产；

(2) 加强工艺管理，优化工艺路线和工艺布局，提高工艺水平，严格按工艺要求组织生产，使生产处于受控状态，保证产品质量；

(3)以生产现场组织体系的合理化、高效化为目的，不断优化生产劳动组织，提高劳动效率；

(4)健全各项规章制度、技术标准、管理标准、工作标准、劳动及消耗定额、统计台帐等；

(5)建立和完善管理保障体系，有效控制投入产出，提高现场管理的运行效能；

(6)搞好班组建设和民主管理，充分调动职工的积极性和创造性。

6.1.2 现场管理的任务

现场管理的任务是由现场管理在整个企业管理中的地位和目标决定的。现场管理是整个企业管理的重要组成部分，是属于最为基础性的管理内容，现场管理的目的是实现现场活动的科学化、标准化、高效化与系统化，最终达到优质、高效、文明、安全的目的。

1.要想实现现场管理的目标，就必须在现场管理活动中努力完成以下几点现场管理的任务：

⑴制定切实可行的现场管理标准、指标体系、评估内容和考核办法，提高现场管理水平。

⑵推行已获得成功经验的现场管理方法和手段，以期提高产品质量和增加经济效益。

⑶研究和探索现场管理的科学化、标准化、系统化和高效化的内容，创建新的有效管理方法。

2.要实现上述的管理任务，就必须采取以下相关措施：

⑴提高各级领导特别是企业领导对现场管理的认识，牢固树立搞好企业管理，特别是搞好现场管理的思想。

⑵制定现场管理目标。企业在制定中长期发展计划，应同时制定现场管理的目标，争取经过努力，能够使现场管理水平不断迈上新的台阶。

⑶制定现场管理要求及细则。各行业应根据本行业特定，制定适合本行业需要及便于实施的行业现场管理要求及细则。比如，化工行业可根据容器、管道连续化生产的特点，以岗位规范化、标准化为重点提出指导性的要求；机械行业可根据机械加工类型的特点，以工艺管理、定置管理为重点提出要求。

⑷制定现场管理达标规划。各企业应根据现场管理标准化和要求，制定相应的达标规划，加强督促，促进指导交流。

6.1.3 现场管理的常用工具

现场管理的常用工具主要包括:标准化、目视管理、看板管理。

1.标准化

所谓标准化，就是将企业里有各种各样的规范，如:规程、规定、规则、标准、要领等等，这些规范形成文字化的东西统称为标准(或称标准书)。制定标准，而后依标准付诸行动则称之为标准化。那些认为编制或改定了标准即认为已完成标准化的观点是错误的，只有经过指导、训练才能算是实施了标准化。

创新改善与标准化是企业提升管理水平的两大轮子。改善创新是使企业管理水平不断提升的驱动力，而标准化则是防止企业管理水平下滑的制动力。没有标准化，企业不可能维持在较高的管理水平。

2. 目视管理

目视管理是利用形象直观而又色彩适宜的各种视觉感知信息来组织现场生产活动，达到提高劳动生产率的一种管理手段，也是一种利用视觉来进行管理的科学方法。

所以目视管理是一种以公开化和视觉显示为特征的管理方式。综合运用管理学、生理学、心理学、社会学等多学科的研究成果。

3. 看板管理

管理看板是发现问题、解决问题的非常有效且直观的手段，尤其是优秀的现场管理必不可少的工具之一 。

管理看板是管理可视化的一种表现形式，即对数据、情报等的状况一目了然地表现，主要是对于管理项目、特别是情报进行的透明化管理活动。它通过各种形式如标语、现况板、图表、电子屏等，把文件上、脑子里或现场等隐藏的情报揭示出来，以便任何人都可以及时掌握管理现状和必要的情报，从而能够快速制定并实施应对措施。因此，管理看板是发现问题、解决问题的非常有效且直观的手段，是优秀的现场管理必不可少的工具之一。

6.1.4 现场管理的常用方法

1. 现场管理是个一个复杂的系统工程。开展现场管理工作，常见做法可分为三个阶段：

(1)治理整顿：着重解决生产现场：脏、乱、差，逐步建立起良好的生产环境和生产秩序；

(2)专业到位：作到管理重心下移，促进各专业管理的现场到位；

(3)优化提高：优化现场管理的实质是改善，改善的内容就是目标与现状的差距。按 PDCA（P－Plan，D－Do，C－Check，A－Action）循环，使其合理有效地运行。

现场管理的核心技术是“物流分析研究”，一般通过传统工业工程中的“工作研究”和以计算机、信息处理技术为支撑的现代工业工程等实现现场管理。通常采用的分析方法主要有：目视管理、“5S”管理、定置管理、工厂设计、工作地布置、人机工程、计划与生产过程控制、成本控制等。

2. 现场管理的常用方法

(1)专家评价法。

(2)评分法：包括评定级别法、失效率法、分别填写现场调查记录卡等，然后将所有人员的记录卡汇总，求平均值，求出所有参评人员的总评价。

(3)数据包络分析（DEA）法。

(4)层次分析法。

(5)模糊综合评价法。

(6)基于 BP 人工神经网络的评价法。

6.1.5 加强现场管理的相关措施

1. 加强基层领导班子建设，推进基层建设深化

基层领导班子成员的思想作风、工作作风、民主作风，对稳定基层人心、提高基层凝聚力和员工队伍素质起着决定性的作用，这也是搞好基层建设的关键。应始终坚持把基层领导班子建设放在首位，要持之以恒、常抓不懈。

抓员工队伍建设，重点突出素质培养。要把员工培训作为一项长期的重要工作来抓，强

化培训的有效性和针对性，提高员工解决实际问题的能力及处理突发事故的应变能力。基层单位要积极组织开展“岗位练兵”活动，并把“岗位练兵”活动与员工的培训、绩效考核、员工奖惩等有机结合。在具体做法上可以采取每周一练、每月一课、每季一考、每年一评的方法，可利用网络在线的方法进行测试，可聘请有关专业技术人员进行授课。这样既有利于专业人员实际能力的培养，又能让员工实现从理论到实践，再从实践到理论的升华。还可利用现有技术精湛的技师资源，充分发挥他们的聪明才智，组织开展“导师带教”活动，以合同签约的形式规定双方各自承担的权利和职责，明确带教的目标、措施、进度，以及考核和奖励标准。

2. 强化现场管理，细化专业管理，建立稳固的生产基础

强化现场管理，落实现场各项管理制度。基层单位要认真落实现场管理制度及巡回检查和交接班等制度。要求交接班提前到岗，检查了解安全、工艺、设备等运行状况，实行集体交接或岗位交接，建立全天候、全方位、全过程的巡回检查网络，提高生产现场巡回检查的频率，及时捕捉生产现场安全、工艺和设备等运行的细微变化，加强对数据变化的实时分析，调整健全设备“五位一体”的维护保养体系，不断完善关键机组特护细则，精心实行重要机组和关键设备的巡回检查与特级维护保养，使设备始终处于完好状态，为生产运行提供可靠的基础全面落实管理，增强安全责任意识,落实安全生产责任制，及时消除事故隐患，确保现场安全无事故。

细化专业管理，加强生产运行。切实加强工艺技术和设备基础的管理，严格工艺技术文件的正确性，规范原辅料质量标准，强化“三剂”化工料的科学管理。

认真执行工艺技术规程、工艺操作规程和设备专业管理要求，不断提高操作技术水平和设备检修质量，改善工况条件，提升设备运行周期。同时进一步精细生产现场管理，实施严格的考核制度，以进一步确立公司生产管理系统总体协调的权威性。

3. 改进“专项检查”，提高“专项检查”工作的有效性

为反映现场管理的真实面貌，“专项检查”工作要坚持以日常检查为主，做到每月对每个单位进行一次检查，把“专项检查”工作的重点落到生产专业管理上，突出现场检查，并结合阶段重点工作进行岗位职责和现场管理制度的测试、非计划停车和安全事故原因分析的测试、现场安全消防器具使用的测试等，提高实际操作能力。

根据“专项检查方案科学化、专项检查人员专家化、专项检查标准规范化”的目标，公司要建立和加强“专项检查”督导员制度，注重督导员自身素质的培育。继续开展“专项检查”督导员业务知识的专业培训，以提高“专项检查”标准执行的统一性、检查形式的一致性、评价体系的系统性，并对督导员加强管理，定期进行考核，增强责任心，提高“生产管理专项检查”的针对性、实效性和持续性。

实施“专项检查”标准分类考核制度。把“专项检查”考核内容分成公共考核板块和专业考核板块两大板块，即前者是具有共性基础的工作标准和要求，后者具有专业特点和行业特性的标准和要求。对不同性质的被检对象采取相应的考核内容和评分标准，实施分类检查，统一计分，集中点评。

4. 抓好创特色管理工作，推进现场管理与基础工作水平的提高

树立典型，推广经验。公司要抓住“先进装置”、“优秀班组”大力推广典型经验。要组织召开相关的专题座谈会，学习先进典型的经验和做法，组织到典型装置或班组现场进行观摩学习，以推动整个公司先进单位的不断壮大和发展。

精心培育，推进管理。要继续强化推进创特色管理的培育工作，把“创特色管理”调研中掌握的经验加以总结和提升，并进行创特色专项申报立项工作。公司要组织专业人员定期深入装置、班组，对创特色管理的项目进行全过程的关心和指导，及时总结和推广典型经验，以此全面推动公司“创特色管理”工作的深化。

严格考核，推动升级。在“优秀班组”达标升级验收过程中，坚持实行日常考核与综合考核相结合，以日常考核为主。由各单位预报“优秀班组”候选对象，公司则根据各单位预报的对象实施预验收，通过每月的日常“专项检查”进行重点检查，待年底正式申报时予以综合验收。为体现先进性，确保含金量，必须实行总量控制。各单位要严格按公司分配的名额进行自查申报。“优秀班组”由公司生产部牵头组织工会等相关专业部门进行验收，若验收不合格则予以取消，做到宁缺勿滥。

5. 加强制度建设，完善现场管理与基础工作的标准。

制度是规范我们工作的准则。加强现场管理与基础工作，关键是完善各项规章制度、管理办法、工作条例等。为进一步规范现场管理与基础工作标准，提高工作质量，公司将统一制订巡回检查管理制度、交接班管理制度、现场管理与基础工作条例等，重点修订生产管理“专项检查”管理办法和考核标准、现场管理制度、装置和班组工作条例等。通过建章立制，使我们有章可循，同时也应加强宣传教育力度，让每个员工都能熟悉制度、了解制度、懂得制度，并让员工自觉按章程办事，按规范操作，杜绝习惯性违章，进一步减少非计划停车事故的发生。

公司要花大力气狠抓现场管理与基础工作，继续巩固和推进已取得的成绩，坚持把现场管理与基础工作抓出实效，为公司安全稳定生产提供坚实有力的保障。

6.2 5S 管理

6.2.1 5S 管理的概念

5S 管理是指对生产现场各生产要素所处状态，不断进行整理、整顿、清扫、清洁，以达到提高素养的目的。由于整理、整顿、清扫、清洁、素养这五个词在日语、罗马拼音的第一个都是“S”，所以把这一系列活动简称为 5S 管理。这是日本企业独特的一种管理办法。

6.2.2 5S 管理的基本内容

1. 1S－整理(Seiri)：

⑴整理的含义

把要与不要的物品、人、事、物分开，再将不需要的人、事、物加以处理，坚决清理出生产现场，现场只保留必需的物品。

⑵整理的目的

改善和增加作业面积；现场无杂物，行道通畅，提高工作效率；减少磕碰的机会，保障安全，提高质量；消除管理上的混放、混料等差错事故；有利于减少库存量，节约资金；改变作风，提高工作情绪。

⑶整理的意义

把要与不要的人、事、物分开，再将不需要的人、事、物加以处理，对生产现场的现实摆放和停滞的各种物品进行分类，区分什么是现场需要的，什么是现场不需要的；其次，对于现场不需要的物品，诸如用剩的材料、多余的半成品、切下的料头、切屑、垃圾、废品、多余的工具、报废的设备、工人的个人生活用品等，要坚决清理出生产现场，这项工作的重点在于坚决把现场不需要的东西清理掉。对于车间里各个工位或设备的前后、通道左右、厂房上下、工具箱内外，以及车间的各个死角，都要彻底搜寻和清理，达到现场无不用之物。

2. 2S－整顿(Seiton)

⑴整顿的含义

把需要的人、事、物等必需品加以定量、定位，摆放整齐有序，明确标示，以便在最简介、最有效的规章、制度、流程下完成相关作业。

⑵整顿的目的

不浪费时间寻找物品，提高工作效率和产品质量，保障生产安全。

⑶整顿的意义

把需要的人、事、物加以定量、定位。通过前一步整理后，对生产现场需要留下的物品进行科学合理的布置和摆放，以便用最快的速度取得所需之物，在最有效的规章、制度和最简捷的流程下完成作业。

⑷整顿的要点

物品摆放要有固定的地点和区域，以便于寻找，消除因混放而造成的差错；物品摆放地点要科学合理。例如，根据物品使用的频率，经常使用的东西应放得近些(如放在作业区内)，偶尔使用或不常使用的东西则应放得远些(如集中放在车间某处)；物品摆放目视化，使定量装载的物品做到过目知数，摆放不同物品的区域采用不同的色彩和标记加以区别。

3. 3S－清扫(Seiso)

⑴清扫的含义

清除现场内的脏污、清除作业区域的物料垃圾。把工作场所打扫干净，设备异常时马上修理，并使之恢复正常，创建明快、舒畅的工作环境，以保证安全、优质、高效率地开展工作。

⑵清扫的目的

清除“脏污”，保持现场干净、明亮。

⑶清扫的意义

将工作场所之污垢去除，使异常之发生源很容易发现，是实施自主保养的第一步，主要是在提高设备稼动率。

⑷清扫的要点

自己使用的物品，如设备、工具等，要自己清扫，而不要依赖他人，不增加专门的清扫工；对设备的清扫，着眼于对设备的维护保养。清扫设备要同设备的点检结合起来，清扫即点检；清扫设备要同时做设备的润滑工作，清扫也是保养；清扫也是为了改善。当清扫地面发现有飞屑和油水泄漏时，要查明原因，并采取措施加以改进。

4. 4S－清洁(Seikeetsu)

⑴清洁的含义：将整理、整顿、清扫实施的做法制度化、规范化，维持其成果。

⑵清洁的目的：认真维护并坚持整理、整顿、清扫的效果，使其保持最佳状态。

⑶清洁的意义：通过对整理、整顿、清扫活动的坚持与深入，从而消除发生安全事故的根源。创造一个良好的工作环境，使职工能愉快地工作。

⑷清洁的要点：车间环境不仅要整齐，而且要做到清洁卫生，保证工人身体健康，提高工人劳动热情；不仅物品要清洁，而且工人本身也要做到清洁，如工作服要清洁，仪表要整洁，及时理发、刮须、修指甲、洗澡等；工人不仅要做到形体上的清洁，而且要做到精神上的“清洁”，待人要讲礼貌、要尊重别人；要使环境不受污染，进一步消除浑浊的空气、粉尘、噪音和污染源，消灭职业病。

5. 5S－素养(Shitsuke)

⑴素养的含义：人人按章操作、依规行事，养成良好的习惯，使每个人都成为有教养的人。

⑵素养的目的：提升“人的品质”，培养对任何工作都讲究认真的人。

⑶素养的意义：努力提高人员的自身修养，使人员养成严格遵守规章制度的习惯和作风，是“5S”活动的核心。

总之，5S 管理的目标是：

①工作变换时，寻找工具，物品马上找到，寻找时间为零。

②整洁的现场，不良品为零。

③努力降低成本，减少消耗，浪费为零。

④工作顺畅进行，及时完成任务，延期为零。

⑤无泄漏，无危害，安全，整齐，事故为零。

⑥团结，友爱，处处为别人着想，积极干好本职工作，不良行为为零。

6.2.3 5S 管理的发展

5S 管理起源于日本。1955 年，日本的“5S”的宣传口号为“安全始于整理，终于整理整顿”，当时只推行了前两个 S，其目的仅为了确保作业空间和安全。后因生产和品质控制的需要而又逐步提出了 3S，也就是“清扫、清洁、修养”，从而使应用空间及适用范围进一步拓展。1986 年首部“5S”著作问世，对整个现场管理模式起到了冲击的作用，并由此掀起了 5S 的热潮。

日本式企业将“5S”运动作为管理工作的基础，推行各种品质的管理，产品品质得以迅速提升。在丰田公司的倡导推行下，“5S”对于塑造企业的形象、降低成本、准时交货、安全生产、高度的标准化、创造令人心旷神怡的工作场所、现场改善等方面发挥了巨大作用，逐渐被各国的管理界所认识。随着世界经济的发展，“5S”已经成为各国工厂管理的重要方法。

1. “5S”的应用

5S 广泛应用于制造业、服务业等改善现场环境的质量和员工的思维方法，使企业能有效地迈向全面质量管理，主要是针对制造业在生产现场，对材料、设备、人员等生产要素开展相应活动。

2. “5S”的延伸

根据企业进一步发展的需要，有的企业在 5S 的基础上增加了安全(Safety)，形成了“6S”；有的企业再增加节约(Save)，形成了“7S”；还有的企业加上了习惯化(しゅうかんか，拉丁发音为 Shiukanka)、服务(Service)和坚持(しつこく，拉丁发音为 shitukoku)，形成了“10S”；有的企业甚至推行“12S”，但是万变不离其宗，都是从“5S”里衍生出来的，例如在整理中要求清除无用的东西或物品，这在某些意义上来说，就能涉及到节约和安全，具体一点例如横在安全通道中无用的垃圾，这就是安全应该关注的内容。

3. 欧美企业中的“5S”和“5C”。

欧美的企业中“5C”也开始应用5S管理方法来加强日常现场管理，主要包括“5S”和“5C”

(1)欧美企业中“5S”的基本内容

Sort(分类)：区分出不需要之物，并且消除之。

Straighten(定位)：将需要的东西排列有序，以便容易取用。

scrub(刷洗)：清洁工具及工作场所的每一物品，排除污渍、污点、碎片，根除脏污的来源。

systematize(制度化)：使清扫及检查例行化。

standardize(标准化)：将上述四个步骤标准化，促使改善活动永无止境地进行下去。

(2)欧美企业中“5C”的基本内容

clear out (清除)：决定何者为需要及不需要，并将后者处置掉。

configure(安置)：提供一个方便、安全、有秩序的地方供所需之物的使用和保存。

clean &check(清洁及检查)：在清扫时，检查及重新定位好工作的区域。

conform(遵守)：设定标准化、训练及维持。

custom &practice(习惯及实践)：养成例行维持的习惯，以及追求更进一步的改善。

6.2.4 5S 推行5S管理的目的

实施5S管理能够为企业发展创造巨大的效益。实施5S管理的企业必须达到如下目的。

1. 提高工作和生产效率。良好的工作环境与工作气氛，以及物品摆放有序，有助于提高员工工作积极性，自然也会提高工作效率。

2. 改善产品品质。优良的品质来自于良好的工作环境，不断净化工作环境，能够保证设备的性能和效率，提高产品的品质。

3. 保障企业安全生产。如果工作场所能井然有序，生产事故的发生率就会减少。

4. 降低生产成本，提高企业经济效益。实施5S管理后，能够有效减少各类浪费，降低生产成本。

5. 缩短生产周期，确保交货期。由于提高了工作和生产效率，改善了产品的品质，同时也缩短了生产周期，确保了交货期。

6. 改善员工的面貌，提升企业形象。

6.3 准时制生成方式

6.3.1 准时制的实质

1. JIT 哲理

准时生产(Just in Time，JIT)，又称为无库存生产方式(stockless production)，零库存(zero inventories)，或者超级市场生产方式(supermarket production)。JIT是起源于日本丰田汽车公司的一种生产管理方法。自20世纪60年代以来，JIT从产生到不断完善，已传播到全世界各个地方。可以说，JIT已经取代了福特创造的大量生产方式，显示了极强的生命力。

按照美国生产与库存控制协会（APICS）的定于。JIT是"有计划的消除浪费和持续改善生存率的制造哲理"。按照JIT的哲理，一是准时生产，二是消除浪费，三是持续改善。

⑴准时生产

准时生产的概念可以追朔到福特创造的流水生产线。汽车在流水线上不间断地装配直到完成，没有停歇和中断，这就是JIT的思想。不过日本丰田汽车公司将准时生产的概念扩大到流水生产线之外，不仅在装配线上要准时，零件加工（如冲压件生产）也要准时，外购件和原材料采购供应也要准时。

准时生产是供需双方协调所遵循的原则，它把在生产过程中供方和需方应该是什么样的关系描述的十分透彻。即，在需方需要的时间、要求的地点，按照需方所需的产品和服务，按需方要求的数量和质量，以合理的价格，提供给需方。准时生产不仅适用于大量大批重复性生产，而且适用于单件小批量生产；它不仅适用于制造性生产，而且适用于服务性生产。

树立准时生产的理念，必须抛弃传统的组织生产的观念。传统观念认为，设备必须充分利用，要满负荷工作。为了设备"吃饱"，必须有大量的在制品库存作为缓冲。因此，如此一来，生产过程中的物流是不顺畅的，制造提前期很长。与此相反，在JIT方式当中，为适应基于时间的竞争，物流快速流动以压缩制造提前期。为此，要尽可能地减少工件的等待时间。而要减少工件的等待时间，机器的空闲时间就会增加，导致设备利用率不高。

要做到准时生产，就必须追求零库存。所谓零库存是指没有任何暂时闲置的资源，意味着"需要一件，生产一件"。相应地，要保证"需要一件，生产一件"，就一定不能出现不合格产品，即追求"零缺陷"。能够经济地"需要一件，生产一件"，则要减少调整时间，追求所谓的"零调整时间"，把零库存、零缺陷、零调整时间统一起来，其含义就是消除浪费。

⑵消除浪费

丰田汽车公司认为，凡是超过生产产品所绝对必要的最少量的设备、材料、零件和工作时间的部分，就是浪费。该概念没能对什么是"绝对必要"作出合理解释，容易引起歧义。美国学者对此作出修正，凡是超出产品价值所必需的绝对最少的物料、机器和人力资源的部分，都是浪费，其含义为：一是不增加价值的活动就是浪费，因为它增加了成本；二是尽管是增加价值的活动，所用的资源超过了"绝对最少"的界限，也是浪费。当然，这里的价值是从顾客角度来衡量的。

在生产过程中，只有实体上改变物料的活动才能增加价值。比如：加工零件，增加价值；装配零件，增加价值；油漆包装，增加价值。需要说明的是，很多通常理所当然的活动并不增加价值。库存不增加价值，质量检查不增加价值，搬运不增加价值，反而可能减少价值（常常引起损伤）。这些不增加价值的活动，消除了资源，增加了成本，都属于浪费范畴。归结起来，在企业生产活动中主要存在以下八种浪费现象：过量生产；等待；不必要的搬运和运输；调整机器；库存；缺陷；多余的操作；质量检查。

成本领先是一种市场竞争策略。要降低成本，就要不断消除浪费。在激烈的市场竞争当中，要求获得较多利润，只有不断降低企业的生产成本，惟其如此才能在立于不败之地。尤其是在经济不景气的时候，成本高的企业很难生存下去，只有不断消除浪费，降低成本，才能保证企业的可持续发展。消除浪费，就要不断挖掘潜力，要把"干毛巾拧出水来"。不断消除浪费，才能使成本由"西瓜"那样大变成"西瓜籽"那样小。

⑶持续改善

消除浪费是通过持续改善来逐步实现的。改善是日本汽车公司超越美国汽车公司的绝招。改善需要全体员工的努力。因此，只有对员工授权，使他们完全投入到工作当中去，充分承担起日常工作的众多职责，而这些工作内容也是JIT思想所涉及的绝大部分。这就是说，原来需要通过管理人员来完成的一些工作，现在可以授给一线员工来完成。

进行改善的途径，并不一定从“降低库存”开始。当管理中的问题比较明显时，可以先解决问题，然后开始降低库存。如果其他问题较为明显时，仍然机械地单一关注降低库存，那就会使问题成灾，甚至使企业瘫痪。“降低库存”要逐步进行，循序渐进，不能一次降低太多。否则，也可能导致问题成灾。当企业已经具有较高的管理水平时，并不明显的问题往往不大容易发现，在这种情况下，通过降低库存来促使相关问题暴露就成为必要的了。

JIT的持续改善思想使员工获得不断丰富工作内容的机会。如果能成功授权给员工，员工和管理层均能全身心投入到生产经营中，他们之间会相互尊敬，关系也会更加融洽也能更好地面对工作环境不断改进的挑战。

JIT强调在现有基础上持续地强化与深化，不断地进行质量改进工作，逐步实现不良品为零、库存为零、浪费为零的目标。尽管绝对的零库存、零废品是不可能达到的，但是JIT就是要在这种持续改进中逐步趋近这一目标。这个思想蕴涵两层含义：第一，目标无止境，企业不能满足于目前的成绩，而要不断地进取；第二，JIT方式的实现不是一朝一夕能够完成的，要一步一步来，不能期望一口吃成个胖子。

6.3.2 准时制的实施方法

JIT有三种手段来达到其目标。

1. 适时适量生产

适时适量生产的方法如下：

⑴生产同步化

为了实现适时适量生产，首先需要致力于生产的同步化。即工序间不设置仓库，前一工序的加工结束后，使半成品立即转到下一工序去，装配线与机械加工几乎并行进行。在铸造、锻造、冲压等必须成批生产的工序，则通过尽量缩短作业更换时间来尽量缩小生产批量。生产的同步化通过“后工序领取”这样的方法来实现，即后工序只在需要的时间到前工序领取所需的加工品；前工序中按照被领取的数量和品种进行生产。

如此一来，制造工序的最后一道即总装配线成为生产的出发点，生产计划只下达给总装配线，以装配为起点，在需要的时候，向前工序领取必要的加工品，而前工序提供该加工品后，为了补充生产被领走的量，必向更前道工序领取物料，这样把各个工序都连接起来，实现同步化生产。这样的同步化生产还需通过采取相应的设备配置方法以及人员配置方法来实现，即不能采取通常的按照车、铣、刨等工业专业化的组织形式，而应该按照产品加工顺序来布置设备。当然，这种做法也带来人员配置上的变革。

⑵生产均衡化

生产均衡化是实现适时适量生产的前提条件。所谓生产的均衡化，是指总装配线在向前工序领取零部件时应均衡地使用各种零部件，生产各种产品。为此在制定生产计划时就必须全面考虑，然后将其体现在产品生产顺序计划之中。

在制造阶段，均衡化通过专用设备通用化和制定标准作业来实现。所谓专用设备通用化，是指通过在专用设备上增加一些工具夹的方法使之能够加工多种不同的产品。而所谓的标准作业是指将作业节拍内一个作业人员所应担当的一系列作业内容标准化。

2. 弹性配置作业人数

在劳动力成本越来越高的今天，降低劳动力成本是降低成本的一个重要方面。应该根据生产量的变动，弹性地增减各生产线的作业人数，以及尽量用较少的人力完成较多的生产。达到这一目的的方法是“少人化”。所谓少人化，是指根据生产量的变动，弹性地增减各生产线的作业人数，以及尽量用较少的人力完成较多的生产。关键在于，当生产线上的生产量减少了的时候，也要把作业人员的人数进行相应的削减。这种“少人化”技术和传统生产系统中的“定员制”不同，它是一种全新的人员配置方法。实现这种少人化的具体方法是对设备进行特别的布置，以便能够当需求减少，作业减少时，人数更少的操作人员可以完成任务。从作业人员的角度来看，就意味着标准作业中的作业内容、范围、作业组合以及作业顺序等的一系列变更。因此为了适应这种变更，作业人员必须是具有多种技能的“多面手”，才能弹性地适应不同的工作岗位。

3. 质量保证方法

在JIT生产方式中，通过将质量管理贯穿于每一工序之中来实现提高质量与降低成本的一致性，具体方法是自动化。自动化是指融入生产组织中的这样两种机制：

第一，使设备或生产线能够自动检测不良产品，一旦发现异常或不良产品，可以自动停止设备运行的机制。为此企业在设备上开发、安装了各种自动停止装置和加工状态检测装置。

第二，生产第一线的设备操作工人发现产品或设备的问题时，有权自行停止生产的管理机制。依靠这样的机制，不良产品一出现马上就会被发现，防止了废品的重复出现或累积出现，从而避免了由此可能造成的大量浪费。而且，由于一旦发生异常，生产线或设备就立即停止运行，比较容易找到发生异常的原因，从而能够有针对性地采取措施，防止类似异常情况的再发生，杜绝类似瑕疵产品的再产生。

对于生产制造企业而言，JIT思想是现代企业应严格贯彻到生产核心中的理念。企业只有在实践中不断探索，结合自身的厂情创造性的应用JIT，不断更新自身的生产经营意识，用准时化的理念改造公司的物流和信息流，才能为企业的未来创造更加良好的经济效益，使企业不断的发展壮大。

6.3.3 综合管理

尽管JIT的理念和基本思想比较简单，非常容易理解。但其实施起来并不容易。JTT的实施几乎涉及到企业的每一个部门，渗透到企业的所有活动当中去。丰田汽车公司从看到美国的超级市场开始，就萌发了准时制的思想，但还是经历了二十多年的持续努力，才打到比较完善的程度，至今仍在不断追求完善。JIT作为一项综合性的管理，涉及到产品设计、生产计划编制、作业计划均衡、机器改造、设备重新布置、工序同期化、设备预防维修、生产组织和劳动组织调整、人员再培训等各方面内容。任何一个环节不改善，JIT就很难推行下去。

与综合管理相关的所有活动都要以生产现场为中心。现场是直接为顾客提供产品和服务的地方，为现场服务就是为顾客服务的延伸。质量、进度、成本均是在现场形成的，加强对现场管理，是提高产品质量、降低成本、按期交付产品的重要保证。以现场为中心就是要以车间主任为首，把驻扎在现场的计划、设计、工艺、设备、动力、质量以及后勤等部门的人员组织起来，协调配合，有助于快速有效地解决现场出现的各种问题。

JIT是生产管理上的一次创新。从实施角度看，JIT需要不断改善。创新是跨越式的进步，改善则属于渐进式的进步；创新的效果立竿见影，改善的效果则要靠日积月累；创新可以依靠少数人的聪明才智，改善则必须全体员工长期不懈的努力。没有全体员工的集体参与，JIT很难得到较好的贯彻执行。要求短期内大见成效的思想，并不适合JIT的基本理念。员工参与是实现持续改善的基础，这正是美国企业不能够将JIT真正运用到实践当中去的原因所在。从表面上看，JIT是一种管理技术，本质上则是文化背景的产物。在日本，企业是家庭的延伸，供应链又是企业的延伸，员工是问题的解决者，高度负责的精神是日本员工的特点。

思考题：

1. 现场管理的常用工具有哪些？
2. 现场管理的通常做法是什么？
3. 加强现场管理的主要措施有哪些？
4. 什么是5S管理？推行5S管理的目的是什么？
5. 什么是JIT？其哲理内涵是什么？
6. 如何实施JIT生产？

【案例分析】

案例一 日本丰田公司的看板管理

日本丰田公司不仅创造性地提出了准时生产的思想，而且还创造性地摸索出一套独特的富有成效的管理工具－看板。看板管理也可以说是JIT生产方式中最独特的部分，因此也有人将JIT生产方式称为“看板方式”。但是严格地讲，JIT生产方式的本质，是一种生产管理技术，而看板只不过是一种管理工具。

1. 看板的种类

日本丰田公司所使用的看板的主要种类有：

(1)在制品看板，包括工序内看板，信号看板；

(2)领取看板，包括工序间看板，对外订货看板；

(3)临时看板。

2. 看板的使用方法

在JIT生产方式中，公司的计划部门集中制定生产的月度计划，同时传达到各个工厂以及协作企业。而与此相应的日生产指令只下达到最后一道工序或总装配线，对其他工序的生产指令通过看板来实现。即后工序“在需要的时候”用看板向前工序去领取“所需的量”时，同时就等于向前工序发出了生产指令。

(1)后工序领取

看板中记载着生产量、时间、方法、顺序以及运送量、运送时间、运送目的地、放置场所、搬运工具等信息，从装配工序逐次向前工序追溯。当工人使用了装配线上的某个零部件，就将所使用的零部件上所带的看板取下，拿着该看板再去前工序领取。这样，看板成了生产以及运送的工作指令，通过“后工序领取”准则实现了“适时适量生产”的要求。

(2)适量运送

在丰田公司的看板管理中，规定看板必须按照既定的运用规则来使用。其中一条规则是:“没有看板不能生产，也不能运送”。根据这一规则，看板数量增多了，则前道工序的生产量就相应增加;看板数量减少了，则前道工序的生产量也相应减少。由于看板所表示的只是必要的量，因此通过看板的运用，就能够做到自动防止过量生产，保证了适量运送。

(3)根据看板进行现场管理

看板的另一条运用规则是:“看板必须在实物上存放”，“前工序按照看板取下的顺序进行生产”。根据这一规则，作业现场的管理人员对生产的优先顺序能够一目了然，易于管理，并且只要瞧一瞧看板，就可知道后工序的作业进展情况、库存情况等等。看板成了生产管理人员进行“目视管理”的有力工具。

3. 看板的功能

(1)产量的调节功能

由于市场需求随时会发生变化，所以生产是不可能百分之百地完全照计划进行的。总装配线就好比面向市场的最敏锐的神经末梢，它对市场的感应，对月生产量以及日生产计划的修改，都通过看板来进行微调。看板相当于传递生产信息和运送信息的指令，好比工序之间、部门之间以及物流之间的连络神经。

(2)生产的改善功能

看板除了以上的生产管理功能以外，还有一大功能，即改善功能。通过看板，可以发现生产中存在的问题，使其暴露，从而立即采取相应的改善对策。

如果采用传统的生产方式，在一般情况下，如果在制品库存较高，可以及时补充后道工序的要求，即使前一道工序的设备出现故障、不良品数目增加，也不会影响到后道工序的生产，所以容易把生产中的质量差、人员冗余、库存高等问题掩盖起来。

而采用JIT生产方式，看板的运用规则之一是“不能把不良品送往后工序”。如果前道工序的生产质量不过关，不良品就会沉淀到该工序里;加上看板对中间产成品的数量有严格控制，通过不断减少看板数量来减少在制品的中间储存，使工人无法像以前那样用库存品来供给下道工序。于是后工序所需得不到满足，就会造成全线停工，由此可立即使问题暴露，从而必须立即采取措施来解决问题。这样通过改善功能不仅使问题得到了解决，也带来了生产率的提高。

JIT生产方式的目标是要最终实现无储存生产系统，而看板提供了一个朝着这个方向迈进的工具。

案例二 WIREMOLD公司的JIT生产

WIREMOLD公司是位于康州的西赫特福特(West Hartford)的一家将近百年的公司，主要生产两种产品:配线系统产品及电源配置产品。在新总裁亚瑟·伯恩(Art Byrne)自1991年9月以来的领导下，该公司全力投入改善活动，重点放在及时生产的方式。

以公司的持续改进方面来讲WIREMOLD公司致力于不断改善活动和及时生产交货方式，在许多地方已获得很大的成功。其中的一个成功例子是在“插座”生产线上。在此生产线上，公司生产的种类，已超过200种以上。

为了解决产品生产的问题，公司把生产线上的员工都动员起来，去分析问题，结果发现许多种导致产品质量不佳的原因，例如:供应商的零件质量不佳、插座破裂、或线路错误无法正确装配等一大堆问题。公司发现在一个装配生产线上，就有超过60项的问题，生产主管每日都密切的督促员工解决问题。仅在20天之后，改善活动就初见成效。

比如，接地线有各种不同的中心线圈，中心线圈是一个长条的卷曲电线，是插座必需的组件。操作人员发现中心线圈的卷曲方式若是不合理的话，插到插座里就很费事，必须花费额外的时间重新放置。于是公司改善了中心线的卷曲设计，以使每一条线都能很便捷地插入到插座里。

再比如，WIREMOLD公司供应商所供应的电源线质量。当电源线从箱子内取出时，有脏污的问题，迫使装配人员必须注意检查及清洗脏污的电源线。WIREMOLD公司与供应商共同努力来改进质量，使电源线一开始就保持干净，装配人员不用再花时间检查，也不用要求作业员重新清洗了。

再比如，插座延长线的长度或金属片的长度都不一致。WIREMOLD公司重新检查产品的规格，开发出标准的长度，训练作业员在加工时，将这些零件依据标准样本进行生产，结果就不再发生将不一致的电源线送给装配作业员的事情了。

WIREMOLD公司运作及时生产方式已有4年了。在这4年里，公司的生产交期时间已减少了67%，从原先接到订单到出货为止，原本的72小时已降为24小时。公司的存货周转率提高为367%，从每年3次增加为每年14次，同时，营业规模则增加2倍。

【拓展训练】

6S大脚印方法简介

“6S大脚印”方法是海尔在加强生产现场管理方面独创的一种方法。它由日本的5S发展而来，日本企业管理者认为5S是现场管理之基石，5S做不好的企业不可能成为优秀的企业，因此将坚持5S管理作为重要的经营原则。海尔在5S的基础上加了一个S即安全(Safe)，形成了独特的“6S大脚印法”。

6S含义如下：

整理，留下必要的，其他都清除掉；

整顿，有必要留下的，依规定摆整齐，加以标识；

清扫，工作场所看得见看不见的地方全清扫干净；

清洁，维持整理、清扫的结果，保持干净亮丽；

素养，每位员工养成良好习惯，遵守规则，有美誉度；

安全，一切工作均以安全为前提。

“6S大脚印”的位置在生产现场，地面上有一个人的卡通脚印图案，站在大脚印上对面正是“整理”、“整顿”、“清扫”、“清洁”、“素养”、“安全”六个大字的标语。“6S大脚印”的使用方法是站在“6S大脚印”上，对当天的工作进行小结。如果有突出成绩的可以站在“6S大脚印”上，把自己的体会与大家分享；如果有失误的地方，也与大家沟通，以期得到同伴的帮助，更快地提高。

“6S大脚印”的最终目的是提升人的品质，这些品质包括：革除马虎之心，养成凡事认真的习惯，认认真真地对待工作中的每一件“小事”、遵守规定的习惯、自觉维护工作环境整洁明了的良好习惯、文明礼貌的习惯。个人品质提升了，生产管理的目的也就达到了。

要成功实施“6S大脚印”方法，关键的问题是做好以下工作：

1. 首先要确定“6S大脚印”的推行者。“6S大脚印”推行者在推行过程中扮演重要角色，应该由有一定威望、协调能力强的中高层领导出任推行者，一般是直接管理生产的最高领导者。根据对领导者的效仿效应，如果领导者身体力行地推动“6S大脚印”法，那么在企业的员工中全面推行“6S大脚印”方法也就有了基础。

2. 在全面推广“6S大脚印”方法前可以进行试点。可以设立“6S大脚印”样板区，通过样板区先行及样板区的变化引导干部、员工主动接受“6S大脚印”。在试点中要找出推行“6S大脚印”遇到的问题，为全面推行扫除障碍。

3. 全面推广“6S大脚印”方法。

在海尔，“6S大脚印”方法不仅是一种生产管理方法，更是成为了独特的海尔文化，因为“6S大脚印”方法已经深入到了海尔每一个员工的血液中，做到了6S，就给别人做好了榜样，他们感到非常骄傲；做不到6S，他们会感到耻辱，进而修正自己的行为，直到完成6S的要求。

作为一种有效的生产管理方法和优秀的企业文化，在不同文化背景的海外工厂也得到了施行，说明了“6S大脚印”方法强大的生命力。在海尔的美国南卡工厂现场：6S班前会，按照6S的要求，企业每天要对现场进行清理。6S班前会每天都必须召集一次，工作表现优异的员工要站在6S大脚印前面向同事们介绍经验。一名海尔美国南卡工厂女工感叹：“今天站到这个地方我非常激动。我注意保持安全、卫生、质量，在这方面我尽了最大的努力。对我的表扬是工厂对我的工作的认可，我非常高兴。在今后的日子里我会继续努力，为海尔贡献我的力量。”

第 7 章 质量管理

"百年大计、质量第一"。在企业的生产经营活动中，产品质量始终都是企业最为有力的竞争手段之一。正确理解产品质量，加强质量管理是提高企业市场竞争力的源泉。企业一旦真正拥有了高质量的产品或服务，即能满足顾客要求而在市场上实现其价值。

7.1 质量与全面质量管理的基本概念

7.1.1 质量的概念

质量是质量管理的对象，正确、全面地理解什么是质量，有助于更好地开展质量管理工作。质量定义的内涵随着科学技术进步和经济社会发展而不断演绎。质量是反映实体满足明确的或隐含的需要的能力的特性总和。质量不仅指产品质量，也包括过程质量和服务质量，它是基于产品用户的适用性。

在 ISO9000(2000 年版)标准当中，质量是指:"一组固有特性满足要求的程度"。其中，"固有特性"是指满足顾客和其他相关方要求的特性，并由其满足要求的程度加以表征。固有特性是通过产品、过程或体系设计和开发及其后的时序过程所形成的属性，如物质特性(机械、电气、化学特性)、行为特性(礼貌、正值、诚实)、感官特性(嗅觉、味觉、视觉等感觉控制的特性)、时间特性(准时性、可靠性、可用性)等。满足要求是指应满足明示的(明确规定)、隐含的(惯例、一般习惯等)或必须履行的(法律法规、行业规则)的需要和期望。只有全面满足相关要求，才能被评定为好的质量。质量是各种特性的综合，任何一种特性都不能说明质量的全部内涵。

消费者和其他相关方对产品、体系或过程的质量要求随着时间、地点和环境的变化而变化，是动态的、相对的和发展的。因此，应定期对质量进行评审，按照变化的需要和期望，相应地改进产品体系或过程的质量，才能持续地满足消费者和其他相关方的要求。

可持续发展概念的提出推动了质量概念的生态化发展:节约资源和保护环境。质量的代价:高质量的低代价和低质量的高代价，清楚地反映了质量在成本、利益和风险等方面对人类发展造成的影响。21 世纪，质量成为人类对科技创新和经济发展模式的关注重点。

7.1.2 质量管理的发展

“质量管理”的概念产生于20世纪初，随着市场竞争的变化而发展，随着企业管理与实践的发展而不断完善。在不同时期，质量管理的理论、技术和方法都在不断地发展变化，并呈现出不同阶段的发展特点。质量管理的发展大致经历了3个阶段。

1. 质量检验阶段

20世纪前，产品质量主要依靠操作者本人的技艺水平和经验来保证，属于“操作者的质量管理”。20世纪初，以F. W. 泰勒为代表的科学管理理论的产生，促使产品的质量检验从加工制造中分离出来，质量管理的职能由操作者转移给工长，是“工长的质量管理”。随着企业生产规模的扩大和产品复杂程度的提高，产品技术标准(技术条件)日趋完善，各种检验工具和检验技术也随之发展，大多数企业开始设置检验部门，有的直属于厂长领导，这时是“检验员的质量管理”。上述几种做法都属于事后检验的质量管理方式。质量检验的任务是“把关”，即严禁不合格品出厂或流入下道工序，而不能预防废品产生。

2. 统计质量控制阶段

1924年，美国数理统计学家W. A. 休哈特提出控制和预防缺陷的概念。他运用数理统计的原理提出在生产过程中控制产品质量的“6σ”法，绘制出第一张控制图并建立了一套统计卡片。与此同时，美国贝尔研究所提出关于抽样检验的概念及其实施方案，成为运用数理统计理论解决质量问题的先驱，但当时并未被普遍接受。以数理统计理论为基础的统计质量控制的推广应用始自第二次世界大战。由于事后检验无法控制武器弹药的质量，美国国防部决定把数理统计法用于质量管理，并由标准协会制定有关数理统计方法应用于质量管理方面的规划，成立了专门委员会，并于1941～1942年先后公布一批美国战时的质量管理标准。

3. 全面质量管理阶段

20世纪50年代以来，随着生产力的迅速发展和科学技术的日新月异，人们对产品的质量从注重产品的一般性能发展为注重产品的耐用性、可靠性、安全性、维修性和经济性等。在生产技术和企业管理中要求运用系统的观点来研究质量问题。在管理理论上也有新的发展，突出重视人的因素，强调依靠企业全体人员的努力来保证质量。此外，还有“保护消费者利益”运动的兴起，企业之间市场竞争越来越激烈。

美国A. V. 费根鲍姆于60年代初提出全面质量管理的概念。他提出，全面质量管理是“为了能够在最经济的水平上、并考虑到充分满足顾客要求的条件下进行生产和提供服务，并把企业各部门在研制质量、维持质量和提高质量方面的活动构成为一体的一种有效体系”。费根鲍姆还同朱兰等质量管理专家建议用全面质量管理替代统计质量管理。全面质量管理的提出符合生产发展和质量管理发展的客观要求，很快被人们普遍接受，并在世界各地逐渐普及和推行。经过多年实践，全面质量管理理论已比较完善，在实践上取得了较大成功。

7.1.3 全面质量管理

全面质量管理是指在全社会推动下的、企业所有部门和人员都以产品质量为核心，把专业技术、管理技术和数理统计结合起来，建立起一整套严谨、科学、高效的质量保证体系，控制生产全过程中影响质量的因素，以优质的工作，最经济的办法，提供满足用户需要的产品(或服务)的全部活动。

其内涵是:以质量管理为中心，以全员参与为基础，目的在于通过让顾客满意和本组织所有者、员工、供方、合作伙伴或社会等相关方受益而使组织达到长期成功的一种管理途径。它强调为了取得真正的经济效益，管理必须始于识别顾客的质量要求，终于顾客对他手中的产品感到满意。

1. 全面质量管理的特点

全面质量管理的关注点集中在“全面”上面，有以下几个方面的含义。如图7-1所示。

(1)全面质量管理是全面质量的管理

全面质量管理不同于以前质量管理的一个特征，就是其工作对象是全面质量，而不仅仅局限于产品质量。全面质量管理认为应从抓好产品质量的保证入手，用优质的工作质量来保证产品质量，才能有效地改善影响产品质量的因素，达到事半功倍的效果。

(2)全面质量管理是全过程质量的管理

全过程要求把质量管理活动贯穿于产品质量生产、形成和实现的全过程，全面落实以预防为主。逐步形成包括市场调研、开发设计、到销售服务全过程所有环节的质量保证体系，把不合格产品消灭在质量形成过程当中，确保防患于未然。

(3)全面质量管理是全员参与的质量管理

全面质量管理要求不论是哪个部门的人员，也不论事厂长还是普通职员，都要具备质量意识，都要承担具体的质量职能，提高产品质量必须依靠企业全体人员的努力。

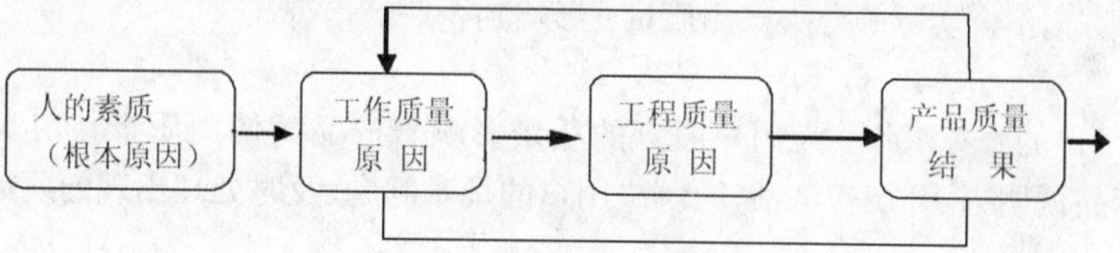

图7-1 工作质量、产品质量的关系

(4)全面质量管理是全社会推动的质量管理

全社会推动的质量管理是指不能把工作局限于企业内部，而需要全社会的重视和推动，需要质量立法、认证、监督等工作，进行宏观上的控制引导。全面质量管理的重要性在于:一方面一个完整的产品，往往是由许多企业共同协作来完成，比如机器产品的制造企业要从其他企业获取原材料、各种专业化工厂生产的零部件等。因此，仅靠企业内部的质量管理无法完全保证产品的质量。另一方面来自于全社会的宏观质量活动所创造的生活环境可以激发企业提高产品质量的积极性和认识到它的必要性。例如通用电气优质优价等质量政策的制定和贯彻，以及实行质量认证、质量立法、质量监督等工作以取缔低劣产品的生产。企业认识到，质量不过关则使企业无法生存发展，生产优质产品对企业和社会都有利，从而认真地对待产品质量和质量管理问题，进而促进全面质量管理的持续深入。

2. 全面质量管理的关键环节

全面质量管理是生产经营活动全过程的质量管理，其目的是有效掌控影响产品质量的各种因素。

(1)市场调查

市场调查过程需要了解用户对产品质量的要求，以及对本企业产品质量的反映，为下一步工作指明方向。

(2)产品设计

产品设计是产品质量形成的起点，设计阶段要制定产品的生产技术标准。结合质量与成本、质量与售价之间的关系来确定最佳质量水平。

(3)采购

原材料、协作件、外购标准件的质量好坏与产品质量水平高低密切相关，要从供应单位的产品质量、价格和遵守合同的能力等方面来选择供应厂家。

(4)制造

制造过程是产品实体的形成过程，制造过程的质量管理主要通过操作者的技术水平、设备、原材料、操作方法、检测手段和生产环境来保证产品质量。

(5)检验

检验在市场过程中起把关、预防和预报的作用。把关就是及时地挑出不合格产品，防止其流入下道工序或出厂；预防是防止不合格产品的产生；预报是将产品质量状况反馈到有关部门，以此作为质量决策的依据。

(6)销售

销售时产品质量实现的重要环节。销售过程中要实事求是地向用户介绍产品的性能、用途、优点等，防止不合实际的夸大产品质量，影响到企业的信誉。

(7)服务

抓好对用户的服务工作，为用户服务的质量影响着产品的使用质量。切实提供技术培训、编制好产品说明书、开展咨询活动、解决用户的疑难问题、及时处理出现的质量事故。

7.2 质量管理方法

7.2.1 什么是 PDCA 循环

PDCA 循环法是一种发现而非一个发明，它是管理工作的一个逻辑过程。PDCA 循环式企业管理的基本工作方法，是改进管理工作的合乎逻辑的有效工作方式。PDCA 采用了一套科学的、合乎认识论的办事程序，是企业生产经营系统实施质量控制的主要方法，是企业进行质量控制整体规划的基本模式。

在质量管理活动中，要求把各项工作按照作出计划、计划实施、检查实施效果，然后将成功的纳入标准、不超过的留在下一循环去解决的工作方法进行，这就是质量管理的基本工作方法。这一工作方法简称为 PDCA 循环，其中：P(plan)是计划阶段，D(do)是执行阶段，C(check)是检查阶段，A(action)是处理阶段。PDCA 循环是美国质量管理专家戴明博士最先总结出来，故又称为戴明环。

PDCA 循环四个阶段的具体内涵：

第一阶段为 P 阶段，即计划阶段。就是适应客户的要求，并以取得经济效果为目标，通过调查、设计、试制等措施，制定技术标准、质量目标，以及达到这些目标的具体措施和方法。

第二阶段为D阶段，即执行阶段。按照所制定的计划和措施去实施。

第三阶段为C阶段，即检查阶段。对照计划，检查执行的情况和效果，及时发现和总结计划实施过程中的经验和问题。

第四阶段为A阶段，即处理阶段。根据检查的结果采取措施，巩固成绩，吸取教训，以利再干。

在具体工作过程中，PDCA循环的四个阶段又可以进一步细分为八个步骤。

第1步：调查研究，分析现状，找出存在的质量问题。

第2步：根据存在的问题，分析产生质量问题的各种因素，并逐个加以分析。

第3步：找出影响质量的主要因素，从主要影响因素着手解决质量问题。

第4步：针对影响质量的主要因素，制定计划和活动措施。计划和措施应尽量做到明确、具体。

第1~4步骤是P阶段的具体细化。

第5步：按照既定计划执行，即D阶段。

第6步：根据计划的要求，检查实际执行结果，即C阶段。

第7步：对检查结果进行总结，把成功的经验和失败的教训总结出来，融入到原有制度、标准当中去，作出合理的修正，巩固取得的成绩，防止重复犯错。

第8步：提出本次循环当中尚未得到解决的遗留问题，将其转到下一次PDCA循环当中去。

7.2.2 PDCA循环的特点

处理阶段是解决存在问题，总结经验和吸取教训的阶段，PDCA循环的关键。该阶段的重点又在于修订标准，包括技术标准和管理制度。没有标准化和制度化，就不可能使PDCA循环转动向前。PDCA循环，可以使我们的思想方法和工作步骤更加条理化、系统化、图像化和科学化。具有如下特点（如图7-2所示）：

1. 大环套小环，小环保大环，推动大循环

作为质量管理的基本方法，PDCA循环不仅适用于整个工程项目，也适应于整个企业和企业内的科室、工段、班组以至个人。各级部门根据企业的方针目标，都有自己的PDCA循环，层层循环，形成大环套小环，小环里面又套更小的环。大环是小环的母体和依据，小环是大环的分解和保证。各级部门的小环都围绕着企业的总目标朝着同一方向转动。通过循环把企业上下或工程项目的各项工作有机地联系起来，彼此协同，互相促进。

2. 不断前进、不断提高

PDCA循环就像爬楼梯一样，一个循环运转结束，生产的质量就会提高一步，然后再制定下一个循环，再运转、再提高，不断前进，不断提高。

3. 门路式上升

PDCA循环不是在同一水平上循环，每循环一次，就解决一部分题目，取得一部分成果，工作就前进一步，水平就进步一步。每通过一次PDCA循环，都要进行总结，提出新目标，再进行第二次PDCA循环，使品质治理的车轮滚滚向前。PDCA每循环一次，品质水平和治理水就更进一步。

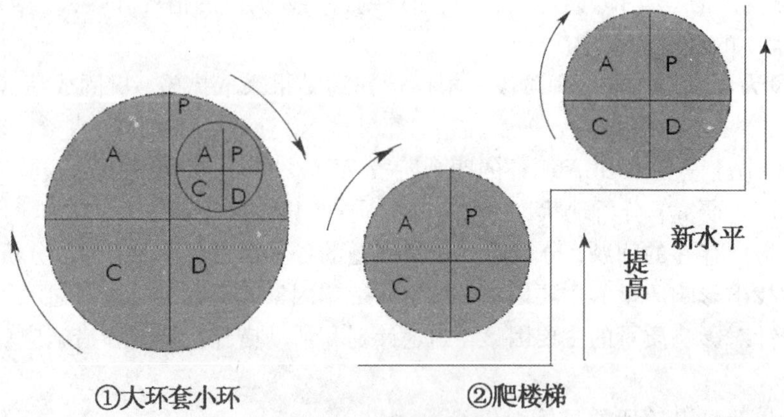

图 7－2 PDCA 循环示意图

7.3 ISO 9000 简介

为了适应国际市场竞争中统一质量规则的需要，国际标准化组织(ISO)于 1987 年发布了 ISO9000《质量管理和质量保证》系列标准，从而使世界质量管理和质量保证活动统一在 ISO9000 系列标准基础之上。ISO9000 系列标准标志着质量体系走向规范化、系列化和程序化的世界高度。ISO9000 是全面质量管理的标准化，先实行标准中的控制程序，再进一步严格实施持续改进。经验表明，采用 ISO9000 系列标准是走向世界的通行证。采用 ISO9000 系列标准是企业获取市场竞争优势的基本要求。ISO9000 系列标准历经 1987 版、1994 版、2000 版，目前国际上最新的质量标准是 2008 版 ISO9000 系列标准。

1. ISO9000 系列标准的组成

2008 版 ISO9000 系列标准，是替代 2000 版的最新标准，包括 ISO9000－1、ISO9001、ISO9002、ISO9003、S09004－1。

ISO9000－1《质量管理和质量保证标准 第一部分:选择和使用指南》

ISO9001《质量体系－设计、生产、安装和服务的质量保障模式》

ISO9002《质量体系－生产、安装和服务的质量保障模式》

ISO9003《质量体系－最终检验和试验的质量保障模式》

ISO9004－1《质量管理和质量体系要素 第一部分:指南》

ISO9000－1 被认为是 ISO9000 系列标准的“导游图”，它帮助生产者和用户双方理解 ISO9000 系列标准的真正含义，对主要质量目标和质量职责、受益者及期望、质量体系要求和产品要求的区别、通用产品类别和质量概念的若干方面问题做出了详细而明确的解读，并提供了关于这些标准的选择和使用的原则、程序及方法。因此，在具体应用这些标准时，应首先对 ISO9000－1 进行研究，然后根据不同的需要选择不同类型的标准。

2. ISO 9000 系列标准的主要内容

ISO9000－1《质量管理和质量保障标准 第一部分:选择和使用指南》阐明了基本质量概念之间的差别及其相互关系，并为质量体系系列标准的选择和使用提供指导。这套标准中包括了用于内部质量管理目的的标准 ISO9000 和用于外部质量保证目的的标准 ISO9001－ISO9003。

ISO9001《质量体系－设计、生产、安装和服务的质量保障模式》规定了对质量体系的要求，用于双方所定合同中需方要求供方证实其从设计到提供产品全过程的保证能力。该标准阐述从产品设计/开发开始，直至售后服务的全过程，防止从设计到服务的所有阶段出现不合格现象。ISO9000 特别强调对设计质量的控制，因为产品的质量水平和成本有 60%～70% 是在设计阶段形成的。

ISO9002《质量体系－生产、安装和服务的质量保障模式》阐述了从采购开始，直到产品交付使用的生产过程和安装过程的质量保证要求，以保证在生产、安装阶段符合规定的要求，防止以及发现生产、安装过程中的任何不合格现象，并采取措施以避免不合格的重复出现。它是用于外部质量保证的三个涉及质量体系要求的标准中要求程度居中的一个标准，适用于需方要求供方企业根据质量体系具有对生产过程进行严格控制的能力的足够证据的情况。

ISO9003《质量体系－最终检验和试验的质量保障模式》是用于外部质量保证的三个系列标准中要求最低的一个标准。阐述了从产品最终检验至成品交付的成品检验和试验的质量保证要求，以保证在最终检验和试验阶段符合规定的要求，查出和控制产品不合格项目并加以处理。它适用于用户要求供方企业提供质量体系具有对产品最终检验和试验进行严格控制能力的足够证据的情况。

ISO9004－1《质量管理和质量体系要素 第一部分:指南》这个标准是指导企业建立管理体系的基础性标准。他就质量体系的组织结构、程序、过程和资源等方面的内容，对产品质量形成各阶段影响质量的技术，管理个人等因素的控制提供了全面的指导。标准指出，为了满足用户的需求和期望，企业应建立一个有效的质量体系，而完善的质量体系是在考虑风险、成本和利益的基础上使质量最佳化以及对质量加以控制的重要管理手段。该标准从企业质量管理的需要出发，阐述了质量体系的原理和建立质量体系的原则，提出了企业建立质量体系一般应包括的基本要素。标准对各基本要素的含义、目标、要素间的接口，以及各项活动的内容、要求、方法、人员和所要求的文件、记录等，都做出了明确规定。

3. 实施 ISO9000 系列标准须遵循的原则

为更好地实行质量管理目标，2008 版 ISO9000 系列国际标准突出体现了质量管理过程中必须贯彻的八项原则，并作为主线贯穿始终。

原则 1:以消费者为中心。企业应理解消费者当前的和未来的需求，不断满足消费者的消费期望。消费者是企业存在的基础，消费者的需求永远是第一位的，企业应调查和研究消费者的需求和期望，并把它转化为质量要求，努力实现之。

原则 2:全员参与。各级人员是企业之本，只有全员的充分参与，才能有效挖掘出人力资源的潜力。全体员工是企业的基础，企业的质量管理不仅需要最高管理者的正确领导，还有赖于全员的参与。因此，企业应对全体员工进行质量意识、职业道德、以顾客为中心的意识教育，以激发全体员工的积极性和责任感。

原则 3:领导作用。领导必须将本企业的宗旨、方向和内部环境统一起来，并创造能够使员工充分参与实现企业目标的环境。领导的作用，即最高管理者具有决策和领导一个组织的关键作用。为了营造一个良好的环境，最高管理者应建立质量方针和质量目标，确保关注消费者需求，确保建立和实施一个有效的质量管理体系，并随时将企业运行的结果和目标比较，根据情况决定实行质量方针、目标的措施，决定持续改进的措施，在领导作风上还要做到透明、务实和以身作则。

原则4:管理的系统方法。针对设定的目标，识别、理解并管理一个由相互关联的过程所组成的体系，有助于提高企业的有效性和效率。这种建立和实施质量管理体系的方法，既可用于新建体系，也可用于现有体系的改进。管理的系统方法有助于提供对过程能力及产品可靠性的信任;为持续改进打好基础;使消费者满意，最终使企业获取竞争优势。

原则5:过程方法。将相关的资源和活动作为过程进行管理，可以更高效地得到期望的结果。过程方法的原则不仅适用于某些简单的过程，也适用于由许多过程构成的过程网络。在应用于质量管理体系时，2008 版 ISO9000 标准建立了一个过程模式。此模式把管理职责、资料管理、产品实现，以及测量、分析和改进作为体系的四大主要过程，描述其相互关系，并以消费者要求为输入，提供给消费者的产品为输出，通过信息反馈来测定消费者的满意度，评价质量管理体系的业绩。

原则6:持续改进。质量的改进应该是一种持续的过程。并且通过质量的改进，可以提高生产率，降低生产成本，进而以较低的价格和较高的质量获得顾客满意，从而保持市场份额，为社会提供更多的工作岗位。在质量管理体系中改进是指产品质量、过程及体系有效性的提高，持续改进则包括了解现状、建立目标、寻找、评价和实施解决办法，测量、验证和分析结果，把更改纳入文件等活动。

原则7:基于事实的决策方法。对数据和信息的逻辑分析或知觉判断是有效决策的基础。以事实为依据，可防止决策失误。在对信息和资料做科学分析时，统计技术是最重要的工具之一。统计技术可用来测量、分析和说明产品与过程的变异性，统计技术能够为持续改进的决策提供依据。

原则8:互利双赢的供方关系。在互利双赢的基础上，增强企业与其供应方创造价值的努力。供应方提供的产品将对企业相消费者提供满意的产品产生重要影响，处理好与供应方的关系，将会影响到企业能否持续稳定地提供消费者满意的产品。对供应方不能只讲控制而不讲合作，特别是对关键供应方，更要注重双方间的彼此互利共赢。

ISO9000 标准的实施要求企业建立一整套全面的、完整的、详尽的、严格的有关质量管理和质量保障的规章制度和质量保障文件。这些规章制度和文件要求企业的组织机构、人员管理和培训、产品寿命周期质量控制活动都必须适应质量管理的需要。

7.4 ISO14000 简介

GB/T14000 - ISO14000 系列标准是指由国际标准化组织环境管理技术委员会(ISO/TC207)起草的，在自愿和国际间一致意见基础上制定的环境管理体系国际系列标准。ISO14000 系列标准是一套科学化、系统化、规范化的管理标准，是由最高管理者承诺与支持的，一个组织有计划、协调运作的管理活动，它通过有明确职责、义务的组织结构来贯彻落实，目的在于防止对环境的不利影响，环境管理体系是一项内部管理工具，旨在帮助组织实现自身设定的环境表现水平，并不断改进环境行为，以保证组织内部环境管理体系的不断完善和提高。ISO14000 主要由环境方针、规划、实施与运行、检查与纠正措施、管理评审五大要素组成，每个大要素又可分成若干个小要素，构成建立环境管理体系的基本要求。ISO14000 系列标准是通用的，既可以应用于制造业，也可用于服务业；既可用于公共部门，也可用于私营部门。它本身并没有规定环境保护的水平，而是指出了环境管理体系的要求。

1. ISO14000 环境管理系列标准

(1)ISO14001:2004《环境管理体系－规范与使用指南》

(2)ISO14010:1996《环境审核指南－通用原则》

(3)ISO14011:1996《环境审核指南－审核程序－环境管理体系审核》

(4)ISO14012:1996《环境审核指南－环境审核员资格要求》

(5)ISO14020:1998《环境标志和声明－通用原则》

(6)ISO14040:1997《生命周期分析－原则和指南》

(7)ISO14041:1998《生命周期分析－目标和范围界定 清单分析》

(8)ISO14050:1998《环境管理词汇》

(9)ISO 导则 64:1997《产品标准中环境因素导则》

其中，组织依据 ISO14001:2004《环境管理体系－规范与使用指南》建立环境管理体系（EMS），并通过第三方认证机构的认证已经成为打破国际绿色壁垒、进入欧美市场的准入证，并逐渐成为组织进行生产、经营活动及贸易往来的必备条件之一。

2. 实施 ISO14000 系列标准，须遵循的原则

原则 1:符合国际标准基本要求的原则。为与国际接轨，便于国际间相互认可，中国实施 ISO14000 系列标准，应当符合国际标准的基本要求，按国际标准规范操作程序。

原则 2:结合中国环境保护工作实际的原则。中国的环境保护工作与其他国家的环境保护工作有不少共同点，但也有自己的特点，应把中国现行的环境管理制度与国际标准结起来，只有这样才能有效地促进中国的环境保护工作。

原则 3:实行统一管理原则。环境保护工作涉及社会、经济的方方面面，政策性较强，对 ISO14000 系列标准的实施必须实行统一管理，方便企业。保证我国环境管理体系认证工作有序、健康发展。

原则 4:坚持积极、稳妥、适时、到位的原则。

3. ISO14000 系列标准的特点

(1)自愿性

ISO14001 标准明确规定“本标准只适用…有意愿的组织”，ISO14004 标准更具体地指出“本指南将以自愿使用为原则……”，因而可以肯定 ISO14000 系列标准时一个非强制性的标准，不要求每个组织都必须严格执行，建立、实施、申请认证环境管理体系，完全是组织的自愿行动，任何人不能强迫。

(2)管理性

该标准是通过建立一个管理体系，通过建立规章制度、操作程序，以规范组织行为，从而达到节约资源、控制污染的目的，它不是技术标准，也不规定各项指标定量化的极限值。

(3)预防性

环境方针要求组织要有预防污染的承诺。强调重在预防而非纠正活动。通过环境方针、目标指标、法律法规、建立并保持程序、审核、评审与各项技术、管理措施把污染消灭在过程中。预防污染的观念应贯穿社会经济、环境各个领域，强调把综合预防的环境策略应用于产品和生产过程中。主要途径有：

①原材料替代；

②能源替代；

③工艺设备更新；

④原材料循环使用；

⑤强化组织管理，减少跑冒滴漏；

⑥产品替代、更新，设计开发与环境友好的产品等。

⑷持续改进性

持续改进是环境管理体系的主要特点之一，是环境方针的一个重要要求，就是要求组织对持续改进做出承诺，其主要表现在标准不规定具体的环境表现，没有极限值要求，只强调对重要环境因素施加影响与控制，以求组织环保工作能够持续改进，好上加好。

⑸体系完整性

ISO14001 标准与其他标准的最大不同点就是把不以单一的环境要素、污染因子为对象，而是以组织的环境管理体系为对象。它特别注重体系的完整性和符合性，即体系是否运行良好、组织活动是否符合现行法律法规的要求；其行为是否与其承诺一致，组合的环境行为是否在改进。该标准体系的逻辑性非常强，一环扣一环，是一个自我控制、自我完善的体系。只要完整地实施体系要求，就会实现既定目标。

⑹广泛适用性

本标准的用户是全球商业、工业、政府和非营利性组织和其他用户，可以说是所有用户都适用。

⑺文件化

所有标准都应形成文件记录，以便于实施、检查、评估，并有可追溯性（查找原因、追求责任）。

4. ISO14000 的作用

⑴获取国际贸易的“绿色通行证”；

⑵增强企业竞争力，扩大市场份额；

⑶树立优秀企业形象；

⑷改进产品性能，制造“绿色产品”；

⑸改革工艺设备，实现节能降耗；

⑹污染预防，环境保护；

⑺避免因环境问题所造成的经济损失；

⑻提高员工环保素质；

⑼提高企业内部管理水平；

⑽减少环境风险，实现企业永续经营。

5. ISO14000 与 ISO9000 的区别

在越来越激烈的市场竞争当中，认证作为提高企业管理水平和信誉的一种手段，正在被越来越多的企业所接受。目前，我国为质量体系认证提供的依据标准主要有ISO9000、ISO14000等。

ISO9000标准是质量管理和质量保障的总称。我国等同采用的国家标准代号为GB/T19000标准。ISO标准总结了各工业发达国家在质量管理方面的先进经验，主要用于企业质量管理体系的建立、实施和改进，为企业在质量管理和质量保证方面提供指南。

ISO14000标准是环境管理体系系列标准总称。该系列标准发布于1996年，我国等同采用的国家标准代号是GB/T14000等。ISO14000标准是在人类无限制地消耗自然资源、破坏自然环境的情况下，规划从政府到企业所有组织的环境行为，为企业建立并保持环境管理体系提供指导，使企业采取污染预防和持续改进的手段，达到降低资源消耗、改善环境质量，走可持续发展道路的目的。其中，ISO14001《环境管理体系规范及使用指南》标准是环境管理体系认证所依据的标准。

ISO14001标准发布后，在欧美等国家和地区，引起强烈反响，政府部门和一些企业要求其合作单位或供货商必须通过ISO14001认证。为适应这一需要，国内的不少认证机构都已通过了环境认证认可机构批准，开始ISO14002标准的认证。

ISO14000与ISO9000既有共同点，又有显著区别：

(1)ISO14000与ISO9000具有共同的实施对象：在各类组织建立科学、规范和程序化的管理系统。

(2)两套标准的管理体系相似：ISO14000某些标准的框架、结构和内容参考了ISO9000中某些标准规定的框架、结构和内容。

ISO14000与ISO9000在内涵和承诺对象上不同，主要表现在：

(1)承诺对象不同：ISO9000标准的承诺对象是产品的使用者、消费者，它是按不同消费者的需要，以合同形式进行体现的。而ISO14000系列标准则是向相关方的承诺，受益者将是全社会，是人类的生存环境和人类自身的共同需要，这无法通过合同体现，只能通过利益相关方，其中主要是政府来代表社会的需要，用法律、法规来体现，所以ISO14000的最低要求是达到政府的环境法律、法规与其他要求。

(2)承诺的内容不同：ISO9000系列标准是保证产品的质量；而ISO14000系列标准则要求组织承诺遵守环境法律、法规及其他要求，并对污染预防和持续改进做出承诺。

(3)体系的构成模式不同：ISO9000的质量管理模式是封闭的，而环境管理体系则是螺旋上升的开放模式，要求体系不断地有所改进和提高。

(4)审核认证的依据不同：ISO9000标准是质量管理体系认证的根本依据；而环境管理体系认证除符合ISO14001外，还必须结合本国的环境法律、法规及相关标准，如果组织的环境行为不能满足国家要求，则难以通过体系的认证。

(5)对审核人员资格的要求不同：ISO14000系列标准涉及的是环境问题，面对的是如何按照本国的环境、法规、标准等要求保护生态环境，污染防治和处理的具体环境问题，故环境管理体系对组织有目标、指标的要求，因而从事ISO14000认证工作的人员必须具备相应的环境知识和环境管理经验，否则难以对现场存在的环境问题做出正确判断。

7.5 专家论质量管理

1. P. B. Crosby 的观点

P. B. Crosby 在 Quality Without Tears 一书中发表了著名的 14 点纲要：

(1)高层管理者的承诺；

(2)组织质量改进团队；

(3)质量检测；

(4)质量成本；

(5)质量意识；

(6)质量改进的行动；

(7)零缺陷运动的策划；

(8)教育与培训；

(9)零缺陷日；

(10)制定目标；

(11)消除产生错误的根源；

(12)表彰；

(13)质量委员会；

(14)重新开始。

2. H. J. Harrington 的观点

在 2002 年第八届亚太质量组织(APQO)会议上，美国质量协会前主席 H. J. Harrington 博士提出了全面改进管理(Totol Improvement Management)的思想和方法，分为五个层面，组成一个金字塔。

(1)第一层——方向。由五块基石组成:高层管理者的领导;经营计划;组织内环境的改进计划;关注外部顾客;质量管理体系。

(2)第二层——基本概念。由四块基石组成:管理层参与;团队建设;个人的卓越表现;供方关系。

(3)第三层——实现过程。由三块基石组成:过程突破;产品过程卓越;服务过程卓越。

(4)第四层——组织影响。由两块基石组成:测量过程;组织结构。

(5)第五层——奖励和认可。只有一块基石:奖励和认可。

另外，Harrington 著名的 5 个质量定律：

①天字第一号的问题是:顾客、顾客、顾客、顾客、顾客；

②盈利的诀窍是:质量、质量、质量、质量、质量；

③通向竞争胜利的步骤是:第 1 步，向顾客提供超过其期望的产品;第 2 步，回到第 1 步，但要做得更好；

④管理者在过程之上工作，员工在过程之中工作；

⑤今天要比昨天做得更好，明天要比今天做得更好。

3. W. E. Deming 的观点

1987 年 8 月在美国召开的 Deming 国际学术研讨会上，W. E. Deming 博士以“迎接挑战，摆脱危机”为题重点阐述了著名的 14 条质量管理要点：

(1)要使产品具有竞争力并占领市场，应把改进产品和服务质量作为长期目标；

(2)提倡新的质量观念；

(3)消除依赖大量检查来保证质量；

(4)采购、交易不应只注重价格；

(5)持续不断地改善生产和服务系统；

(6)实行更全面、更好的在职教育和培训；

(7)高层管理者的工作在于领导；

(8) 排除恐惧，让每个人都能有效工作；

(9)拆除部门壁垒；

(10)不搞流于形式的质量运动；

(11) 密切查核各项过程标准的效果；

(12)排除人们为其工作成果而自豪的障碍；

(13) 鼓励自我改进，实施有力的继续教育和培训计划；

(14)采取积极的行动推动组织的变革。

4. A. V. Feigenbaum 的观点

1998 年 A. V. Feigenbaum 在第三届上海国际质量研讨会(SISQ－3)上发表了“未来属于全面质量领先者”的演讲，把全面质量的发展归结为 10 项全面质量准则：

(1)质量是全公司范围的过程；

(2)质量是由顾客来评价的；

(3)质量和成本是相合的和统一的，而不是相斥的和矛盾的；

(4)质量成功要求个人和团队的热情和协作精神；

(5)质量是一种管理方法；

(6)质量与创新相互依赖；

(7)全面质量是一种道德规范；

(8) 质量要求不断地改进；

(9)全面质量是对提高生产率最有效的贡献者；

(10)质量是一联系顾客和供方的全面体系来实现的。

A. V. Feigenbaum 认为，这 10 项准则不是均等的，在某个阶段，其中的某几项是特别重要的。对于组织实践，A. V. Feigenbaum 认为，全面质量的成功在于系统地管理。离开系统的方法，组织难以取得持续的成功。A. V. Feigenbaum 提出:全面质量的有效在于“知识，在得到正确地应用的时候，才有力量”。

思考题：

1. 提高产品质量的意义是什么？
2. 什么是全面质量管理？主要特点是什么？
3. 什么是 PDCA 循环？主要步骤有哪些？
4. 简要阐述 ISO 9000 和 ISO14000。

【案例分析】

质量警钟－三鹿奶粉问题追踪

惨状与原因

新华网快讯：截至2008年9月15日8时，全国医疗机构共接诊、筛查食用三鹿牌婴幼儿奶粉的婴幼儿近万名，临床诊断患儿1253名，其中2名已死亡。

奶粉中含有三聚氰胺，导致婴儿肾结石，肾功能衰竭。

新华网石家庄9月15日电（记者董智永）在15日上午举行的河北省政府新闻发布会上，河北省公安厅新闻发言人史贵中就三鹿牌婴幼儿配方奶粉重大安全事故有关调查侦办进展情况进行了通报，称已有两名犯罪嫌疑人因涉嫌生产、销售有毒、有害食品罪被批捕。

向牛奶中掺加某种化工原料（三聚氰胺），可增加蛋白质检测指标，以蒙混过关。经过多方打听，耿某前往行唐县，在一家经营化工原料的门店里购买了一编织袋共20公斤三聚氰胺，按比例勾兑后从槽罐车的顶部掺入销往三鹿集团的牛奶中。

他本人清楚“三鹿集团要的是纯的鲜牛奶，不能掺任何东西，而且这些牛奶就是要加工给人吃的，化工原料不是人吃的东西”。

当被警方问及是否知道这种行为的后果时，耿某说：“没问过，也没想过，只知道对人体无益”，其动机就是能通过三鹿的检验，顺利地把牛奶卖出去。耿某同时承认，他本人和家人从不食用这种掺加了三聚氰胺的牛奶。

管理模式

三鹿集团原奶的来源主要有四种途径，一是牧场模式，即集中饲养百头以上奶牛统一采奶运送；二是奶牛养殖小区模式，就是由小区业主提供场地，奶农在小区内各自喂养自己的奶牛，由小区统一采奶配送；三是挤奶厅模式，由奶农各自散养奶牛，到挤奶厅统一采奶运送；四是以上三种方式交叉。

公司态度

新华网石家庄9月11日电（记者张洪河 巩志宏）连日来，甘肃、江苏、陕西等地出现数十名婴儿患肾结石的病例，各地质疑与食用三鹿奶粉有关。三鹿集团相关负责人表示，公司密切关注奶粉事件，全力配合有关部门调查。

三鹿集团传媒部相关人员接受记者采访时说，公司对此事非常关注，已派人赶赴相关地区了解情况，并积极配合相关部门进行调查，有最新的进展一定会及时向社会发布。

这位人员表示，三鹿集团是国内最大的奶粉生产企业，公司的产品经国家有关部门检测，均符合国家标准，目前尚没有证据表明食用奶粉与患肾结石有必然联系。

石家庄三鹿集团股份有限公司11日晚发布产品召回声明，称经公司自检发现2008年8月6日前出厂的部分批次三鹿婴幼儿奶粉受到三聚氰胺的污染，市场上大约有700吨。

为对消费者负责，三鹿集团公司决定立即对2008年8月6日以前生产的三鹿婴幼儿奶粉全部召回。

“三鹿牌婴幼儿配方奶粉”重大安全事故，给众多患儿及家属造成严重伤害，我们非常痛心！三鹿集团向你们表示最诚挚的道歉！……我公司郑重声明，对于8月6日以前生产的产品，我们全部收回，对8月6日以后生产的产品，如果消费者有异议、不放心，我们也将收回。同时，我们将不惜代价积极做好患病婴幼儿的救治工作。最后，再次向广大消费者和患病婴幼儿及家属真诚道歉!

管理部门

农业部从2008年9月15日起将先后派出6个督导组，分赴北京、河北、内蒙古、黑龙江、河南、新疆6个牛奶生产重点省(市)开展奶业生产调研督导工作。

重点围绕四个方面的主要内容开展调研:一是调研分析三鹿奶粉事件对产业的影响;二是了解原料奶和乳制品生产销售情况;三是了解奶站经营管理情况;四是了解奶牛饲料基本情况。

国务院办公厅关于废止食品质量免检制度的通知

各省、自治区、直辖市人民政府，国务院各部委、各直属机构:

为了保证食品质量安全，维护人民群众身体健康，国务院决定废止1999年12月5日发布的《国务院关于进一步加强产品质量工作若干问题的决定》(国发[1999]24号)中有关食品质量免检制度的内容。

各地区、各部门一定要切实加强领导，狠抓落实，严格履行职责，按照有关食品质量安全的法律、法规加强对食品质量安全的检验和监督检查，确保食品质量安全。

国务院办公厅

2008年9月18日国家质检总局发布公告称，鉴于山西古城乳业集团有限公司生产的“古城”牌乳粉、青岛圣元乳业有限公司生产的“圣元”牌乳粉、内蒙古伊利实业集团股份有限公司生产的“伊利”牌乳粉，部分批次产品发生三聚氰胺污染，为维护中国名牌产品声誉，国家质检总局决定撤销上述企业乳粉产品的中国名牌产品称号。

此次专项检查重点抽查检验了产品市场占有率达70%以上的蒙牛、伊利、光明、三元、雀巢等知名品牌企业生产的液态奶是否含有三聚氰胺。检验结果如下:

抽检蒙牛产品121批次，110批次未检出三聚氰胺，11批次检出三聚氰胺，检出值在0.8－7mg/kg;

抽检伊利产品81批次，74批次未检出三聚氰胺，7批次检出三聚氰胺，检出值在0.7－8.4mg/kg;

抽检光明产品93批次，87批次未检出三聚氰胺，6批次检出三聚氰胺，检出值在0.6－8.6mg/kg;

抽检三元产品53批次，53批次均未检出三聚氰胺;抽检雀巢产品7批次，7批次均未检出三聚氰胺。

被检查的其他406家企业生产的847批次的液态奶产品未检出三聚氰胺。党中央国务院对三鹿牌婴幼儿奶粉事件有关责任人员作出严肃处理。

根据国家处理奶粉事件领导小组事故调查组调查，三鹿牌婴幼儿奶粉事件是一起重大食品安全事件。依据《国务院关于特大安全事故行政责任追究的规定》、《党政领导干部辞职暂行规定》等有关规定，鉴于河北省省委常委、石家庄市委书记吴显国同志对三鹿牌奶粉事件负有领导责任，对事件未及时上报、处置不力负有直接责任，经党中央、国务院批准，免去吴显国同志河北省省委常委、石家庄市委书记职务;鉴于在多家奶制品企业部分产品含有三聚氰胺的事件中，国家质量监督检验检疫总局监管缺失，对此，局长李长江同志负有领导责任，同意接受李长江同志引咎辞去国家质量监督检验检疫总局局长职务的请求。

记者21日从国家质检总局获悉，质检总局近日发布公告，撤销蒙牛、伊利、光明三家企业液态奶产品中国名牌产品称号。

经调查，2007年12月以来，石家庄三鹿集团公司陆续接到消费者关于婴幼儿食用三鹿牌奶粉出现疾患的投诉。经企业检验，2008年6月份已发现奶粉中非蛋白氮含量异常，后确定其产品中含有三聚氰胺，有关问题仍在深入调查中。8月2日，三鹿集团公司向石家庄市政府做了报告。在2007年12月至2008年8月2日的8个月中，三鹿集团公司未向石家庄市政府和有关部门报告，也未采取积极补救措施，导致事态进一步扩大。三鹿集团公司主要负责人涉嫌犯罪已被刑事拘留，石家庄市政府2008年8月2日接到三鹿集团公司关于三鹿牌奶粉问题的报告后，虽然采取了一些措施，但直至9月9日才向河北省政府报告三鹿牌奶粉问题。调查表明，8月2日至9月8日的38天中，石家庄市委、市政府未就三鹿牌奶粉问题向河北省委、省政府做过任何报告，也未向国务院和国务院有关部门报告，违反了有关重大食品安全事故报告的规定。

三鹿丑闻审判结果

原董事长田文华等人审判持续14个小时

12月31日，2008年的最后一天。石家庄市中级人民法院对三鹿集团股份有限公司及田文华等4名原三鹿集团高级管理人员被控生产、销售伪劣产品案开庭审理，

石家庄市人民检察院认为，被告单位三鹿集团生产、销售含有三聚氰胺的奶制品，被告人田文华、王玉良、杭志奇、吴聚生分别对生产、销售含有三聚氰胺的婴幼儿配方奶粉、液态奶制品负有直接责任，是直接负责的主管人员，应当以生产、销售伪劣产品罪追究其刑事责任。

2009年1月22日，社会关注的三鹿系列刑事案件，分别在河北省石家庄市中级人民法院和无极县人民法院等4个基层法院一审宣判，其中原三鹿集团董事长田文华被判处无期徒刑，被告人张玉军、耿金平被判处死刑，其他18名被告人各获刑罚。

2009年3月26日，河北省高级人民法院对三鹿系列刑事案件作出二审裁定，依法维持一审对张玉军以危险方法危害公共安全罪判处死刑，剥夺政治权利终身的判决；对耿金平以生产、销售有毒食品罪判处死刑，剥夺政治权利终身，并处没收个人全部财产的判决。石家庄市中级人民法院受河北省高级人民法院委托宣判：原三鹿集团董事长田文华被维持原判。

其他部门领导处罚

河北省纪委、省监察厅决定给予 省农业厅原厅长刘大群记过的行政处分，

省农业厅原副厅长兼畜牧兽医局局长李忠文党内警告处分，省农业厅副厅长张钰警告的行政处分，

省农业厅畜牧草原处处长顾传学记大过的行政处分，省工商局局长钱晓钟记过的行政处分，省卫生厅副厅长高春秋警告的行政处分。

【拓展训练】

关于质量经济性的综述

质量问题实际上是一个经济问题，中国古老文化在创造质量(品质)这一词汇时，就为我们现在说文解字提供了佐证。质，上半部两个斤，意味"斤斤计较"，下部"贝"，通解为"钱"。也就是说质量对企业和顾客而言，都在"钱"即经济性上"斤斤计较"。质量经济性如从利益和成本两个方面考虑，就有：在利益方面考虑：对顾客而言，必须考虑减少费用、改进适用性、提高满意度和忠诚度；对企业而言，必须考虑安全性、购置费、运行费、保养费、等待损失和修理费以及可能的处置费用；在成本方面考虑：对顾客而言，必须考虑安全性、购置费、运

行费、保养费、停机损失和修理费以及可能的处置费用；对企业而言，必须考虑由识别顾客需要和设计中的缺陷，包括不满意的产品返工、返修、更换、重新加工、生产损失、担保和现场修理等发生的费用，以及承担产品责任和索赔风险等都是围绕经济性。

质量经济性分析是通过产品的质量、成本、利润之间关系的分析，研究在不同经营条件下经济的质量，以求得企业和社会最佳经济效益的方法。常常被简化称之为“质量经济分析”。质量经济性是人们获得质量所耗费资源的价值量的度量，在质量相同的情况下，耗费资源价值量小的，其经济性就好，反之就差。

质量经济性的概念分为狭义的质量经济性及广义的质量经济性两种情况，前者是指质量在形成过程中所耗费的资源的价值量，主要是产品的设计成本和制造成本及应该分摊的期间费用；后者是指用户获得质量所耗费的全部费用，包括质量在形成过程中资源耗费的价值量和在使用过程中耗费的价值量。这样，我们可以用单位产品成本和分摊的期间费用之和，来反映企业某种产品的狭义的质量经济性，而用价值工程中的(单位产品)寿命周期成本，来反映广义的质量经济性。

一、质量经济性的研究发展历程

早在1951年，质量管理专家朱兰博士在《质量控制手册》中提出了质量经济性的概念，将发生在不良品上的质量成本比喻为“矿中黄金”，明显的废品比喻为“水面冰山”。六十年代，费根堡姆在通用电气实施质量成本管理，并在《全面质量管理》中，阐述了质量成本是质量体系的经济基础，将质量成本的范围扩大到整个产品的寿命周期。

1961年美国质协成立了质量成本委员会。该委员会相继出版了一系列关于质量经济性的书籍、论文集以及相应的管理指南。近年来，美国质量管理协会将质量经济研究列为其会议的主要议题。这些工作极大地促进了质量经济的研究工作。

日本在翻译出版费根堡姆《全面质量管理》一书的同时，随之引入质量经济性概念，进而开展了一系列研究工作。质量管理专家田口玄一创立了“田口方法”，使产品设计过程的质量管理和工序质量控制与经济效益紧密相连。

自20世纪60年代以来，前苏联就十分重视从经济的角度研究产品质量问题，相关学者先后从产品的经济范畴论述了质量等理论问题，对于系统研究产品质量经济、经济效益的内在联系，具有一定的推动作用和启发意义。

随着对质分析研究的深入，对隐性成本说、ABC成本法、基于最大利润的优化质量成本、价格——质量关系等相关理论的分析日渐深入。

二、质量经济性分析的应用

1963年12月，美国国防部发布了MIL－Q－9858A《质量大纲要求》军用标准，将“质量成本”作为对许多政府承包商和分包商的一个要求。从而显著加深了对对质量成本重要性的认识。目前美国许多企业已经运用计算机建立了比较完善的质量成本数据收集、存储、分析、反馈系统，有些企业还对供应厂商的质量成本进行深入的调查研究，甚至分析质量问题所造成的公司信誉损失和用户损失。比如福特汽车公司、通用汽车公司、波音飞机公司、国际商用机器公司和国防部一些单位，不但建立了质量成本系统，而且大多数公司应用计算机进行质量成本的统计、核算和分析报告等处理工作，大大提高了工作效率和质量。

欧洲企业对质量成本的研究和推广持积极态度，普遍认为质量成本分析有两个功能：即可以验证质量费用的投资效果；可以揭露经营管理中的漏洞。英国电信业通过质量成本研究提出了一个新的、用来系统研究质量管理和产品相关成本的质量成本体系，有效地推动了英国质量成本应用的发展。法国控制技术协会的调查结果表明:(1)投入较多的预防成本可得到较低的总质量成本;(2)鉴定成本过高将导致总成本过高。其原因在于设置庞大的检验系统，用过多的最终检验来控制产品质量，将可能忽视对工序的控制;(3)企业规模对质量成本有一定影响，规模越大，质量成本越低。另外，波兰企业在应用质量经济性分析分析的同时，总结了应用中存在的问题:企业没有意识到进行质量经济性分析的重要性，只意识到高成本会带来高质量，但付出的成本远低于消除故障、返工花费的时间和费用。

日本企业普遍把质量成本信息列为内部机密，他们不仅在质量成本的实际应用中确实收到了良好的效果，而且在质量成本的理论研究上也有所突破。

上世纪80年代后期以来，质量成本的概念、方法作为ISO9000系列标准的重要组成部分在全球范围推行。1988年国际标准化组织最初发布的ISO9004标准把质量成本管理作为质量管理体系要素。ISO9004:2000标准中又提出了寿命周期成本分析。IEC300－3－3:1996《可信性管理》给出了寿命周期分析的内容，并将寿命周期成本作为可信性管理的有机组成部分。许多国家也发行了相应的标准，使质量经济性更加有效的在各国企业中进行推行。

第8章 工作流程管理

8.1 工作设计基础

8.1.1 工作设计的概念

工作设计是指为了有效地达到组织目标与满足个人需要而进行的工作内容、工作职能和工作关系的设计。也就是说，工作设计是一个根据组织及员工个人需要，规定某个岗位的任务、责任、权力以及在组织中工作的关系的过程。

8.1.2 工作设计的内容

1. 工作任务

工作设计要考虑工作是简单重复的，还是复杂多样的，工作要求的自主性程度怎样，以及工作的整体性如何。

2. 工作职能

工作职能指每项工作的基本要求和方法，包括工作责任、工作权限、工作方法以及协作要求。

3. 工作关系

工作关系指个人在工作中所发生的人与人之间的联系，谁是他的上级，谁是他的下级，他应与哪些人进行信息沟通等。

4. 工作结果

工作结果主要指工作的成绩与效果，包括工作绩效和工作者的反映。

5. 对工作结果的反馈

对工作结果的反馈主要指工作本身的直接反馈（如能否在工作中体验到自己的工作成果），和来自别人对所做工作的间接反馈（如能否及时得到同级、上级、下属的反馈意见）。

6. 任职者的反映

任职者的反映主要是指任职者对工作本身以及组织对工作结果奖惩的态度，包括工作满意度、出勤率和离职率等。

7. 人员特性

人员特性主要包括对人员的需要、兴趣、能力、个性等方面的了解，以及相应工作对人的特性要求等。

8. 工作环境

工作环境主要包括工作活动所处的环境特点、最佳环境条件及环境安排等。

一个好的工作设计可以减少单调重复性工作的不良效应，充分调动劳动者的工作积极性，也有利于建设整体性的工作系统。

8.1.3 工作设计的步骤

为了提高工作设计的效果，在进行工作设计时应按以下几个步骤来进行：

1. 需求分析

工作设计的第一步就是对原有工作状况进行调查诊断，以决定是否进行工作设计，应着重在哪些方面进行改进。一般来说，出现员工工作满意度下降、积极性较低、工作情绪消沉等情况，都是需要进行工作设计的表征。

2. 可行性分析

在确认工作设计之后，还应进行可行性分析。首先应考虑该项工作是否能够通过工作设计改善工作特征；从经济效益、社会效益上看，是否值得投资。其次应该考虑员工是否具备从事新工作的心理与技能准备，如有必要，可先进行相应的培训学习。

3. 评估工作特征

在可行性分析的基础上，正式成立工作设计小组负责工作设计，小组成员应包括工作设计专家、管理人员和一线员工，由工作设计小组负责调查、诊断和评估原有工作的基本特征，分析比较，提出需要改进的方面。

4. 制定工作设计方案

根据工作调查和评估的结果，由工作设计小组提出可供选择的工作设计方案，工作设计方案中包括工作特征的改进对策以及新工作体系的工作职责、工作规程与工作方式等方面的内容。方案确定后，可选择适当部门与人员进行试点，检验效果。

5. 评价与推广

根据试点情况及工作设计研究的效果进行评价。评价主要集中于三个方面：员工的态度和反应、员工的工作绩效、企业的投资成本和效益。如果工作设计效果良好，应及时在同类型工作中进行推广应用，在更大范围内进行工作设计。

8.1.4 工作设计的方法

工作设计的方法有多种，但其中心思想是工作丰富化，而工作丰富化的核心是激励的工作特征模型。

1. 工作专业化

工作专业化是一种传统的工作设计方法。它通过对动作和时间的研究，把工作分解为许多很小的单一化、标准化、专业化的操作内容和程序，并对工人进行培训和激励，使工作保持高效率。这种工作设计方法在流水线生产上应用最广泛。

2. 工作扩大化

工作扩大化的做法是扩展一项工作包括的任务和职责，但是这些工作与员工以前承担的工作内容非常相似，只是一种工作内容在水平方向上的扩展，不需要员工具备新的技能，所以，并没有改变员工工作的枯燥和单调。

3. 工作丰富化

工作丰富化是指在工作中赋予员工更多的责任、自主权和控制权。工作丰富化与工作扩大化、工作轮调都不同，它不是水平地增加员工工作的内容，而是垂直地增加工作内容。这样员工会承担更多的任务、更大的责任，员工有更大的自主权和更高程度的自我管理，还有对工作绩效的反馈。

4. 工作轮换

工作轮换是指在组织的不同部门或在某一部门内部调动雇员的工作。目的在于让员工积累更多的工作经验。

5. 工作特征再设计

工作特征再设计是一种人性化的设计方法，是指针对员工设计工作而非针对工作特征要求员工。它主要表现为充分考虑个人存在的差异性，区别地对待各类员工，以不同的要求把员工安排在合适于他们独特需求、技术、能力的环境中去。

6. 工作设计综合模型

无论是工作轮换、工作扩大化还是工作丰富化，都不应看作是解决员工不满的灵丹妙药，必须在职设计、人员安排、劳动报酬及其他管理策略方面进行系统考虑，以便使组织要求及个人需求获得最佳组合，从而最大限度地激发员工的积极性，有效实现企业目标。因此，在管理实践中，人们根据组织及员工的具体需要探索了工作设计的综合模型。工作设计的综合模型包括：工作设计的主要因素、绩效成果目标因素、环境因素、组织内部因素和员工个人因素等。综合模型的特点是：着重要求企业管理人员分析和评价在工作设计、规划发展和贯彻过程中许多环境变量可能产生的影响。

8.2 业务流程管理概述

8.2.1 业务流程管理的概念

业务流程管理（Business Process Management，BPM），是一套达成企业各种业务环节整合的全面管理模式。BPM 涵盖了人员、设备、桌面应用系统、企业级 Backoffice 应用等内容的优化组合，从而实现跨应用、跨部门、跨合作伙伴与客户的企业运作。BPM 通常以 Internet 方式实现信息传递、数据同步、业务监控和企业业务流程的持续升级优化。显而易见，BPM 不但涵盖了传统"工作流"的流程传递、流程监控的范畴，而且突破了传统"工作流"技术的瓶颈。BPM 的推出，是工作流技术和企业管理理念的一次划时代飞跃

8.2.2 业务流程管理产生的背景

企业现行经营管理模式大多源于 18 世纪亚当·斯密的"劳动分工原理"和 19 世纪泰勒的"制度化管理理论"，但进入 20 世纪 80 年代后，企业家和管理学家认为其存在分工过细、无人负责整个流程、组织机构臃肿、员工技能单一等问题。在这种背景下，20 世纪 90 年代初，美国著名企业管理大师、麻省理工学院教授迈克尔·汉默（Michael Hammer）先生提出了业务

流程管理理论，引发了新的管理革命浪潮。美国的一些大公司，如 IBM、通用汽车、福特汽车和 AT&T 等纷纷推行 BPM，试图利用它发展壮大自己。实践证明，这些大企业实施 BPM 以后，取得了巨大成功。

8.2.3 业务流程管理的优势

1. 节省时间与金钱

BPM 是提供业务流程建模、自动化、管理与优化的准则与方法。一个成功的 BPM 方案包括正确的商业领导和技术的组合，可以大幅缩短流程周期（有时高达 90%）和降低成本。这种效果在跨部门、跨系统和用户的流程中尤为突出。从技术的角度看，一个独立的 BPM 系统能够轻易地与现有的应用软件如 CRM、ERP 和 ECM 相集成，而无需重新设计整个系统。

2. 改善工作质量

除了节省时间和成本的优点外，已经实施 BPM 的企业也发现了其他几项关键优点。首先，可以大幅降低甚至消除造成企业损失的错误，如丢失表格和文件或错误存档、遗漏重要信息或必要审查。其次，显著改善流程的可视化程度，所有参与流程者不仅被授权了解自己在流程中的角色，而且确切地了解流程在任何时候的状态。第三，有了可视化，也就明确了职责，所有人都完全清楚什么时候应当完成哪些工作，不再有借口造成延误、误会或疏忽。最后，可提高一致性，公司内部和外部各方对工作都有明确的期望。结果使得员工、客户和合作伙伴都有了更高的满意度和向心力。

3. 固化企业流程

只要不是单个人独立完成全部工作的个人作坊性质，企业从它的诞生起，就存在着流程，并且随着企业的不断成长，其流程越来越多，越来越复杂。几乎每个企业都针对各类业务流程和事务流程有一套规章制度，随着管理的细化和规范化，企业的规章制度是越来越多，而执行这些规章制度的人却越来越坠入谜团中。可想而知，这些影响着企业生命的核心流程的执行效果会怎样了。

有些企业已经认识到了这点，甚至花巨资请专业的咨询公司来重新肃清流程、规划流程，但很多企业由于人的原因，如碍于情面、越级审批、不照章办事等，而造成应用的失败。企业业务流程管理系统就能在应用的初期阶段达到这样的首要应用目标，通过系统固化流程，把企业的关键流程导入系统，由系统定义流程的流转规则，并且可以由系统记录及控制工作时间，满足企业的管理需求及服务质量的要求，真正达到规范化管理的实质操作阶段。

4. 实现流程自动化

有人做过一个行为分析，发现一个流程的处理时间 90% 是停滞时间，真正有效的处理时间很短。并且在流程处理过程中需要人员去用“腿”、用“电话”等其他手段去推进，不仅耗时耗力，而且效果差，时时有跟单失踪或石沉大海的情况发生。通过业务流程管理系统，利用现有的成熟技术、计算机的良好特性，能很好地完成企业对这方面的需求，信息只有唯一录入口，系统按照企业需要定义流转规则，流程自动流转，成为企业业务流程处理的一个“不知疲倦”的帮手。

5. 实现团队合作

传统的职能式企业组织架构，自有它的应用范围和优势，但企业的很多流程不仅仅靠一个部门来完成，更多的是企业部门间的协同合作，特别是有些企业还存在着跨地域的合作，如采购流程，它涉及到生产部门、采购部门、库管部门、财务部门、商务部门、合同签署中的法律部门以及企业的高层管理部门。如果还以传统的职能部门的思维考虑流程，就可能患“近视眼”、注重部门利益忽视企业利益、重视部门上司的感觉忽视实效，并且还容易导致部门之间权责不清的灰色地带。而作为企业的业务流程存在着各业务部门的天然联系，其流畅的业务处理是需要各部门以企业的利益为最高利益，协同工作。业务流程管理系统以流程处理为面向，自动地串起各部门，即利用先进的互联网技术串起各地域，达到业务流程良好完成的目的，并且企业的很多高管人员的意识已远远超出一套业务流程管理系统，更多地希望凭借这样的系统，形成企业协同工作的团队意识，配合完成自己的企业文化。

6. 优化流程

流程在制定出来以后，没有人能保证这样的流程就是合理科学有效的，即使是当时合理科学有效的系统，由于我们身处的市场环境的变化、组织结构的随之变化、营销服务策略的随之变化，很难说能继续保持这种优势。一套好的业务流程管理系统不仅仅可以具备以上的诸多好处，而且随着流程的执行流转，系统能够以数据、直观的图形报表报告哪些流程制定得好，哪些流程需要改善，以便为决策者科学决策提供依据，而不是单靠经验，从而达到不断优化的目的。

7. 向知识型转变

企业老板经常环顾员工下班后空荡荡的办公室，自问我的企业还剩下什么，还值多少钱。而业务流程管理系统通过固化流程，让那些随着流程流动的知识固化在企业里，并且可以随着流程的不断执行和优化，形成企业自己的知识库，且这样的知识库越来越全面和深入，让企业向“有生命会呼吸”的知识型和学习型企业转变。如一个新进入公司的员工，他能够通过企业业务流程管理系统很快地熟悉企业及企业的业务处理，并且可以通过流程固化形成的知识库不断充实自己及提高处理流程的难度和水平。

8.2.4 业务流程管理与工作流程管理的区别

工作流程管理是指系统化地实现公司日常办公的工作流程审批和管理，包括行政、财务、人事、采购等审批流程，通过工作流程的信息化管理提高企业的工作效率。工作流程管理与业务流程管理的共同点，在于二者都强调通过过程控制来保证和提升企业管理的效益。但二者的差别却是本质上的，概括起来有以下四个方面：

1. 与企业价值的关系不同

工作流程管理仅仅是对完成某项工作的先后顺序进行的安排，并对每一步工作的标准、完成方式等作出具体的要求，它仅仅回答“如何完成工作”的问题，并不涉及这一工作与企业价值的实现有什么联系的问题。业务流程管理的业务二字直接把这一系列的活动与客户价值的满足及企业价值的增殖联系起来了，强调这种活动无论属于哪个层次的流程，属于流程上的哪个环节，其目标都是指向客户价值和企业价值的，是直接或间接地服务于企业存在和发展目标的营运活动中的一个活动。它所要解决的问题是“作什么”这样的方向性问题。

2. 流程活动标准要求的决定主体不同

工作流程管理是由工作的分派指令人确定其活动的内容、数量、质量、时间、地点的标准和要求，甚至连如何做也由工作分派人做了详细的限定。业务流程活动的标准和要求，直接由下游活动的主体提出，并在相互理解和认同的基础上确定，不存在谁强制性地把标准要求强加于谁的问题。也就是说，下游活动主体只能根据可能性与上游活动主体来共同确定其标准要求。二者是服务于同一目标——为客户价值提供满足，实现企业价值增殖。这种标准要求既是客户价值的具体化，也是企业现实实际的一种约束。

3. 活动考核标准不同

工作流程管理强调按照活动承担者所承担活动的标准要求来确定其绩效的好、坏和高、低，考核的参照系数是事先确定好的具体要求，包括数量、质量、时间、地点等方面。业务流程管理则强调按照流程的最终产出结果进行考核，并不仅仅盯住单个活动主体的活动成效，而是紧密结合流程的最终产出结果评价每一个流程活动承担人的绩效。单个活动主体的绩效好坏，虽然也要联系他所承担的活动完成情况，但这只是构成其绩效的一个部分，与他的活动相联系的整体效果是其必须考核的一个更重要的内容。

4. 活动主体相互之间的关系不同

在工作流程管理中，可能存在一个向他人发号施令的上司主管，使同一流程中的不同活动承担主体在地位和权力上不平等。但在业务流程管理中，活动承担者都是一种平等的关系，是下游活动主体向上游活动主体提出要求和指令，彼此之间也非常理解这种指令的含义和权威的来源根据。因而使流程活动的承担者相互之间能够实现一种平等、友好、团结、互助、尊重和关怀的关系。尽管流程存在高层与低层、上层与下层的区别，但这种区别已不再是等级意义上的。上层流程相对于下层流程，也就是下游流程，是下层流程根据上层流程的要求和指令行动，下层流程的结果是直接输给上层流程。上层流程在此也就是下游流程。上层流程的优先性不是来自于它的等级上的高低，而是来自于它与客户价值满足的关系在时序上更近，在作用上更大。

8.3 业务流程分析

8.3.1 业务流程分析的含义

业务流程分析是对业务功能分析的进一步细化，从而得到业务流程图即 TFD(Transaction Flow Diagram)，是一个反映企业业务处理过程的“流水账本”。业务流程分析的目的是形成合理、科学的业务流程。基于对现有业务流程的分析进行业务流程重组(BPR)，产生新的更为合理的业务流程。

8.3.2 业务流程分析的内容

根据组织对结构图和业务功能体系图的分析，可决定下一步重点调查的部门，然后对该部门的业务信息、业务流程等进行详细调查。流程分析的目的是了解各个业务流程的过程，明确各个部门之间的业务关系，明确每个业务处理的意义，为业务流程的合理化改造提供建议，为系统的数据流的变化提供依据。业务流程分析的内容主要包括:原有流程的分析，业务流程的优化，确定新的业务流程以及新系统的人机界面。

8.3.3 业务流程分析的步骤

业务流程分析是要将企业具体的业务活动过程(内容、步骤等)描述出来，并对此优化。

1. 绘制各部门的业务流程图；

2. 与各部门业务人员讨论业务流程图是否符合实际情况；

3. 分析业务流程中存在的问题(有无不合理的流程/环节)；

4. 与各部门业务人员讨论，提出改进方案；

5. 将新业务流程图提交决策者，以便确定合理的、切合实际的业务流程。

8.3.4 业务流程的调查

1. 系统环境调查

系统环境调查包括现行系统的管理水平，原始数据的精确程度，规章制度是否齐全和切实可行，各级领导对开发新的MIS是否有比较清楚的认识，用户单位能否抽调出比较精通本行业管理业务、对本单位存在的问题有深刻了解而又热心于改革的工作人员。此外，还要调查原系统的设备情况。

2. 组织机构和职责的调查

调查中应详细了解各部门人员的业务分工情况和有关人员的姓名、工作职责、决策内容、存在问题和对新系统的要求等。

3. 功能体系的调查与分析

系统有一个总的目标，为了达到这个目标，必须完成各子系统的功能，而各子系统功能的完成，又依赖于下面各项更具体的功能来执行。功能体系调查的任务，就是要了解或确定系统的这种功能构造。

4. 管理业务流程的调查与分析

管理业务流程的调查与分析就是要弄清管理职能是如何在有关部门具体完成的，以及在完成这些职能时信息处理工作的一些细节情况。

8.3.5 企业信息化对业务流程分析的价值

企业的效能离不开对企业的业务流程进行分析，企业信息化是企业进行业务流程重组最为重要的手段，从企业的业务流程角度来对企业进行研究是有效而且必须的。无论企业实现信息化还是进行业务流程重组的目标都是一致的，提高企业各条价值链的效能是根本所在。

应该看到业务流程重组的产生是社会化大生产中大工业规模化生产向信息化个性生产所带来的企业管理模式的变革，工业化大规模生产解决了生产效率问题，但其特征是将产业工人固化到流水线上，企业管理链条便被层层管理阶层拉成长长的一条，导致企业行为钝化。企业信息化在业务流程上的贡献价值包括：

1. 建立更高效的决策体系

在企业员工能充分分享信息的情况下，就能制定出更细化的业务规则，使决策点降低，反应速度更快。

2. 提高企业的执行效率

通过信息系统能更快速地下达生产指令、物流调配指令，以及进行复杂的计划运算，从而达成提高产能、降低成本的目的。

3. 提升业务流程链的价值

信息化系统能支持业务流程的重组，提升流程链的价值。完成信息化系统之后，流程链可以被延伸更广的范围，个体行为对企业流程的价值能得到更好的利用。

4. 提升管理核心的通畅性

企业管理核心包括物流、信息流和资金流，在信息技术的帮助下这些流动才能更为顺畅。在研究中，应该深入分析企业在信息化过程之后，这些管理因素是否更为清晰明朗。

8.4 业务流程再造

业务流程再造最早由美国的 Michael Hammer 和 Jame Champy 提出，在 20 世纪 90 年代达到了全盛的一种管理思想。强调以业务流程为改造对象和中心、以关心客户的需求和满意度为目标、对现有的业务流程进行根本的再思考和彻底的再设计，利用先进的制造技术、信息技术以及现代的管理手段、最大限度地实现技术上的功能集成和管理上的职能集成，以打破传统的职能型组织结构，建立全新的过程型组织结构，从而实现企业经营在成本、质量、服务和速度等方面的巨大改善。

8.4.1 业务流程再造的概念

BPR(Business Process Reengineering/Business Process Re－engineering/Business Process Re-design)译为业务流程再造或业务流程重组，该理论是当今企业和管理学界研究的热点。BPR 理论是 1990 年首先由美国企业管理大师迈克尔 汉默先生提出，美国的一些大公司，如 IBM、科达、通用汽车、福特汽车等纷纷推行 BPR，试图利用它发展壮大自己。实践证明，这些大企业实施 BPR 以后，取得了巨大成功。

关于 BPR 的定义有较多的提法，比如有的观点认为 BPR 就是对组织中及组织间的工作流程与程序的分析和设计；有的观点认为 BPR 是使用信息技术从根本上改变企业流程以达成主要企业目标的方法性程序；也有的观点认为 BPR 是对企业流程的基本分析与重新设计，以获取绩效上的重大改变。尽管观点的描述不尽相同，但它们的内涵是相似的，即 BPR 的实质是一个全新的企业经营过程(这里的企业经营过程是指为了达到某一经营目标而实施的一系列逻辑)，这个过程不受现有部门和工序分割的限制，以一种最简单、最直接的方式来设计企业经营过程，要面向经营过程设置企业的组织结构，以实现企业的重组。

因此，较全面的 BPR 定义应是指通过资源整合、资源优化，最大限度地满足企业和供应链管理体系高速发展需要的一种方法，它更多地体现为一种管理思想，已经远远超出了管理工具的价值，其目的是在成本、质量、服务和速度等方面取得显著的改善，使得企业能最大限度地适应以顾客、竞争、变化为特征的现代经营环境。

8.4.2 业务流程再造理论的产生背景

企业再造理论的产生有深刻的时代背景。20 世纪 60、70 年代以来，信息技术革命使企业的经营环境和运作方式发生了很大的变化，而西方国家经济的长期低增长又使得市场竞争日益激烈，企业面临着严峻挑战。有些管理专家用3C理论阐述了这种全新的挑战：在这种背景下，结合美国企业为挑战来自日本、欧洲的威胁而展开的实际探索，1993年哈默和钱皮出版了《再造企业》(Reengineering the Corpration)一书，书中认为："20年来，没有一个管理思潮能将美国的竞争力倒转过来，如目标管理、多样化、Z理论、零基预算，价值分析、分权、质量圈、追求卓越、结构重整、文件管理、走动式管理、矩阵管理、内部创新及一分钟决策等"。1995年，钱皮又出版了《再造管理》。哈默和钱皮提出，应在新的企业运行空间条件下，改造原来的工作流程，以使企业更适应未来的生存发展空间。这一全新的思想震动了管理学界，一时间"企业再造"、"流程再造"成为大家谈论的热门话题，哈默和钱皮的著作以极快的速度被大量翻译、传播。与此有关的各种刊物、演讲会也盛行一时，在短短的时间里该理论便成为全世界企业以及学术界研究的热点。

8.4.3 业务流程再造理论的基本框架

如今迫切需要建立企业流程再造的理论框架，研究企业流程再造的实施策略，包括开发流程分析模型及规范化程序，构造企业流程再造组织体系与管理结构等，这是指导企业流程再造项目成功实施的基础，也是理论走向成熟的需要。

企业流程再造框架包括了再造过程中的各个部分，主要包含以下几方面：一系列的指导原则；企业流程再造的过程(一系列的活动和它们的内部关系)；一系列的方法和工具，以及这些方法和工具在支持企业流程再造过程中的作用。企业流程再造框架涵盖了再造的重要环节，企业自己可以按照框架的内容顺利地完成企业流程再造过程。企业流程再造过程是框架的核心内容，包括组成过程的各个活动，以及活动之间的关系。企业流程再造原则是进行企业流程再造的指导思想，涵盖了管理学家的研究成果，以及各个实施企业流程再造厂家的实践经验。企业流程再造的方法和工具促进了企业流程再造的实践，为企业流程再造提供了具体的分析、设计和实施技术，确保企业流程再造的顺利进行。

8.4.4 业务流程再造理论的基本特点

1. 以客户为中心

全体员工以客户而不是以上司为服务中心，每个人的工作质量有顾客做出评价，而不是公司领导。

2. 企业管理面向业务流程

将业务的审核与决策点定位于业务流程执行的地方，缩短信息沟通的渠道和时间，从而整体提高对顾客和市场的反应速度。

3. 注重整体流程最优化的系统思想

按照整体流程最优化的目标重新设计业务流程中的各项活动，强调流程中每一个环节的活动尽可能地实现增值最大化，尽可能地减少无效的或非增值的活动。

4. 重视发挥每个人在整个业务流程中的作用

提倡团队合作精神，并将个人的成功与其所处的流程的成功当作一个整体来考虑。

5. 强调面向客户和供应商来整合企业业务流程

企业在实施BPR的过程中，不仅要考虑企业内部的的业务流程，还要对企业自身与客户、供应商组成的整个价值链的业务流程进行重新设计，并尽量实现企业与外部只有一个接触点，使企业与供应商的接口界面化、流程化。

6. 利用信息技术手段协调分散与集中的矛盾

在设计和优化企业业务流程时，强调尽可能利用信息技术手段实现信息的一次处理与共享机制，将串行工作流程改造成为并行工作流程，协调分散与集中之间的矛盾。

8.4.5 业务流程再造理论的核心内容

在 BPR 定义中，根本性、彻底性、戏剧性和业务流程成为备受关注的四个核心内容。

1. 根本性

根本性再思考表明业务流程重组所关注的是企业核心问题，如“我们为什么要做现在这项工作”、“我们为什么要采用这种方式来完成这项工作”、“我们为什么必须由我们而不是别人来做这份工作”等等。通过对这些企业运营最根本性问题的思考，企业将会发现自已赖以生存或运营的商业假设是过时的，甚至是错误的。

2. 彻底性

彻底性再设计表明业务流程重组应对事物进行追根溯源。对自己已经存在的事物不是进行肤浅的改变或调整性修补完善，而是抛弃所有的陈规陋习，并且不需要考虑一切已规定好的结构与过程，创新完成工作的方法，重新构建企业业务流程，而不是改良、增强或调整。

3. 戏剧性

戏剧性改善表明业务流程重组追求的不是一般意义上的业绩提升或略有改善、稍有好转等，而是要使企业业绩有显著的增长、极大的飞跃和戏剧性的变化，这也是流程重组工作的特点和取得成功的标志。

4. 业务流程

业务流程重组关注的要点是企业的业务流程，并围绕业务流程展开重组工作。业务流程是指一组共同为顾客创造价值而又相互关联的活动。哈弗商学院的 Michael Porter 教授将企业的业务流程描绘为一个价值链。竞争不是发生在企业与企业之间，而是发生在企业各自的价值链之间，只有对价值链的各个环节——业务流程进行有效管理的企业，才有可能真正获得市场。

8.4.6 业务流程再造的主要程序

企业“再造”就是重新设计和安排企业的整个生产、服务和经营过程，使之合理化。通过对企业原来生产经营过程的各个方面、每个环节进行全面的调查研究和细致分析，对其中不合理、不必要的环节进行彻底的变革。在具体实施过程中，可以按以下程序进行。

1. 对原有流程进行全面的功能和效率分析，发现其存在问题

一般地说，原来的作业程序是与过去的市场需求、技术条件相适应的，并由一定的组织结构、作业规范作为其保证的。当市场需求、技术条件发生的变化使现有作业程序难以适应时，作业效率或组织结构的效能就会降低。因此，必须从以下方面分析现行作业流程的问题：

(1)功能障碍。随着技术的发展，技术上具有不可分性的团队工作(TNE)，个人可完成的工作额度就会发生变化，这就会使原来的作业流程或者支离破碎增加管理成本、或者核算单位太大造成权责利脱节，并会造成组织机构设计的不合理，形成企业发展的瓶颈。

(2)重要性。不同的作业流程环节对企业的影响是不同的。随着市场的发展，顾客对产

品、服务需求会发生变化，作业流程中的关键环节以及各环节的重要性也在变化。

⑶可行性。根据市场、技术变化的特点以及企业的现实情况，分清问题的轻重缓急，找出流程再造的切入点。为了对上述问题的认识更具有针对性，还必须深入现场，具体观测、分析现存作业流程的功能、制约因素以及存在的关键问题。

2. 设计新的流程改进方案，并进行评估

为了设计更加科学、合理的作业流程，必须群策群力、集思广益和鼓励创新。在设计新的流程改进方案时，可以考虑：

⑴将如今的数项业务或工作组合，合并为一；

⑵工作流程的各个步骤按其自然顺序进行；

⑶给予职工参与决策的权利；

⑷为同一种工作流程设置若干种进行方式；

⑸工作应当超越组织的界限，在最适当的场所进行；

⑹尽量减少检查、控制、调整等管理工作；

⑺设置项目负责人(Case manager)。

对于提出的多个流程改进方案，还要从成本、效益、技术条件和风险程度等方面进行评估，选取可行性强的方案。

3. 制定与流程改进方案相配套的改进规划

制定与流程改进方案相配套的组织结构、人力资源配置和业务规范等方面的改进规划，形成系统的企业再造方案。企业业务流程的实施，是以相应组织结构、人力资源配置方式、业务规范、沟通渠道甚至企业文化作为保证的，所以，只有以流程改进为核心形成系统的企业再造方案，才能达到预期的目的。

4. 组织实施与持续改善

实施企业再造方案，必然会触及原有的利益格局。因此，必须精心组织，谨慎推进。既要态度坚定，克服阻力，又要积极宣传，形成共识，以保证企业再造的顺利进行。企业再造方案的实施并不意味着企业再造的终结。在社会发展日益加快的时代，企业总是不断面临新的挑战，这就需要对企业再造方案不断地进行改进，以适应新形势的需要。

8.4.7 业务流程再造的主要方法

BPR作为一种重新设计工作方式、设计工作流程的思想，是具有普遍意义的，但在具体做法上，必须根据本企业的实际情况来进行。美国的许多大企业都不同程度地进行了BPR，其中一些主要方法有：

1. 合并相关工作或工作组

如果一项工作被分成几个部分，而每一部分再细分，分别由不同的人来完成，那么每一个人都会出现责任心不强、效率低下等现象。而且，一旦某一环节出现问题，不但不易于查明原因，更不利整体的工作进展。在这种情况下，企业可以把相关工作合并或把整项工作都由一个人来完成，这样，既提高了效率，又使工人有了工作成就感，从而鼓舞了士气。如果合并后的工作仍需几个人共同担当或工作比较复杂，则成立团队，由团队成员共同负责一项从头到尾的工作，还可以建立数据库、信息交换中心来对工作进行指导。在这种工作流程中，大家一起拥有信息，一起出主意、想办法，能够更快更好地做出正确判断。

2. 工作流程的各个步骤按其自然顺序进行

在传统的组织中，工作在细分化了的组织单位间流动，一个步骤未完成，下一步骤开始不了，这种直线化的工作流程使得工作时间大为加长。如果按照工作本身的自然顺序，是可以同时进行或交叉进行的。这种非直线化工作方式可大大加快工作速度。

3. 根据同一业务在不同工作中的地位设置不同的工作方式

传统的做法是，对某一业务按同一种工作方式处理，因此要对这项业务设计出在最困难、最复杂的工作中所运用的处理方法，把这种工作方法运用到所有适用于这一业务的工作过程中。这样做，存在着很大费用，因此，可以根据不同的工作设置出对这一业务的若干处理方式，这样就可以大大提高效率，也使工作变得简捷。

4. 模糊组织界线

在传统的组织中，工作完全按部门划分。为了使各部门工作不发生摩擦，又增加了许多协调工作。因此 BPR 可以使严格划分的组织界线模糊甚至超越组织界线。如 P&G 根据超级市场信息网传送的销售和库存情况，决定什么时候生产多少、送货多少，并不一味依靠自己的销售部门进行统计，同样，这也就避免了很多协调工作。

思考题：

简述企业业务流程再造的基本思想。

以劳动分工和职能专业化为基础进行组织部门划分存在什么问题？

实施业务流程再造的障碍有哪些？

业务流程再造的方法有哪些？

尽可能地列出从其他材料中看到的业务流程再造的实施技术和方法。

【案例分析】

惠普公司（HP）的人事管理改革

惠普公司的人事管理部原来由分散在 50 多个分公司和 120 个销售办事处的 50 多个分支机构组成，下设的各个分支机构没有人事决策权，用人申请必须经过总公司的裁定。低层经理如果要招聘人员，需要自下而上，层层申请，自上而下层层批复，通过贯穿于公司的整套机构才能完成，互不了解彼此的需要。这种效率低下的人事工作流程不仅对应聘者而言太繁琐，而且对于需要用人的经理而言也难以忍受。为此，HP 的人事管理改革首先着眼于员工的求职过程，设立专门的招聘系统（EMS），由“应聘响应中心”同意接受申请人的人事材料，经过初步处理后，发往美国各地的 HP 人事部门，人事信息就可以通过 EMS 得到共享，并且可以获得快捷的服务。以此为开端的 HP 人事管理部改革，为 HP 的人事工作带来了巨大的效益。1990 年 ~1995 年，HP 公司减少人员 1/3，调整人员比例（人事工作者人数/总员工数）从 1/53 降到 1/75。根据 HP 人事副总裁称，仅仅人员减少一项，每年就为公司节省约 5000 万美元，同时大大提高了服务质量，显示了明快、高效的工作作风。

【拓展训练】

参观一个工厂，了解其业务流程，指出其需要改进的地方，然后设计出新的业务流程，并进行分析比较。

第 9 章　项目管理

9.1　项目管理概述

9.1.1 项目管理的概念

项目管理是项目的管理者，在有限的资源约束下，运用系统的观点、方法和理论，对项目涉及的全部工作进行有效地管理。即从项目的投资决策开始到项目结束的全过程进行计划、组织、指挥、协调、控制和评价，以实现项目的目标。

按照传统的做法，当企业设定了一个项目后，参与这个项目的至少会有好几个部门，包括财务部门、市场部门、行政部门等等，而不同部门在运作项目过程中不可避免地会产生摩擦，须进行协调，而这些无疑会增加项目的成本，影响项目实施的效率。而项目管理的做法则不同。不同职能部门的成员因为某一个项目而组成团队，项目经理则是项目团队的领导者，他们所肩负的责任就是领导团队准时、优质地完成全部工作，在不超出预算的情况下实现项目目标。项目的管理者不仅仅是项目执行者，他参与项目的需求确定、项目选择、计划直至收尾的全过程，并在时间、成本、质量、风险、合同、采购、人力资源等各个方面对项目进行全方位的管理，因此项目管理可以帮助企业处理需要跨领域解决的复杂问题，并实现更高的运营效率。

9.1.2 项目管理的产生和发展

在冷战的史普托尼克（苏联的第一颗人造卫星）危机之前，项目管理还没有用作一个独立的概念。在危机之后，美国国防部需要加速军事项目的进展以及发明完成这个目标的新的工具（模型）。在 1958 年，美国发明了计划评估和审查技术（PERT）。与此同时，杜邦公司发明了一个类似的模型称为关键路径方法（CPM）。PERT 后来被工作分解结构（WBS）所扩展。军事任务的这种过程流和结构很快传播到许多私人企业中。

随着时间的推移，更多的指导方法被发明出来，这些方法可以用于形式上精确地说明项目是如何被管理的。这些方法包括项目管理知识体系（PMBOK）、个体软件过程（PSP）、团队软件过程（TSP）、IBM 全球项目管理方法（WWPMM）和 PRINCE2。这些技术试图把开发小组的活动标准化，使其更容易地预测、管理和跟踪。

关键链是传统的关键路径方法的最新扩充。项目管理的批判性研究发现；许多基于PERT的模型不适合今天的多项目的公司环境。这些模型大多数适合于大规模、一次性、非常规的项目中。而当代管理中所有的活动都用项目术语表达。所以，那些持续几个星期的“项目”（更不如说是任务）使用复杂的模型在许多情形下会导致不必要的代价和较低的操作性。因此，项目识别不同的轻量级的模型，比如软件开发的极限编程和Scrum技术。为其他类型项目而进行的极限编程方法的一般化被称为极限项目管理。

9.1.3 项目管理的内容

1. 项目范围管理

项目范围管理是为了实现项目的目标，对项目的工作内容进行控制的管理过程，它包括范围的界定、范围的规划、范围的调整等。

2. 项目时间管理

项目时间管理是为了确保项目最终按时完成的一系列管理过程，它包括具体活动的界定，如活动排序、时间估计、进度安排及时间控制等项工作。

3. 项目成本管理

项目的成本管理是为了保证完成项目的实际成本、费用不超过预算成本、费用的管理过程，它包括资源的配置，成本、费用的预算以及费用的控制等项工作。

4. 项目质量管理

项目质量管理是为了确保项目达到客户所规定的质量要求所实施的一系列管理过程，它包括质量规划、质量控制和质量保证等。

5. 项目人力资源管理

项目人力资源管理是为了保证所有项目关系人的能力和积极性都得到最有效的发挥和利用所做的一系列管理措施，它包括组织的规划、团队的建设、人员的选聘和项目的班子建设等一系列工作。

6. 项目沟通管理

项目沟通管理是为了确保项目信息的合理收集和传输所需要实施的一系列措施，它包括沟通规划、信息传输和进度报告等。

7. 项目风险管理

项目风险管理涉及可能遇到的各种不确定因素，它包括风险识别、风险量化、制定对策和风险控制等。

8. 项目采购管理

项目采购管理是为了从项目实施组织之外获得所需资源或服务所采取的一系列管理措施，它包括采购计划、采购与征购、资源的选择以及合同的管理等项目工作。

9. 项目集成管理

项目集成管理是指为确保项目各项工作能够有机地协调和配合所展开的综合性和全局性的项目管理工作和过程，它包括项目集成计划的制定与实施、项目变动的总体控制等。

9.1.4 项目管理的三要素

项目管理中，最重要的是质量、进度与成本三要素。

1. 质量

质量是项目成功的必需与保证，质量管理包含质量计划、质量保证与质量控制。

2. 进度

进度管理是保证项目能够按期完成所需的过程。在一种大的计划指导下，各参与建设的单位编制自己的分解计划，才能保证工程的顺利进行。

3. 成本

成本管理是保证项目在批准的预算范围内完成项目的过程，包括资源计划的编制、成本估算、成本预算与成本控制。

9.1.5 项目管理的形式

1. 设置项目管理的专门机构，对项目进行专门管理

项目的规模庞大、工作复杂、时间紧迫；项目的不确定因素多，有很多新技术、新情况和新问题需要不断研究解决；而且，项目实施中涉及部门和单位较多，需要相互配合、协同攻关。因而，对此应单独设置专门机构，配备一定的专职人员，对项目进行专门管理。

2. 设置项目专职管理人员，对项目进行专职管理

有些项目的规模较小，工作不太复杂，时间也不太紧迫，项目的不确定因素不多，涉及的单位和部门也不多，但前景不确定，仍需要加强组织协调，对于这样的项目，可只委派专职人员进行协调管理，协助企业的有关领导人员对各有关部门和单位分管的任务进行联系、督促和检查，必要时，也可以为专职人员配备助手。

3. 设置项目主管，对项目进行临时授权管理

有些项目的规模、复杂程度、涉及面和协调量介于上述两种情况之间，对于这样的项目，设置专门机构必要性不太大，设置项目专职人员又担心人员少，力量单薄难于胜任，或会给企业有关领导人增加不必要的管理量，可以把第一种形式的设置专门机构由指定主管部门来代替，可以把第二种形式设置专职协调人员由项目主管人员来代替，并临时授与相应权力，主管部门或主管人员在充分发挥原有职能作用或岗位职责的同时，全权负责项目的计划、组织与控制。

4. 设置矩阵结构的组织形式，对项目进行综合管理

所谓“矩阵”，是借用数学中的矩阵概念把多个单元按横行纵列组合成矩形。矩阵结构就是由纵横两套管理系统组成的矩形组织结构。一套是纵向的部门职能系统，另一套是由项目组成的横向项目系统。将横向项目系统在运行中与纵向部门职能系统两者交叉重叠起来，就组成一个矩阵。

在矩阵结构组织中的每一个成员要接受两个方面的领导，即一方面在日常工作中接受本部门的垂直领导，另一方面在执行项目任务时接受项目主管部门和项目主管的领导，一旦该项目任务完成，就不再接受项目主管部门和项目主管人的领导。矩阵结构组织形式使一个职工在一定的时间内同时从属几个不同的领导部门，因此它具有双重性和多重性。同时它又把原来垂直领导系统中的不同专业人员为完成某一项目任务而集中起来，一方面增强了力量，

另一方面也有利于调动其积极性，确保项目任务的完成。矩阵结构组织形式的优点是:加强了各职能部门的横向业务联系，便于相互协调，具有较大的适应性;便于集中各种专门人员的知识和技能，迅速完成某一项目任务，提高了管理的有效性;在保持了企业职能系统相对稳定的前提下，增强了管理组织的灵活性。

9.1.6 项目管理的过程

项目管理可分为五个过程组，每个过程组的主要目标为:

1. 启动过程组

在启动过程组，明确并核准项目或项目阶段。

2. 规划过程组

在规划过程组，确定和细化目标，并为实现项目目标和完成项目要解决的问题范围而规划必要的行动路线。

3. 执行过程组

在执行过程组，协调人与其他资源以实施项目管理计划。

4. 监控过程组

在监控过程组，定期测量并监控绩效情况，发现偏离项目管理计划之处，以采取纠正措施来实现项目的目标。

5. 收尾过程组

在收尾过程组，正式验收产品、服务或成果，并有条不紊地结束项目或项目阶段。项目管理的过程组包括以各自的依据和成果相互联系的项目管理子过程，也就是说，一个过程的结果或成果变成了另一个过程的依据。

9.1.7 项目管理的方法与步骤

项目管理的方法，按管理目标划分，有进度管理、质量管理、成本管理、安全管理、现场管理五种方法;按管理的量性分类，有定性、定量和综合管理三种方法;按管理的专业性质分类，有行政管理、经济管理、技术管理和法律管理方法等。项目管理方法的应用，必须有合理的应用步骤:

第一步，研究管理任务，明确其专业要求和管理方法应用目的。

第二步，调查进行该项管理所处的环境，以便对选择管理方法提供决策依据。

第三步，选择适用、可行的管理方法。选择的方法要专业对路，能实现任务目标，且条件允许。

第四步，对所选方法在应用中可能遇到的问题进行分析，找出关键，制定保证措施。

第五步，在实施选用方法的过程中加强动态管理，解决矛盾，使之产生实效。

第六步，在应用过程结束后，进行总结，以提高管理方法的应用水平。

9.2 项目管理的进度控制

9.2.1 项目管理进度控制的概念

进度控制是采用科学的方法确定进度目标，编制进度计划与资源供应计划，进行进度控制，在与质量、费用、安全目标协调的基础上，实现工期目标。由于进度计划实施过程中目标明确，而资源有限，不确定因素多，干扰因素多，这些因素有客观的、主观的，主客观条件的不断变化，计划也随着改变，因此，在项目施工过程中必须不断掌握计划的实施状况，并将实际情况与计划进行对比分析，必要时采取有效措施，使项目进度按预定的目标进行，确保目标的实现。进度控制管理是动态的、全过程的管理，其主要方法是规划、控制、协调。

9.2.2 项目管理进度控制的规划

1. 编制进度计划

编制进度计划前要进行详细的项目结构分析，系统地剖析整个项目结构构成，包括实施过程和细节，系统规则地分解项目。项目结构分解的工具是工作分解结构 WBS 原理，它是一个分级的树型结构，是将项目按照其内在结构和实施过程的顺序进行逐层分解而形成的结构示意图。通过项目 WBS 分解做到将项目分解到相对独立的、内容单一的和易于成本核算与检查的项目单元，做到明确单元之间的逻辑关系与工作关系，到每个单元具体地落实到责任者，并能进行各部门、各专业的协调。进度计划编制的主要依据是:项目目标范围、工期的要求、项目特点、项目的内外部条件、项目结构分解单元、项目对各全等目标相协调，充分考虑客观条件和风险预计，确保项目目标的实现。进度计划编制的主要工具是网络计划图和横道图，通过绘制网络计划图，确定关键路线和关键工作。根据总进度计划，制定出项目资源总计划、费用总计划，把这些总计划分解到每年、每季度、每月、每旬等各阶段，从而进行项目实施过程的依据与控制。

2. 成立进度控制管理小组

成立以项目经理为组长，以项目副经理为常务副组长，以各职能部门负责人为副组长，以各单元工作负责人、各班组长等为组员的控制管理小组。小组成员分工明确，责任清晰;定期、不定期召开会议，严格执行讨论、分析、制定对策、执行、反馈的工作制度。

3. 制定控制流程

控制流程运用了系统原理、动态控制原理、封闭循环原理、信息原理、弹性原理等。编制计划的对象由大到小，计划的内容从粗到细，形成了项目计划系统;控制是随着项目的进行而不断进行的，是个动态过程;由计划编制到计划实施、计划调整再到计划编制这么一个不断循环过程，直到目标的实现;计划实施与控制过程需要不断地进行信息的传递与反馈，也是信息的传递与反馈过程;同时，计划编制时也考虑到各种风险的存在，使进度留有余地，具有一定的弹性，进度控制时，可利用这些弹性，缩短工作持续时间，或改变工作之间的搭接关系，确保项目工期目标的实现。

9.2.3 项目管理进度控制的实施

每项工作开始之前，控制管理小组组长即项目经理组织相关人员，运用头脑风暴法，结合各成员各自的工作经验对潜在的、可能影响到各工作目标实现的各种因素进行预见性分析、研究和归纳，并制定出解决措施，责任到人落实实施。

1. 影响因素及其对策

影响项目管理进度控制的因素主要有人、料、机、工艺、环境、资金等方面，例如：

影响因素一：业主、设计、公司等相应各级部门的各项工作及要求。

对策措施：部门完成征地、设计变更等政府性、审批性工作；及时汇报工作进展；汇报碰到的困难。

影响因素二：人为各种有意识、无意识的干扰；参与施工各方的劳动积极性；人为各种有意识、无意识的干扰；参与施工各方的劳动积极性。

对策措施：各项设置项目职能部门，明确责任；加强合同、信息管理；加强团队建设、职工岗位培训、强化环保意识；与当地政府保安部门建立长期工作关系。

影响因素三：资源不能按计划供应，质量不能满足需要。

对策措施：加强供应商的管理，及时调整供货计划；现场严格控制质量避免返工。

影响因素四：不良的气候、不可预见的地质条件。

对策措施：超前探测及监控；加强与气象部门联系；加强安全教育和防护；制定风险应急方案。

影响因素五：施工安全。

对策措施：加强安全教育防护；制定各项施工应急方案。

2. 项目进度实施

计划要起到应有的效应，就必须采取措施，使之得以顺利实施，实施主要有组织措施、技术措施、经济措施和管理措施。组织措施包括落实各层次的控制人员、具体任务和工作责任；建立进度控制的组织系统，确定事前控制、事中控制、事后控制、协调会议、集体决策等进度控制工作制度；监测计划的执行情况，分析与控制计划执行情况等。经济措施包括实现项目进度计划的资金保证措施，资源及时供应的措施，实施激励机制。技术措施包括采取加快项目进度的技术方法。管理措施包括加强合同管理、信息管理、沟通管理、资料管理等综合管理，协调参与项目的各有关单位、部门和人员之间的利益关系，使之有利于项目进展。

3. 进度动态监测

项目实施过程中要对施工进展状态进行观测，掌握进展动态，对项目进展状态的观测通常采用日常观测和定期观测方法。日常观测法是指随着项目的进展，不断观测记录每一项工作的实际开始时间、实际完成时间、实际进展时间、实际消耗的资源、目前状况等内容，以此作为进度控制的依据。定期观测是指每隔一定时间对项目进度计划执行情况进行一次较为全面的观测、检查；检查各工作之间逻辑关系的变化，检查各工作的进度和关键线路的变化情况，以便更好地发掘潜力，调整或优化资源。

4. 进度分析比较和更新

进度控制的核心就是将项目的实际进度与计划进度不断地进行分析比较，并不断地进行

9.3.5 建立项目管理组织的要求

1. 适应项目的一次性特点，使生产要素的配置能够按项目的需要进行动态的优化组合，实现连续、均衡地施工。

2. 有利于建筑施工企业总体经营战略的实施。

面对复杂多变的市场竞争环境和社会环境，项目管理组织机构应有利于企业走向市场，提高企业任务招揽、项目估价和投标决策的能力。

3. 有利于企业内多项目间的协调和企业对各项目的有效控制。

4. 有利于合同管理，强化履约责任，有效地处理合同纠纷，提高企业的信誉。

5. 有利于减少管理层次，精干人员，提高办事效率，强化业务系统化管理。

9.3.6 项目管理的组织方法

1. 自己施工主体工程及粗装饰工程，其余工程全部分包。

2. 直接组织劳务承包全部工程施工。

3. 工程全部发包，发包方负责管理、监督、协调。

4. 分部分项承包，发包方负责管理、监督、协调。

9.4 网络计划技术概述

9.4.1 网络计划技术的概念

网络计划技术的基本模型是网络图。所谓网络图，是指“由箭线和节点组成的，用来表示工作流程的有向、有序网状图形”。所谓网络计划，是“用网络图表达任务构成，工作顺序，并加注工作时间参数的进度计划”。一般网络计划技术的表达形式网络图，有双代号网络图和单代号网络图两种。

9.4.2 网络计划方法的产生

网络计划方法起源于美国，是项目计划管理的重要方法。从1956年起，美国就有一些数学家和工程师开始探讨这方面的问题。1957年，美国杜邦化学公司首次采用了一种新的计划管理方法，即关键路线法(critical path method，CPM)，第一年就节约了100多万美元，相当于公司用于研究发展CPM所花费用的5倍以上。1958年，美国海军武器局特别规划室在研制北极星导弹潜艇时，应用了称为计划评审技术(program evaluation and review technique，PERT)的计划方法，使北极星导弹潜艇比预定计划提前两年完成。统计资料表明，在不增加人力、物力和财力的既定条件下，采用PERT就可以使进度提前15%～20%，成本节约10%～15%。网络计划方法在我国各类大型工程项目的管理中已经得到普遍应用。航天工程在型号研制和大型试验中较早地采用了网络计划方法，取得了很好的效果。

CMP和PERT是独立发展起来的计划方法，在具体做法上有不同之处。CPM假定每一活动的时间是确定的，而PERT的活动时间基于概率估计；CPM不仅考虑活动时间，也考虑活动费用及费用和时间的权衡，而 PERT 则较少考虑费用问题；CPM 采用节点型网络图，而 PERT 则采用箭线型网络图。但两者所依据的基本原理基本相同，都是通过网络形式表达某个项目计划中各项具体活动的逻辑关系，现在人们就将其合称为网络计划技术。

9.4.3 网络计划技术的原理

网络计划技术(或称统筹法)的基本原理如下：

首先是把所要做的工作，哪项工作先做，哪项工作后做，各占用多少时间，以及各项工作之间的相互关系等运用网络图的形式表达出来。

其次是通过简单的计算，找出哪些工作是关键的，哪些工作不是关键的，并在原来计划方案的基础上，进行计划的优化，例如，在劳动力或其他资源有限制的条件下，寻求工期最短；或者在工期规定的条件下，寻求工程的成本最低，等等。

最后是组织计划的实施，并且根据变化了的情况，搜集有关资料，对计划及时进行调整，重新计算和优化，以保证计划执行过程中自始至终能够最合理地使用人力、物力，保证多快好省地完成任务。

9.4.4 网络计划技术的优点

网络计划技术具有以下优点：

1. 逻辑关系严格

它能充分反映工作之间的相互联系和相互制约关系，也就是说，工作之间的逻辑关系非常严格。

2. 能动态表达计划

它能告诉我们各项工作的最早可能开始、最早可能结束、最迟必须开始、最迟必须结束、总时差、局部时差等时间参数，它所提供的是动态的计划概念；而横道图只能表示出工作的开始时间和结束时间，只提供一种静态的计划概念。

3. 容易区分关键工作与非关键工作

应用网络计划技术，可以区分关键工作和非关键工作。在通常的情况下，当计划内有 10 项工作时，关键工作只有 3 ~ 4 项，占 30% ~ 40%；有 100 项工作时，关键工作只有 12 ~ 15 项，占 12% ~ 15%；有 1000 项工作时，关键工作只有 70 ~ 80 项，占 7% ~ 8%；有 5000 项工作时，关键工作也只不过 150 ~ 160 项，占 3% ~ 4%；据说世界上曾经有过 10000 项工作的计划，其中关键工作只占 1% ~ 2%。因此，工程负责人和领导同志只要集中精力抓住关键工作，就能对计划的实施进行有效的控制和监督。

4. 容易进行方案的优化

应用网络计划技术可以对计划方案进行优化，即根据我们所追求的目标，得到最优的计划方案。

5. 网络计划技术是控制工期的有效工具

工程施工条件是千变万化的。网络计划技术能适应这种变化。采用网络计划，在不改变工作之间的逻辑关系，也不必重新绘图的情况下，只要收集有关变化的情报，修改原有的数据，经过重新计算和优化，就可以得到变化以后的新计划方案。这就改变了使用横道图计划遇到施工条件变化就束手无策、无法控制进度的状况。

6. 可以成为预付工程价款的依据

随着经济管理改革的发展，建设工程实行投资包干和招标承包制，在施工过程中对进度管理、工期控制和成本监督的要求也愈益严格。网络计划在这些方面将成为有效的手段。同时，网络计划可作为预付工程价款的依据。

7. 可以借助电子计算机进行精确计算

网络计划这种计划的新形式能够和先进的电子计算机技术结合起来，从计划的编制、优化到执行过程中的调整和控制，都可借助电子计算机来进行，从而为计划管理现代化提供了基础。

9.4.5 网络图的分类

按节点和箭线所代表的含义不同，可以把网络图分为双代号网络图和单代号网络图。双代号网络图又称箭线式网络图，它是以箭线及其两端节点的编号表示工作；同时，节点表示工作的开始或结束以及工作之间的连接状态。单代号网络图又称节点式网络图，它是以节点及其编号表示工作，箭线表示工作之间的逻辑关系。网络图中工作的表示方法如下图 9－1 和图 9－2 所示。

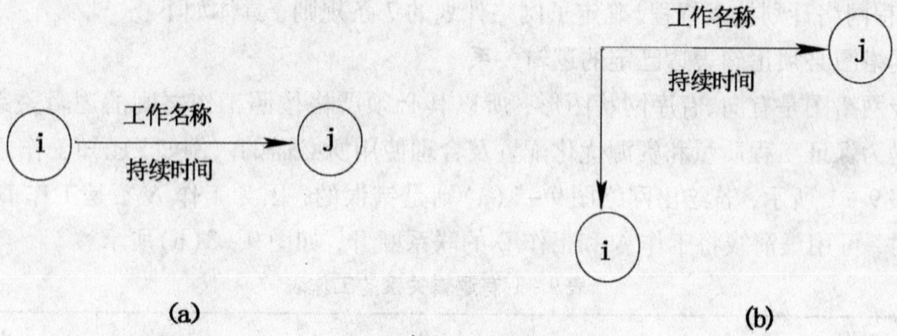

图 9－1　双代号网络图中工作的表示方法

图 9－2　单代号网络图中工作的表示方法

网络图中的节点都必须有编号，其编号严禁重复，并应使每一条箭线上箭尾节点编号小于箭头节点编号。在双代号网络图中，一项工作必须有唯一的一条箭线和相应的一对不重复出现的箭尾、箭头节点编号。因此，一项工作的名称可以用其箭尾和箭头节点编号来表示。而在单代号网络图中，一项工作必须有唯一的一个节点及相应的一个代号，该工作的名称可以用其节点编号来表示。

在双代号网络图中，有时存在虚箭线，虚箭线不代表实际工作，我们称之为虚工作。虚工作既不消耗时间，也不消耗资源。虚工作主要用来表示相邻两项工作之间的逻辑关系。但有时为了避免两项同时开始、同时进行的工作具有相同的开始节点和完成节点，也需要用虚工作加以区分。在单代号网络图中，虚拟工作只能出现在网络图的起点节点或终点节点处。

按工作持续时间是否依照计划时数长短比例绘制网络图，可相应区分为时标网络图和非时标网络图(或称标时网络图)。时标网络图还可以按照表示计划工期内各项工作活动的最早可能与最迟必须开始时间的不同，相应区分为早时标网络图和迟时标网络图。按照时标网络图分别与双代号或是单代号网络图形成的不同组合，时标网络图还可进一步区分为单代号与双代号时标网络图；

按是否在图中表示不同工作活动之间的各种搭接关系，如工作之间的开始到开始(STS)、开始到结束(STF)、结束到开始(FTS)、结束到结束(FTF)关系，网络图还可依次区分为搭接网络图和非搭接网络图。

在以上分类中，双代号与单代号网络图是网络图的两种基本形式。

9.4.6 网络图绘制的基本规则

《工程网络计划技术规程》确定了网络计划的7条规则，具体如下：

1. 网络图必须正确表达已定的逻辑关系

由于网络图是有向、有序网状图形，所以其必须严格按照工作之间的逻辑关系绘制，这同时也是为保证工程质量和资源优化配置及合理使用所必需的。例如，已知工作之间的逻辑关系如表9-1所示，若绘出网络图9-3(a)则是错误的，因为工作A不是工作D的紧前工作。此时，可用虚箭线将工作A和工作D的联系断开，如图9-3(b)所示。

表9-1 有逻辑关系的工作表

工作	A	B	C	D
紧前工作	—	—	A、B	B

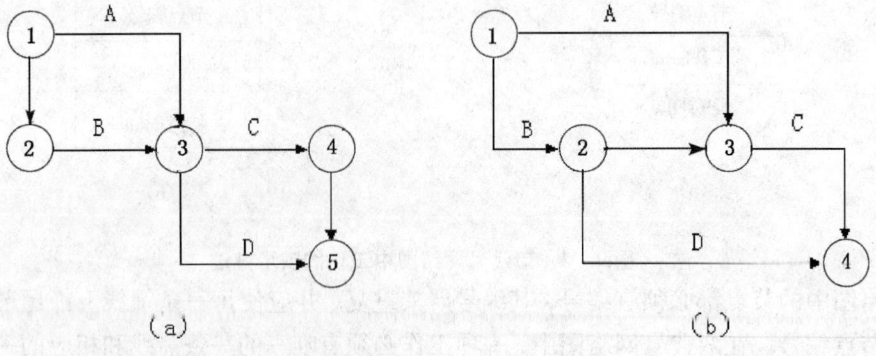

图9-3(a)、图9-3(b)

(a)错误画法；(b)正确画法

2. 在网络图上不得存在闭合回路

网络图中，严禁出现循环回路。网络图中严禁出现从一个节点出发，顺箭头方向又回到原出发点的循环回路。如果出现循环回路，会造成逻辑关系混乱，使工作无法按顺序进行。当然，此时节点编号也发生错误。网络图中的箭线(包括虚箭线，以下同)应保持自左向右的方向，不应出现箭头指向左方的水平箭线和箭头偏向左方的斜向箭线。若遵循该规则绘制网络图，就不会出现循环回路,(如图9-4所示)。

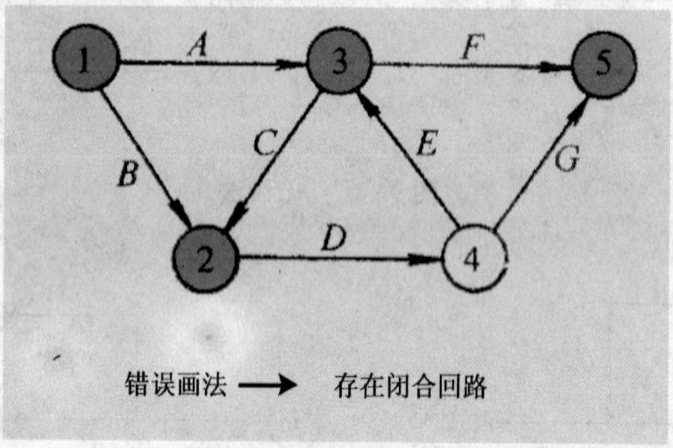

图9-4　存在闭合回路的错误网络图

3. 网络图中，在节点之间严禁出现带双向箭头或无箭头的连线

因为工作进行的方向不明确，因而不能达到网络图有向的要求。

4. 网络图中严禁出现没有箭头节点或箭尾节点的箭线

网络图中严禁出现没有箭尾节点的箭线和没有箭头节点的箭线。都是不允许的。没有箭头节点的箭线，不能表示它所代表的工作在何处完成;没有箭尾节点的箭线，不能表示它所代表的工作在何时开始。图9-5即为错误的画法。

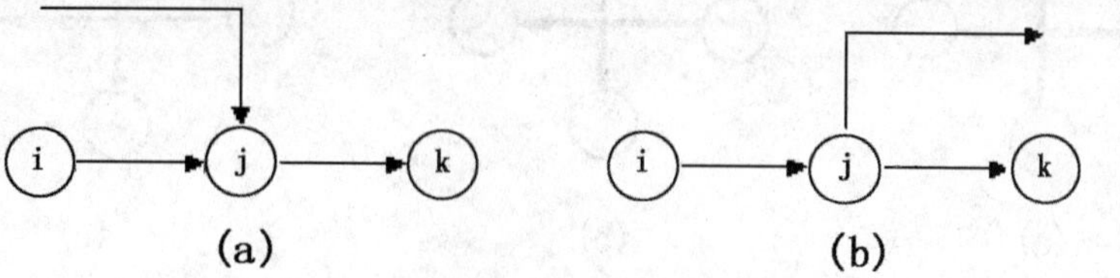

图9-5　错误的画法

(a)存在没有箭尾节点的箭线;(b)存在没有箭头节点的箭线

5. 严禁在箭线上引入或引出箭线

但当网络图的起点节点有多条箭线引出(外向箭线)或终点节点有多条箭线引入(内向箭线)时，为使图形简洁，可用母线法绘图。当双代号网络图的某些节点有多条外向箭线或多条内向箭线时，在不违反“一项工作应只有唯一的一条箭线和相应的一对节点编号”的规定的前提下，允许使用母线法绘图。即:将多条箭线经一条共用的垂直线段从起点节点引出，或将多条箭线经一条共用的垂直线段引入终点节点，如图9-6所示。对于特殊线型的箭线，如粗箭线、双箭线、虚箭线、彩色箭线等，可在从母线上引出的支线上标出。图9-7即为错误的画法。

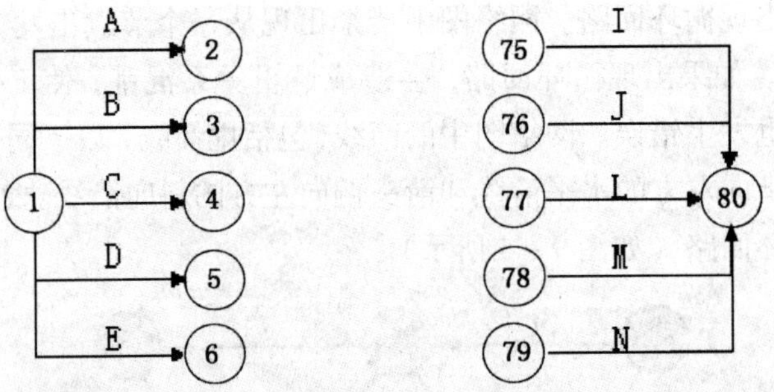

图 9-6　母线法

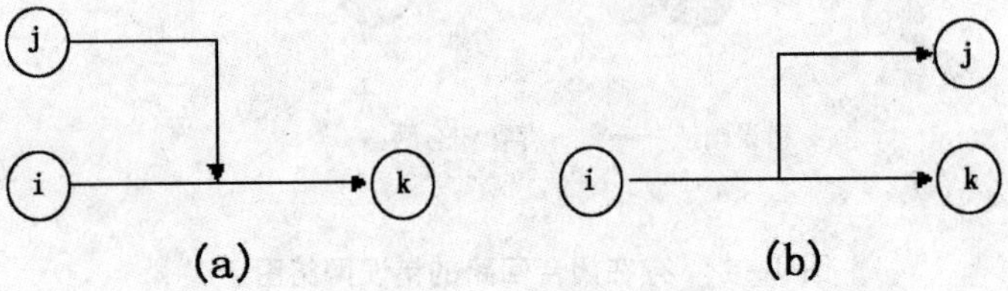

图 9-7　错误的画法

(a)在箭线上引入箭线(b)在箭线上引出箭线

6. 绘制网络图时，箭线不宜交叉

当交叉不可避免时，可用过桥法或指向法处理。绘制方法如图 9-8 所示。

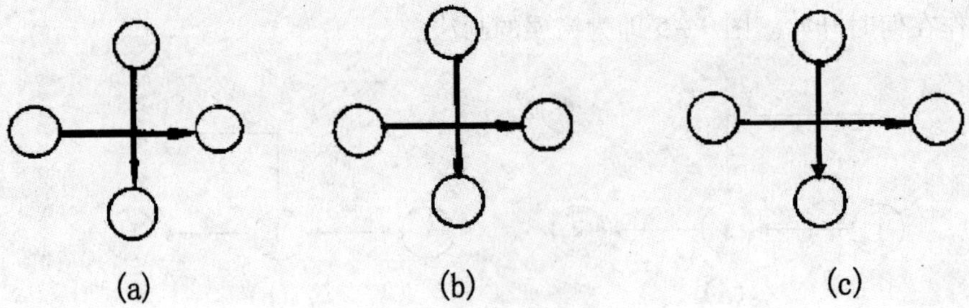

图 9-8　交叉箭线示意图

(a)错误　(b)正确　(c)正确

7. 只允许有一个起点节点和一个终点节点

网络图是由许多条线路组成的、环环相套的封闭图形，只允许有一个起点节点和一个终点节点，在不分期完成任务的网络图中，应只有一个终点节点；而其他所有节点均是中间节点(既有指向它的箭线，又有背离它的箭线)。网络图中应只有一个起点节点和一个终点节点(任务中部分工作需要分期完成的网络计划除外)。除网络图的起点节点和终点节点外，不允许出现没有外向箭线的节点和没有内向箭线的节点。一张网络图只能有一个节点表示整个计划的开始点，同时也只能有一个节点表示整个计划的完成点。

9.4.7 网络图的绘制原则

作为一种人为设定的计划表达方法，网络图应遵循一定的绘图原则。网络图编制的原则有:有向性，箭线首尾必须有结点，二点一线，事项编号由小到大、由左至右，源汇合一、不允许无先行作业或无后续作业的中间事项。

以双代号网络图为例，其各种绘制原则可纳入表9－2。其他形式网络图的绘制原则大体与双代号类同。

表9－2　**双代号网络图绘制的基本原则规则及图形简化原则**

绘图要求	内容	相应绘图处理方法
基本原则	必须正确反映工作之间的逻辑关系	避免逻辑关系绘图表达出现“多余”或“欠缺”两类错误
约定规则	不允许出现反向箭线	通过图形告诉避免反向箭线
	不允许出现用节点代号称呼时的重名箭线	用添画虚箭线手法处理
	不允许出现一个以上的网络图开始或结束节点	合并相应节点形成封闭圆形
	不允许出现双向箭线	说明逻辑关系表达有误，检查、重新绘图
	不允许出现循环回路	说明逻辑关系表达有误，检查、重新绘图
	不允许出现无箭头的线段	避免疏忽漏画箭头
	不允许出现无箭尾节点或无箭头节点的箭线	遵从本规则要求画法
	不允许出现向箭线引入或自箭线引出的箭线(但采用“母线法”绘图时例外)	遵从本规则要求画法。“母线法”系指多条起始或收尾工作箭线自一条起始工作的箭线引出或向一条收尾工作箭线引入的画法。
图形简化规则	尽量保持箭线的水平或垂直状态	避免任意直线、层叠折线或曲线画法
	尽量避免箭线交叉	应用绘图技巧避免箭线交叉
	尽量避免多余虚箭线及相关节点	在准确判断的基础上运用可行方法去除多余虚箭线及相关点

9.5 网络计划技术

9.5.1 网络时间的计算

1. 作业时间

作业时间是指完成某一项工作或一道工序所需要的时间。作业时间有确定时间和不确定时间之分。不确定时间可用下式计算：

$$作业时间(t_{ij}) = \frac{最乐观完工时间 + 4 \times 最可能完工时间 + 最悲观完工时间}{6}$$

2. 结点时间的计算

结点本身不占用时间，它只表示某项活动应在某一时刻开始或结束。因此，结点时间有最早开始时间和最迟结束时间。

（1）结点最早开始时间。是指从始点事项到该结点的最长路程的时间。用 *ES* 表示，其数值记入"□"内，并标在网络图上。网络始点事项的最早开始时间为零，终点事项因无后续作业，它的最早开始时间也是它的结束时间。网络中间事项的最早开始时间的计算可归纳为前进法、加法、挑最大法。计算公式为：

$$ES_j = max\{ES_j + t_{ij}\}$$

即

$$\boxed{j} = max\{\boxed{i} + t_{ij}\}$$

（2）结点最迟结束时间。是指以本结点为结束的各项活动最迟必须完成的时间。用 *LE* 表示，其数值记入"" 内，并标在网络图上。网络终点事项的最迟结束时间等于它的最早开始时间。其他事项的最迟结束时间的计算可归纳为后退法、减法、挑最小法。计算公式为

$$LF_j = min\{LE_j - t_{ij}\}$$

即

$$\triangle i = \min\{\triangle j - t_{ij}\}$$

3. 工序时间的计算

工序时间包括工序最早开始时间（*ES*）、工序最早结束时间（*EF*）、工序最迟开始时间（*LS*）、工序最迟结束时间（*LF*）。有了结点的时间参数，工序时间参数的计算就很简单了。工序时间的计算步骤如下：

（1）工序最早开始时间等于代表该工序的箭尾所触结点的最早开始时间，即

$$ES_{ij} = ES_i = \boxed{i}$$

（2）工序最早结束时间等于该工序最早开始时间加上该工序的作业时间之和。即

$$EF_{ij} = ES_ij + t_{ij} = \boxed{i} + t_{ij}$$

（3）工序最迟结束时间等于该工序箭头结点最迟结束时间，即

$$LF_{ij}=LF_j=\triangle\!\!j$$

（4）工序最迟开始时间等于该工序最迟结束时间减该工序的作业时间之差，即

$$LS_{ij}=LF_{ij}-t_{ij}=\triangle\!\!j-t_{ij}$$

4. 时差的计算

（1）总时差。指在不影响整个项目总工期的条件下，某工序的最迟开工时间与最早开工时间的差。它表明该工序开工时间允许推迟的最大限度，也称“宽裕时间”。计算公式为

$$FF_{ij}=ES_j-EF_{ij}=\boxed{j}-(\boxed{i}+t_{ij})$$

（2）单时差。指在不影响下一某工序最早之完工时间的前提下，该工序的完工期可能的机动时间，又称“自由时差”。计算公式为

$$FF_{ij}=ES_j-EF_{ij}=\boxed{j}-(\boxed{i}+t_{ij})$$

（3）干预时差。指某一工序拖延后，可以占用其后继工序的自由时差多少而不影响总工期完成，又称“干涉时差”。计算公式为

$$IF_{ij}=LF_{ij}-ES_j=\triangle\!\!j+\boxed{j}$$

总时差等于单时差加上干预时差，即

$$TF_{ij}=FF_{ij}+IF\,ij$$

5. 确定关键路线

在一个网络图中，总时差为零的工序称为关键工序；由关键工序组成的路线称为关键路线，它是从网络图始点事项到达网络图终点事项时间最长的路线；关键路线上的关键工序时间之和称为总工期（T），它是完成该项目所必需的最少时间，它等于网络图终点事项的 ES_j 或 LF_j。

9.5.2 网络计划技术的工作步骤

网络计划技术的实际工作步骤，可以归纳如下：

1. 确定目标，进行计划的准备工作

在确定计划对象（如某项工程或任务）后，应提出具体目标，如工期、费用以及其他资源。并考虑结合其他管理制度，如组织流水生产、全面质量管理、设备管理、岗位责任制、奖励制度等。

2. 分解计划任务、列出全部工作或工序明细表

计划任务的分解应随对象而异。对厂部领导来说，重要的是纵观全局，掌握关键，分析矛盾，作出决策，因而可以分解得粗一些。对于业务部门和基层生产单位来说，可以据此组织和指挥生产，解决具体问题的，因此应该分解得细一些。

3. 确定各项作业的定额时间、先后顺序和相互关系

对每一项作业应作必要的分析，主要是：

（1）该项作业开始前，有哪些作业必须先期完成；

（2）该项作业或哪些作业可以平行交叉；

(3)该项作业完成，有哪些后继作业应接着开始。

4. 绘制网络图

绘制方法有两种：

(1)顺推法，即从网络图的始点事项开始为每一项作业确定其直接的后续作业，直到网络图终点事项为止；

(2)逆推法，即从网络图的终点事项开始，直到网络图的始点事项为止。

5. 计算网络时间

一般先计算事项时间，有了事项时间，也就易于计算作业时间了。

6. 确定关键路线

计算完成任务的最早期限，即总工期。

7. 进行综合平衡，选择最优方案，编制计划文件

在进行综合平衡时，一是要保证在规定期限内完成任务；二是要保证生产的连续性、协调性与均衡性，尽快形成新的生产能力，迅速发挥投资效果，坚持质量第一，确保安全生产；三是要讲究经济效益，降低生产成本。综合平衡后，即可绘制正式网络图、编制工程计划和工程预算等。

8. 网络计划的贯彻执行

总结评比，调整、改进和提高。网络计划技术的工作步骤可列成图解(图 9-9)。

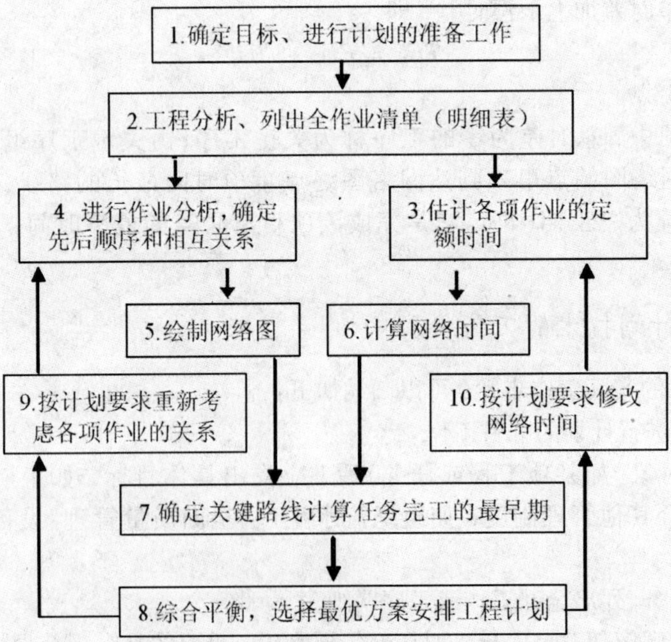

图 9-9　网络计划技术的工作步骤

9.5.3 网络计划技术的工期——资源优化

制定一项计划，总希望资源的耗用能够尽量保持均衡，使计划期内每天的资源消费量不出现过大的高峰或低谷。例如，一项计划的人力资源消费量，若能每天基本保持均衡，就可以避免工人的大量窝工或忙闲不均等现象，这在经济上是有利的。又如，对于某些非库存性

材料，如建筑使用的混凝土及砂浆等，只能随拌随用，不能库存，若每天的消费量大致均衡，则搅拌设备及运输设备等的利用率就会提高，否则，各种设备的能力将会不必要扩大，导致利用率降低，造成浪费。

评价一项计划的均衡性，常使用方差(σ^2) 和标准差(σ) 指标，方差(标准差) 越大，说明计划的均衡性越差;反之，表示均衡性越好。

方差和标准差可按下式计算：

$$\sigma^2 = \frac{1}{T}\sum_{t=1}^{T}(RT - \overline{R})^2$$

$$= \frac{1}{T}[(R_1 - \overline{R})^2 + (R - \overline{R})^2 + \cdots + (R_t - \overline{R})^2]$$

$$= \frac{1}{T}[(R_1^2 + R_2^2 + \cdots + R_t^2) + T\overline{R}^2 - 2R(R_1 + R_2 + \cdots + R_t)]$$

$$= \frac{1}{T}[\sum_{t=1}^{T} R_t^2 + T\overline{R^2} - 2\overline{R}\sum_{t=1}^{T} RT]$$

因为

$$\overline{R} = \frac{R_1 + R_2 + \cdots + R_t}{T} = \sum_{t=1}^{T} Rt/T$$

所以

$$\sigma^2 = \frac{1}{T}[\sum_{t=1}^{T} R_t^2 + T\overline{R^2} - 2\overline{R}\cdot\overline{R}]$$

$$= \frac{1}{T}[\sum_{t=1}^{T} R_t^2 - T\overline{R^2}]$$

$$= \frac{1}{T}\sum_{t=1}^{T} R_t^2 - \overline{R^2}$$

或

$$\sigma = \sqrt{\frac{I}{T}\sum_{t=1}^{T} R_t^2 - \overline{R^2}}$$

式中，σ^2 为资源消耗的方差；σ 为资源消耗的标准差；T 为计划工期；R 为某种资源在 t 天的消费量；$\overline{R}$ 为某种资源每日平均消费量。

由 σ^2 及 σ 可以看出，T 与 $\overline{R}$ 均为常数，若想 σ^2 及 σ 为最小，必须设法使 $\sum_{t=1}^{T} R_t^2$ 为最小值，即

$$W = \sum_{t=1}^{T} R_t^2 = min$$

由于计划期是固定的(工期固定)，所以求解 或 为最小值问题，只能在各工序的总时差范围内，调整其开工或完工时间，从中找出一个 或 为最小的计划方案，即为最优方案。

设某项任务的计划网络图如图 9－10 所示，图中箭线上数字为作业时间，箭线下数字为某种资源的每日需要量。

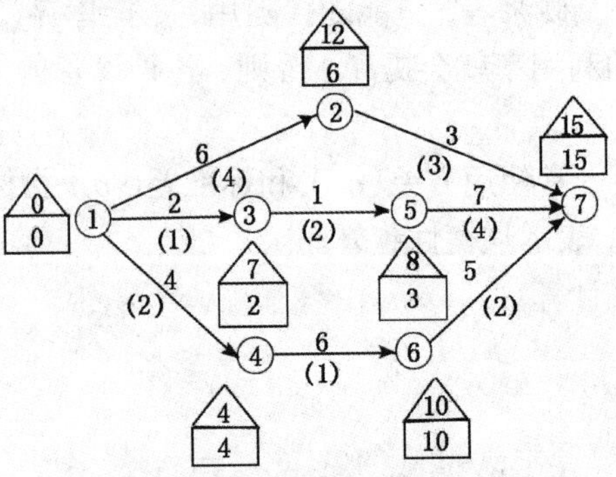

图9－10　资源优化图

此项计划网络属于固定工期，求资源最优利用问题，可按下述步骤进行。

1. 计算各项作业的时间参数

时间参数见表9－3。

表9－3　各项作业时间参数表

工序		作业时间	基本时间参数				机动时间参数			关键工序
I	j	tij	ESij	EFij	LSij	LFij	TFij	FFij	IFij	
①	②	6	0	6	6	12	6	0	6	
①	③	2	0	2	5	7	5	0	5	
①	④,	4	0	4	0	4	0	0	0	√
②	⑦	3	6	9	12	15	6	6	0	
③	⑤	1	2	3	7	8	5	0	5	
④	⑥	6	4	10	4	10	0	0	0	√
⑤	⑦	7	3	10	8	15	5	5	0	
⑥	⑦	5	10	15	10	15	0	0	0	√

2. 按作业最早开工与最早完工时间，将网络图画在时间坐标上（图9－11），计算资源逐日消费量，并绘出相应的资源消费曲线

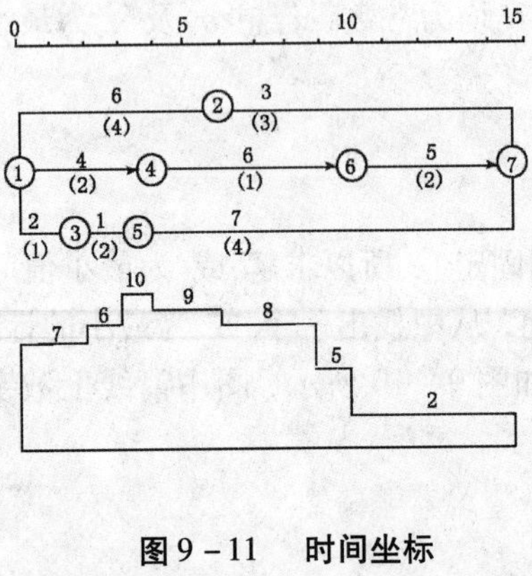

图9－11　时间坐标

3. 由终端开始，逆箭杆方向，顺序逐个调整非关键作业的开工与完工时间

调整的方法是，令作业的最早开工和最早完工时间逐日向后移动。每移动一天，检查一次 σ^2 的变化(或 σ，一般均用 σ^2)。例如，某工序 $i-j$，在第 t_{ES} 天开始，第 t_{EF} 结束，该工序的某项资源的每日消费量为 S_{ij}。如果将该工序向后移动一天，则第 t_{ES+1} 天的资源消费量 R_{ES+1} 将减少 S_{ij}，而第 t_{EF+1} 天的资源消费量 R_{EF+1} 将增加 S_{ij}。根据 $W = \sum_{t=1}^{T} R_t^2 = min$ 原理，任一工序每后移一天，W 值的变化量 $\triangle W$ 为

$$\triangle W = (R_{ES+1} - S_{ij})^2 + (R_{EF+1} + S_{ij})^2 - (R_{ES+1}^2 + R_{ES+1}^2)$$

所以

$$\triangle W = 2S_{ij}(R_{EF+1} - R_{ES+1} + S_{ij})$$

显然，$\triangle W < 0$ 时，表示 σ^2减小，工序 $i-j$ 可以向后移动；如果 $\triangle W > 0$ 即 σ^2增加，不宜移动，据此可以定出该工序最优的开始和结果时间。

由于计划工期 T 是固定的，故每一工序的时间、调整范围要受该工序的工序总时差的限制。

如果移动至第 K 天，出现 $\triangle W > 0$，此时，还要计算该天至以后各天的 $\triangle W$ 的累计值：

$$\sum \triangle W = \triangle W_k + \triangle W_{k+1} + \cdots$$

如发现该天至某一天的 $\sum \triangle W \leq 0$，说明该工序还可以后移至该天。以上计算可列表9－4进行。

表9－4 资源消费表

工序 i＝j	作业时间 Tij	开始时间	结束时间	总时差 TFij	σ^2	△w	∑△w
⑤～⑦	7	3(ES)	10(EF)	5	8.86	－32	
		4	11	4	6.73	－24	
		5	12	3	5.13	－24	
		6	13	2	3.53	－16	
		7	14	1	2.46	－16	
		8(LS)	15(LF)	0	1.43		
②～⑦	3	6(ES)	9(EF)	6	1.43	＋24	
		4	10	5	2.99	＋30	＋54
		8	11	4	4.99	＋6	＋60
		9	12	3	5.39	＋6	＋66
		10	13	2	5.79	0	＋66
		11	14	1	5.79	0	＋66
		12(LS)	15(LF)	0	5.79		

续表

工序 i = j	作业时间 Tij	开始时间	结束时间	总时差 TFij	σ^2	△w	∑△w
③~⑤	1	2(ES)	3(EF)	5	1.43	0	
		3	4	4	1.43	-4	
		4	5	3	1.12	0	
		5	6	2	1.12	-4	
		6	7	1	0.9	0	
		7(LS)	8(LF)	0	0.9		
①~③	2	0	2(EF)	5	0.9	0	
		1	3	4	0.9	0	
		2	4	3	0.9	-2	
		3	5	2	0.73	-2	
		4	6	1	0.59	-2	
		5(LS)	7(LS)	0	0.46		

表9-4中列出所有非关键工序的优化计算过程。首先计算工序⑤~⑦，开始时间和结束时间取最早时间，即3与10。

$$\frac{1}{T}\sum_{t=1}^{T}R_t^2 = \frac{1}{15}[2.7^2 + 8^2 + 10^2 + 2 \cdot 9^2 + 3 \cdot 8^2 + 5^2 + 5 \cdot 2^2] = 44.06$$

$$\overline{R^2} = (\frac{2 \cdot 7 + 8 + 10 + 2 \cdot 9 + 3 \cdot 8 + 5 + 5 \cdot 2}{15})^2 = (\frac{89}{15})^2 = 35.20$$

所以，

$$\sigma^2 = \frac{1}{T}\sum_{t=1}^{T}R_t^2 - \overline{R^2} = 44.06 - 35.20 = 8.86$$

$$\triangle W = 2S_{ij}(R_{EF+1} - R_{ES+1} + S_{ij}) = 2 \cdot 4 \cdot (2 - 10 + 4) = -32$$

由于 $\triangle W < 0$，故工序⑤~⑦可以向后移动1天。此时据此再求 σ^2 和 $\triangle W$ 值。结果 $\sigma^2 = 6.73$，比原来减少，且 $\triangle W = -24$，故工序还要后移。如此继续下去，直至工序的开始时间变为8，结束时间变为15，即变成了 LS 和 LF 值，此时 $TF = 0$，无法再移动。

$$R_{3+1} = 10 - 4 = 6$$

$$R_{10+1} = 2 + 4 = 6$$

再计算工序②~⑦，同样先使开始时间和结束时间为最早时间，即6与9，计算结果 $\sigma^2 = 1.43$，$\triangle W = 24 > 0$，再使工序后移1天，计算发现 $\sigma = 2.99$，比原来增加，且 $\sigma W = 30 > 0$，核算 $\sum \triangle W$ 值，$\sum \triangle W = 24 + 30 = 54 > 0$。因此时还不能停止，继续后移，再核算 $\sum \triangle W$，直至算完，未发现有 $\sum \triangle W < 0$ 的情况。因此，该工序应保持最早开始时间和结束时间不变，然后继续计算其他工序。

4. 按步骤3将所有非关键工序全部调整(优化)一遍后，还需进行第二次、第三次……调整(优化)，直至 σ^2 不再减少为止

此时，才算得到最优计划方案。

图9-12为本例经优化后得到的最优方案网络图，下面为相应的资源消费曲线。

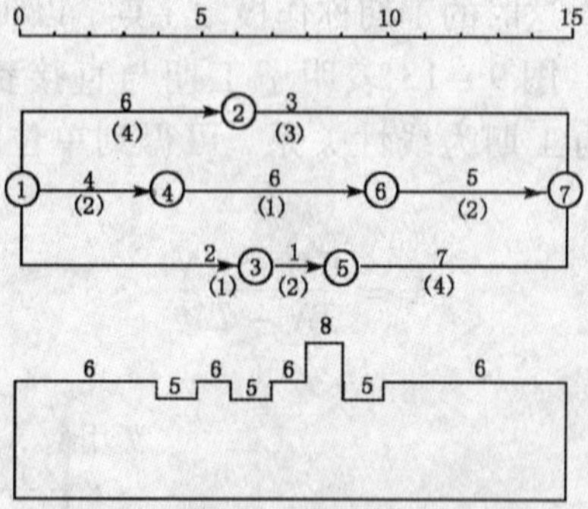

图 9－12　最优方案网络图

由上可知，资源优化计算工作量十分庞大，对于大中型网络来说，用手工计算是难以实现的，只能依靠电子计算机来进行。

由图 9－4 所示，资源消费曲线呈阶梯状。任何一个梯段的开始或结束，均意味着有某些工序开始或结束。检查资源消费量可按梯段进行。例如，某梯段在 t_A 开始、t_B 结束，某单位时间资源消费量 $R_{AB} > Rmax$，则应对该梯段（$t_A \sim t_B$时间区段）内某些工序的开始结束时间进行调整。由于各工序采用的都是最早时间，故只能将某些工序的开始时间后移，移至 t_B 开始，以使该梯段满足 $R_{AB} < R\,max$ 的要求。

在这些工序中，究竟应该调整哪些工序，根据使总工期最短这一要求，应首先选取移动后不影响总工期，或者使总工期延长时间最少的工序。为此，可按以下公式计算各工序的优先系数 K_{ij}：

$$K_{ij} = (t_B - ES_{ij}) - TF_{ij}$$

K_{ij}最小的工序应当最优先后移，其他依次进行，直至 $R_{AB} < R\,max$ 为止。

9.5.4 网络计划技术的时间——成本优化

时间－成本优化，就是根据计划规定的期限，规划最低成本，或根据最低成本的要求，寻求最佳工期。制定网络计划不仅要考虑工期和资源情况，还必须考虑成本，讲究经济效益。

产品（或工程项目）的成本由直接费用与间接费用两部分组成。这两种费用与工期的关系，一般来说如图 9－13 所示。缩短工期会引起直接费用的增加和间接费用的减少；延长工期会引起直接费用的减少和间接费用的增加。时间－成本优化，就是要使总费用支出最小，而工期最短。

间接费用是指不能或不宜直接计入而必须按一定标准分配于成本计算对象的费用，如企业管理费。工期越长，间接费用总额就越大，从而按一定标准分摊到单位产品中的间接费用也就相应地增加。直接费用是指能够并宜于直接计入成本计算对象的费用，如直接生产工人工资、原材料费用以及机具费用等。一般来说，缩短工期，就要增加直接费用的投入量；反之，减少直接费用的投入量，则工期就要延长。但直接费用减少到一定程度，工期即使再延长，直接费用也不能再减少，这时的直接费用称作正常费用，以 CN 表示；对应于正常费用的工期称作正常工期，以 TN 表示；反之，当完成计划任务的工期缩短到一定程度，即使直接费用再增加，工期也不能再缩短，这时的工期称作极限工期，以 TM 表示；对应于极限工期的费用称作极限费用，以 CM 表示。图 9－13 表明了工期与直接费用的关系。假定 M 与 N 两点间为一直线，即直接费用与工期为线性关系，可得到单位时间直接费用变动率 K 的计算公式如下：

$$K = \frac{CM - CN}{TN - TM}$$

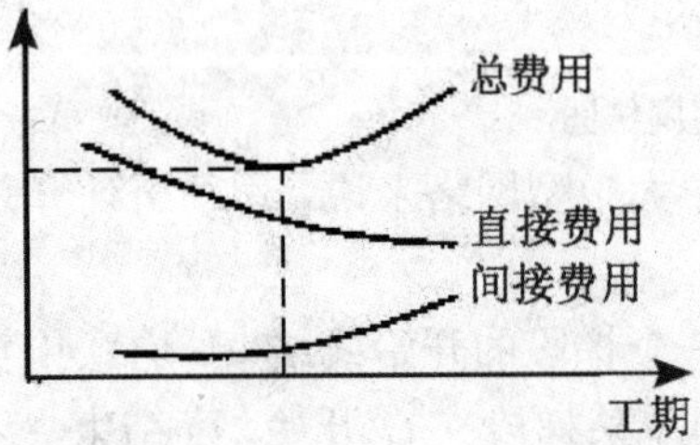

图 9－13　费用坐标图

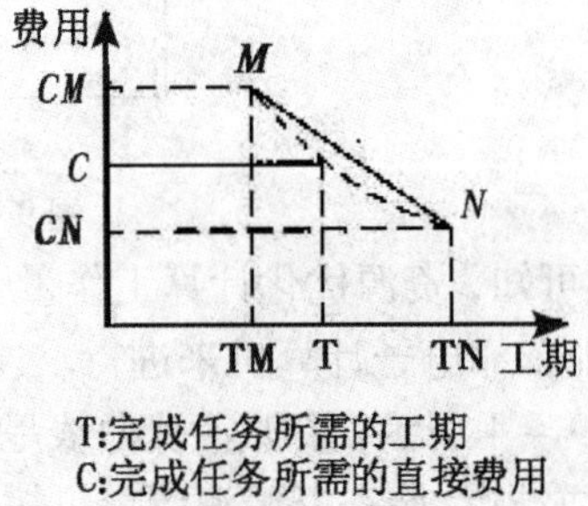

直接费用变动图

某项活动所需要的直接费用 C 的计算公式为：

$C = CN + K(TN - T)$——用于工期缩短时

$C = CM - K(T - TM)$——用于工期延长时

式中，T 为完成该项活动所需要的工期。

单位时间直接费用变动率就是缩短每一单位时间所需增加或减少的费用。例如，某工序的极限工期 TM 为 3 天，极限费用 CM 为 2200 元，正常工期 TN 为 5 天，正常费用 CN 为 2000 元，则其直接费用变动率为：

$$K = \frac{2200 - 2000}{5 - 3}$$

工序的单位时间直接费用变动率大，说明为缩短工期而增加的直接费用多。因此，在进行时间－成本优化时，首先要缩短关键线路上 K 值最小工序的作业时间。下面结合示例说明时间－成本优化的步骤和方法。

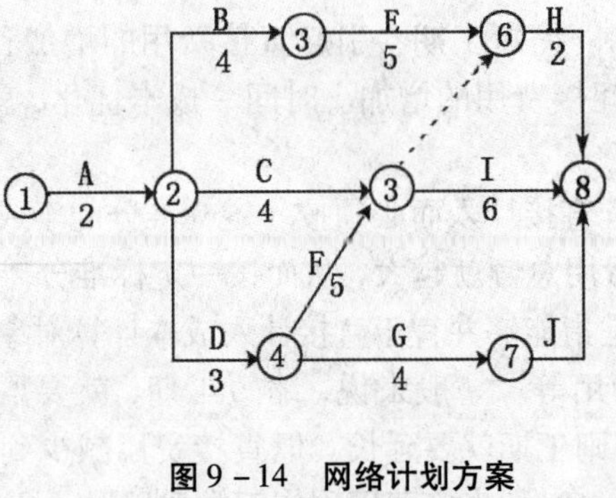

图 9－14　网络计划方案

某计划任务的网络图及各工序的有关资料分别如图 9 - 14 和表 9 - 5 所示。该项任务的间接费用为每天 110 元。现通过时间 - 成本优化，确定该任务的最低成本和最佳工期。

表 9 - 5　　某计划任务的有关资料

工序	结点编号		正常时间		极限时间		相差		工序直接费用变动率/(元/天)
	i	j	时间/天	直接费用/元	时间/天	直接费用/元	时间/天	直接费用/元	
A	1	2	2	2000	1	2100	1	100	100
B	2	3	4	1400	3	1500	1	100	100
C	2	5	4	800	3	950	1	150	150
D	2	4	3	700	1	860	2	160	80
E	3	6	5	1200	4	1400	1	200	200
F	4	5	5	2000	3	2200	2	200	100
G	4	7	4	800	2	900	2	100	50
H	6	8	2	700	1	850	1	150	150
I	5	8	6	900	3	1350	3	450	150
J	7	8	1	950	0.5	1150	0.5	200	400

时间(以不超过极限工期为限)每次压缩时均应选择直接费用变动率最小者，以使工期缩短引起的直接费用增加额为最小。在本例中，以正常工期计划方案为方案 I，压缩工期时从关键工序中选择直接费用变动率最小的 D 工序压缩两天，得到方案 II。相应的网络图如图 9 - 15 所示。依此法继续下去，直到关键线路上各工序均达到极限时间为止，于是得到七个不同的方案，如表 9 - 6 所示。

在表 9 - 6 的各个方案中，方案 IV 的总费用最低，相应的工期为最佳工期。由此求得该计划任务的最佳工期为 12 天，最低成本为 13130 元。其网络图如图 9 - 16 所示。

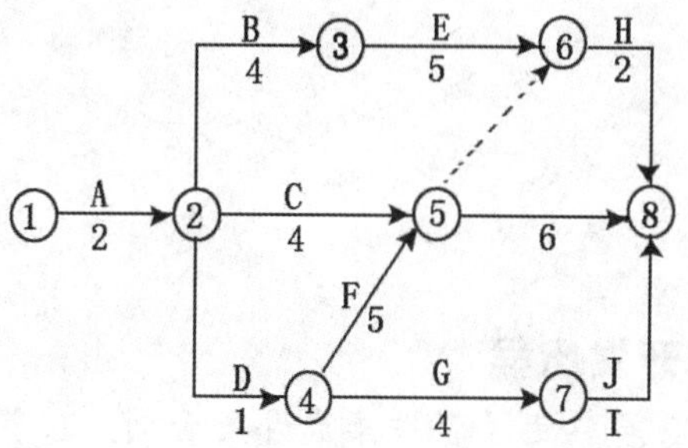

图 9 - 15　工期

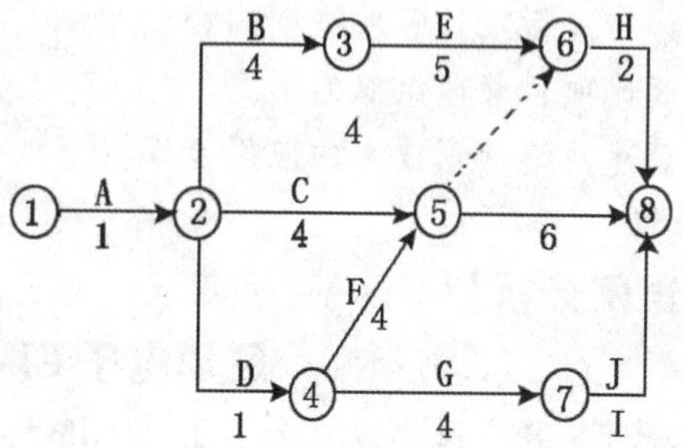

图 9 - 16　工期

表 9-6 各个方案表

计划方案	较前方案变动点	总工期/天	直接费用/元	间接费用/元	总费用/元	关键线路
Ⅰ	-	16	11450	1760	13210	①→②→④→⑤→⑧
Ⅱ	工序 D 压缩两天	14	11450+160=11610	14·110=1540	13150	同上
Ⅲ	A 工序压缩一天	13	11610+100=11710	13·110=1430	13140	同上
Ⅳ	工序 F 压缩一天	12	11710+100=11810	12·110=1320	13130	①→②→④→⑤→⑧ ①→②→③→⑥→⑧
Ⅴ	工序 B 压缩一天 工序 F 压缩一天	11	11810+200=12010	11·110=1210	13220	①→②→④→⑤→⑧ ①→②→③→⑥→⑧ ①→②→⑤→⑧
Ⅵ	工序 H 压缩一天 I 压缩一天	10	12010+300=12310	10·110=1100	13410	同上
Ⅶ	工序 E 和 I 各压缩一天	9	12310+350=12660	9·110=990	13650	同上

以上是以正常工期方案为基础进行压缩，求得方案优化。还可以采取另一种方法，即先制定极限工期方案，再以此为基础逐次延长非关键工序的延续时间，最后延长关键工序的延续时间(以不超过正常工期为限)，并使直接费用的降低额为最大(为此应选择较大的 K 值)。

用这两种方法求得的结果是一样的。

思考题:

1. 影响项目成功的因素有哪些?
2. 简述 ERP 项目管理的内容。
3. 如何进行项目管理进度的控制?
4. 简述项目管理组织的形式。
5. 简述网络计划技术的应用步骤。

【案例分析】

风华电子 CIMS 需求开发历程

1. 项目背景。风华电子为了上马 CIMS，与天剑公司签定了软件集成开发合同。按照合同要求，系统必须将 MRPII/ERP 思想引进到系统中，内容覆盖企业的人财物、产供销、质量、工艺等所有内容，并且实现与条形码的集成，技术上采用 C/S 架构，网络操作系统采用 Windows NT，数据库系统采用 SQL Server7。

2. 两项基本工作。项目一开始，摆在项目组面前的两个主要问题是:首先，企业信息化基础薄弱。当时，一个 500 多人、年销售额超过 1 亿的企业，只有两部 IBM 微机，一部用于电子邮件收发，一部用于财务自编系统的运行。这种情况下，使已经制定好的项目实施计划受到影响，原先计划制定的主要步骤包括：调研、分析、设计、分批编码、试运行、分批系统切换、总体集成、验收。因企业基础较差，调研工作的进展不理想，直接影响到其他工作。

项目组经过研究决定从培训、考察、宣传入手，在企业组织各类培训，例如，CIMS普及培训、计算机基本操作培训、汉字输入培训、先进管理思想培训、企业流程培训等；然后，组织风华电子的相关人员到其他企业学习、考察，亲身感受信息化应用的效果。

另外，当时企业处于快速发展的阶段，组织机构和管理流程不断在变化，这种情况下，有可能出现软件的开发速度赶不上企业的发展变化，有经验的人员都知道，系统将陷入一种没完没了的修改之中。怎么办？从管理入手，通过对企业进行调研，天剑公司的开发人员对企业流程进行了分类：第一类是可以确定下来的流程；第二类是可以变通的流程；第三类是有可能变化的流程，但变化的情况可以列举；第四类是肯定会变，但不知道怎么变的流程。不同的流程在软件设计中采用不同的解决办法：第一、二类按正常的方法设计；第三类采用参数控制法；第四类细分业务单元，采用用户流程自定义。

3. 建立需求管理工作机制。在进行需求分析时，天剑公司的开发人员抓住决策者最迫切和最关心的问题，引起重视。例如，整个CIMS系统开发初期，库存管理是企业管理的重要组成部分，库存的主要功能是在供给和需求之间建立缓冲，减缓供需矛盾。库存作为生产、采购、物料需求计划、销售、成本的依据，保证库存数据的准确性、完整性与及时性，是保证生产、财务、成本、销售、采购等其他系统顺利上线的关键，也是整个系统成功与否的关键。开发人员在开发过程中利用一切机会了解决策者关心的问题，同时也让他们了解项目的情况。在诸如专题汇报、协调会议、领导视察、阶段性成果演示等过程中用简短明确的语言或文字抓住领导最关心的问题，引导他们了解和重视项目的开发，当决策者认识到项目的重要性时，需求分析工作在人力、物力、时间上就有了保障。

建立组织保障，明确的责任分工。天剑公司成立了相应的项目组或工程组，包括：产品管理组、质量与测试组、程序开发组、用户代表组和后勤保障组。产品管理组负责确定和设置项目目标，根据需求的优先级确定功能规范，向相关人员通报项目进展。程序管理组负责系统分析，根据软件开发标准协调日常开发工作确保及时交付开发任务，控制项目进度。程序开发组负责按照功能规范要求交付软件系统。质量与测试组负责保证系统符合功能规范的要求，测试工作与开发工作是独立并行的。用户代表组负责代表用户方提出需求，负责软件的用户方测试。后勤保障组负责确保项目顺利进行的后勤保障工作。

建立良好的沟通环境和氛围。分析人员与用户沟通的程度关系到需求分析的质量，因此建立一个良好的沟通氛围、处理好分析人员与用户之间的关系显得尤其重要，针对用户作为投资方会有一些心理优势，希望他们的意见得到足够的重视的特点，风剑公司的分析人员充分地认识到这一点，做好心了理准备，尽量避免与他们发生争执。因为他们的目的是帮助用户说出他们的最终需要。在沟通时分析人员注意做到：(1)在态度上尊重对方，但不谦恭。(2)努力适应不同用户的语言表达方式。适应用户的语言风格，理解他们的意思。(3)善于表达自己，善于提问。(4)利用工作外的交流来增进理解，加强沟通。

在需求调研及流程梳理顺利结束后，天剑的开发人员按计划完成了需求分析的任务，进入软件设计阶段。

【拓展阅读】

项目管理能力决定竞争优势

在日前举办的第四届PMI(中国)项目管理大会上发布了最新的项目管理调查报告。报告明确指出了有效的项目管理对于组织确立市场竞争优势的重要意义。根据PMI最新的职业脉搏调查，组织每花10亿美元就会承担平均1.35亿美元的风险，实施正确指标的高绩效组织通过改善项目和项目集，能够使其90%的项目达到预期目标和商业意图，并因此其承受的风险比低绩效组织少14倍——这使得它们拥有了巨大的竞争优势。

如何持续提高盈利能力和核心竞争力是任何企业管理者都在思考的难题，当前全球经济持续低迷，资源与环境的约束正为企业管理者们提出更多的挑战，尤其对于过去长期以单纯追求产能扩张作为发展方向的中国企业来说更是如此。PMI组织业务副总裁柯雷格对此指出，具有超前思维的中国企业应把成为高绩效组织作为战略目标，并通过规范的、成熟的项目管理实践，有效提升组织内部的运转效率。

(来源:中华工商时报2013-09-27)

第10章 设备管理

10.1 设备管理概述

10.1.1 设备管理的概念

设备是企业固定资产的主要组成部分，是企业生产中能供长期使用并在使用中基本保持其实物形态的物质资料的总称。它是企业进行活动的物质技术基础，是企业生产效能的决定因素之一。因此进行有效的设备管理是生产企业必不可少的工作，同时也是生产企业的重要工作。

设备管理是指企业管理者通过经济、技术、组织等措施，逐步做到对企业主要生产设备的设计、制造、购置、安装、使用、维修、改造，直至报废，更新全过程所进行的管理，以获得设备寿命周期费用最经济、设备综合产能最高的理想目标。所谓设备寿命周期，指的是设备从规划设计、购置、安装、调试、使用、维修，直至改造、更新及报废全过程所经历的全部时间。

10.1.2 设备管理的发展过程

自从人类使用机械以来，就伴随有设备的管理工作，只是由于当时的设备简单，管理工作单纯，仅凭操作者个人的经验行事。随着工业生产的发展，设备现代化水平的提高，设备在现代化大生产中的作用与影响日益扩大，加上管理科学技术的进步，设备管理也得到了相应的重视和发展，以致逐步形成一门独立的学科——设备管理。纵观设备管理的发展过程，大致可以分为四个阶段：

1. 事后维修阶段

资本主义工业生产刚开始时，由于设备简单，修理方便，耗时少，一般都是在设备使用到出现故障时才进行修理，这就是事后维修制度，此时设备修理由设备操作人员承担。后来随着工业生产的发展，结构复杂的设备大量投入使用，设备修理难度不断增大，技术要求也越来越高，专业性越来越强，于是，企业主、资本家便从操作人员中分离出一部分人员专门从事设备修理工作。为了便于管理和提高工效，他们把这部分人员统一组织起来，建立相应的设备维修机构，并制定适应当时生产需要的最基本的管理制度。在西方工业发达国家，这种制度一直持续到20世纪30年代，而在我国，则延续到20世纪40年代末期。

2. 设备预防维修管理阶段

由于像飞机那样高度复杂机器的出现，以及社会化大生产的诞生，机器设备的完好程度对生产的影响越来越大。任何一台主要设备或一个主要生产环节出了问题，就会影响生产的全局，造成重大的经济损失。

1925 年前后，美国首先提出了预防维修的概念，对影响设备正常运行的故障，采取“预防为主”、“防患于未然”的措施，以降低停工损失费用和维修费用。主要做法是定期检查设备，对设备进行预防性维修，在故障尚处于萌芽状态时加以控制或采取预防措施，以避免突发事故。

前苏联在 20 世纪 30 年代末期开始推行设备预防维修制度。前苏联的计划预防制度除了对设备进行定期检查和计划修理外，还强调设备的日常维修。预防维修比事后修理有明显的优越性。预先制定检修计划，对生产计划的冲击小，采取预防为主的维修措施，可减少设备恶性事故的发生和停工损失，延长设备的使用寿命，提高设备的完好率，还有利于保证产品的产量和质量。

20 世纪 50 年代初期我国引进计划预修制度，对于建立我国自己的设备管理体制、促进生产发展起到了积极的作用。经过多年实践，在“以我为主，博采众长”精神的指导下，对引进的计划预修制度进行了研究和改进，创造出具有我国特色的计划预修制度。其主要特点是：

(1)计划预修与事后修理相结合。对生产中所处地位比较重要的设备实行计划预修，而对一般设备实行事后修理或按设备使用状况进行修理。

(2)合理确定修理周期。设备的检修周期不是根据理想磨损情况，而是根据各主要设备的具体情况来定。如按设备的设计水平、制造和安装质量、役龄和使用条件、使用强度等情况确定其修理周期，使修理周期和结构更符合实际情况，更加合理。

(3)正确采用项目修理。通常，设备有保养、小修、中修和大修几个环节，但我国不少企业采用项目修理代替设备中修，或者采用几次项目修理代替设备大修，使修理作业量更均衡，节省了修理工时。

(4)修理与改造相结合。我国多数企业往往结合设备修理对原设备进行局部改进或改装，使大修与设备改造结合起来，延长了设备的使用寿命。

(5)强调设备保养维护与检修结合。这是我国设备预防维修制的最大特色之一。设备保养与设备检修一样重要，若能及时发现和处理设备在运行中出现的异常，就能保证设备正常运行，减轻和延缓设备的磨损，可延长设备的物质寿命。20 世纪 60 年代，我国许多先进企业在总结实行多年计划预修制的基础上，吸收三级保养的优点，创立了一种新的设备维修管理制度——计划保修制。其主要特点是：根据设备的结构特点和使用情况的不同，定时或定运行里程对设备施行规格不同的保养，并以此为基础制定设备的维修周期。这种制度突出了维护保养在设备管理与维修工作中的地位，打破了操作人员和维护人员之间分工的绝对化界限，有利于充分调动操作人员管好设备的积极性，使设备管理工作建立在广泛的群众基础之上。

3. 设备系统管理阶段

随着科学技术的发展，尤其是宇宙开发技术的兴起，以及系统理论的普遍应用，1954 年，美国通用电器公司提出了“生产维修”的概念，强调要系统地管理设备，对关键设备采取重点维护政策，以提高企业的综合经济效益。主要内容有：对维修费用低的寿命型故障，且零部件易于更换的，采用定期更换策略。对维修费用高的偶发性故障，且零部件更换困难的，运用状态监测方法，根据实际需要，随时维修。对维修费用十分昂贵的零部件，应考虑无维修设计，消除故障根源，避免发生故障。

20世纪60年代末期，美国企业界又提出设备管理“后勤学”的观点，它是从制造厂作为设备用户后勤支援的要求出发，强调对设备的系统管理。设备在设计阶段就必须考虑其可靠性、维修性及其必要的后勤支援方案。设备出厂后，要在图样资料、技术参数、检测手段、备件供应以及人员培训方面为用户提供良好、周到的服务，以使用户达到设备寿命周期费用最经济的目标。

日本首先在汽车工业和家电工业提出了可靠性和维修性观点，以及无维修设计和无故障设计的要求。至此，设备管理已从传统的维修管理转为重视先天设计和制造的系统管理，设备管理进入了一个新的阶段。

4. 设备综合管理阶段

体现设备综合管理思想的两个典型代表是“设备综合工程学”和“全员生产维修制”。

英国1971年提出的“设备综合工程学”是以设备寿命周期费用最经济为设备管理目标。对设备进行综合管理，紧紧围绕以下四方面内容展开工作：

(1)以工业管理工程、运筹学、质量管理、价值工程等一系列工程技术方法，管好、用好、修好和经营好机器设备。对同等技术的设备，认真进行价格、运转、维修费用、折旧、经济寿命等方面的计算和比较，把好经济效益关。建立和健全合理的管理体制，充分发挥人员、机器和备件的效益。

(2)研究设备的可靠性与维修性。无论是新设备设计还是老设备改造，都必须重视设备的可靠性和维修性问题，因为提高可靠性和维修性可减少故障和维修作业时间，达到提高设备有效利用率的目的。

(3)以设备的一生为研究和管理对象，即运用系统工程的观点，把设备规划、设计、制造、安装、调试、使用、维修、改造、折旧和报废一生的全过程作为研究和管理对象。

(4)促进设备工作循环过程的信息反馈。设备使用部门要把有关设备的运行记录和长期经验积累所发现的缺陷，提供给维修部门和设备制造厂家，以便他们综合掌握设备的技术状况，进行必要的改造或在新设备设计时进行改进。

20世纪70年代初期，日本推行的“全员生产维修制”，是一种全效率、全系统和全员参加的设备管理和维修制度。它以设备的综合效率最高为目标，要求在生产维修过程中，自始至终做到优质、高产和低成本，按时交货，安全生产无公害，操作人员精神饱满。

“全系统”，是对设备寿命周期实行全过程管理，从设计阶段起就要对设备的维修方法和手段予以认真考虑，既抓设备前期阶段的先天不足，又抓使用维修和改造阶段的故障分析，达到排除故障的目的。“全员参加”，是指上至企业最高领导，下到每位操作人员都参加生产维修活动。在设备综合管理阶段，设备维修的方针是：建立以操作工点检为基础的设备维修制；实行重点设备专门管理，避免过剩维修；定期检测设备的精度指标；注意维修记录和资料的统计及分析。

10.1.4 设备管理的分类

设备管理分为自有设备管理和租赁设备管理。自有设备按照设备折旧、使用台班进行自有机械费的核算；租赁的机械费按照租赁时间和单价核算机械租赁费；自有机械使用费、机械租赁费共同构成工程项目的机械费，进行成本核算。

1. 自有设备管理

系统根据设备使用计划进行设备的调配，提高设备使用效率，合理调配设备资源，保证工程顺利施工，主要处理现场设备的日常管理及机械费的核算业务。主要包括:使用计划、采购管理、库存管理、设备台账管理、设备使用、设备日常管理、机械费核算等。

2. 设备租赁管理

根据工程预算和整体进度计划，结合自有设备情况制定设备租赁计划，合理调配资源，提高设备利用率，确保工程顺利施工。根据租赁数量、租出时间、退租时间、租赁单价核算租赁费，根据租赁费、赔偿费结合工程项目进行机械料费的核算。主要包括:租赁计划、租赁合同管理、设备进场、机械出场、租赁费用结算等费用结算支付。

10.1.5 设备的综合管理

1. 设备综合管理的概念

设备综合管理是指运用长远的、全面的、系统的观点，采取一系列技术的、经济的、组织的措施，力求设备寿命周期费用最低，综合效率最高，从而获得最佳经济效益。

设备管理是随着工业生产的发展，设备现代化水平的不断提高，以及管理科学和技术的发展逐步发展起来的，它经历了传统设备管理和设备综合管理两个阶段。传统设备管理的理论核心是设备使用过程中的维修管理，其工作集中在设备的维修阶段，侧重技术管理，把设计、制造过程的管理与使用过程的管理严格分开，忽视了全面管理。设备综合管理是在设备维修管理的基础上，为了提高设备的管理技术、经济效益和社会效益，以适应市场经济的进一步发展要求，运用设备综合工程学的成果，吸取了现代管理理论，综合了现代科学技术的新成果，而逐步发展起来的设备管理理论和方法。设备综合管理是广义的设备管理，即设备的技术和经济的全面管理，要做到技术上先进，经济上合理。

2. 设备综合管理的形成

1971 年，在英国工商部的指导下，英国设备综合工程中心的丹尼斯 · 帕克斯(Dennis Parkes)在国际设备工程年会上发表了一篇设备综合工程学研究报告，运用系统论、控制论、信息论的基本原理，提出了一种新的设备管理理论——设备综合工程学(Terotechnology)。概括来说，设备综合工程学主要内容如下:

⑴设备综合工程学的研究目标是设备的寿命周期费用的最经济。

⑵它综合了与设备相关的工程技术、管理、财务等各方面的内容，是综合的管理科学。

⑶它提出了进行设备可靠性、维修性设计的理论和方法。

⑷它全面考虑设备一生的机能，是全过程的管理科学。

⑸它强调关于设计、使用效果及费用信息反馈在设备管理中的重要性，要求建立相应的信息交流和反馈系统。

丹尼斯 · 帕克斯的这篇报告最终引起了设备管理领域的重大改革，使设备管理进入了一个新的时期——设备综合管理时期。他所提出的设备综合工程学也成了设备综合管理的主要代表理论。

同一时期，日本在吸收欧美最新研究成果的基础上，结合他们自己丰富的管理经验，也创建了富有特色的全员生产维修制度 TPM(Total Productive Maintenance)。其主要内容是:

①目标是使设备的总效率最高。

②建立包括设备整个寿命周期的生产维修系统，即管理设备的一生。

③包括与设备有关的所有部门，如设备规划、使用、维修部门等。

④从最高管理部门到基层工人全体人员都参加。

⑤加强思想教育，开展小组自主活动，推进生产维修。

可以看出，TPM与设备综合工程学在本质上是一致的，只不过TPM更具操作性，设备综合工程学更具理论性。

3. 设备综合管理的特点

如上所述，由于“设备综合工程学”和“全员生产维修制度”的产生，从而使设备管理进入了综合管理的新阶段。我们不难看出，设备综合管理是以提高设备综合效益和实现设备寿命周期费用最小为目标的一种新型的设备管理模式。概括地说，它具有以下有别于传统设备管理模式的特点：

(1)设备综合管理是一种全过程的系统管理。它强调对设备的一生(从设计、制造使用、报废)进行管理，认为设备的前期管理(指设备投入生产前的规划、设计、制造或购置)、安装、调试等过程的管理与后期管理(指设备投入生产后的使用、维修、改造直至更新、报废的管理)密不可分，二者同等重要，决不可偏废任何一方。

(2)设备综合管理是一种全方位的综合管理。它强调设备管理工作有技术、经济、组织三个方面的内容，三者有机联系、相互影响。在设备管理工作中要充分考虑三者的平衡。

(3)设备综合管理是一种全员参与的群众性管理。它强调设备管理不只是设备使用和管理部门的事情，企业中的所有与设备有关的部门和人员都应参与其中。

4. 我国设备综合管理的发展

目前，设备综合管理的理论与实践工作在欧美、日本等国得到了很大的发展，为企业带来了可观的综合效益，但在我国却还处于刚刚起步的阶段。

我国的设备管理工作是从第一个五年计划时期发展起来的。以苏联计划预修制为借鉴，结合我国实际，几十年来有了较大的发展，打下了一定的基础。然而，由于多年来重基建、轻生产，重维修、轻更新等思想的影响，国家大部分设备均用于扩大再生产，而企业维持简单再生产所需设备得不到应有的补充，机械工业企业设备役龄较长，折旧率低，普遍存在精度差、效率低、老化严重等问题，加之多年推行的设备管理体制存在的固有缺陷，对企业的生产及发展都带来了许多问题。近年来，许多有识之士已着手进行设备管理的改革，使我国企业的设备管理由传统模式向设备综合管理过渡。1987年，国家经委在《工业交通企业设备管理条例》中就已经把设备综合管理列为设备管理现代化的重要内容，要求在企业中积极推进现代设备管理工作。可以预计，随着科学技术水平及企业管理水平的提高，我国设备管理工作也必将进入一个新的发展阶段。

10.2 设备的前期管理

10.2.1 什么是设备的前期管理

设备的前期管理是指从设备需求提出直至设备采购，安装调试、验收投入使用的管理，它包含设备需求策划、设备采购评审、设备招标、签订技术协议和合同、设备到厂检验、设备安装、设备调试、设备终验收、设备移交等过程。

10.2.2 设备前期管理的职责分工

设备前期管理是一项系统工程，企业各个职能部门应有合理的分工和协调的配合，否则前期管理会受到影响和制约。设备前期管理涉及企业的规划和决策部门、工艺部门、设备管理部门、动力部门、安全环保部门、基建管理部门、生产管理部门、财会部门以及质量检验部门。其具体的职责分工如下：

1. 规划和决策部门

企业的规划和决策部门一般都要涉及企业的董事会和经理、总工程师、总设计师。应根据市场的变化和发展趋向，结合企业的实际状况，在企业总体发展战略和经营规划的基础上委托规划部门编制企业的中长期设备规划方案，并进行论证，提出技术经济可行性分析报告，作为领导层决策的依据。在中长期规划得到批准之后，规划部门再根据中长期规划和年度企业发展需要制定年度设备投资计划。企业应指定专门的领导负责各部门的总体指挥和协调工作，规划部门加以配合，同时组织人员对设备和工程质量进行监督评价。

2. 工艺部门

在设备前期管理阶段，工艺部门的职责包括：从新产品、新工艺和提高产品质量的角度向企业规划和高级决策部门提出设备更新计划和可行性分析报告；编制自制设备的设计任务书；负责签定委托设计技术协议；提出外购设备的选型建议和可行性分析；负责新设备的安装布置图设计、工艺装备设计、制定试车和运行的工艺操作规程；参加设备试车验收等。

3. 设备管理部门

在设备前期管理阶段，工艺部门的职责包括：负责设备规划和选型的审查与论证；提出设备可靠性、维修性要求和可行性分析；协助企业领导做好设备前期管理的组织、协调工作；参加自制设备设计方案的审查及制造后的技术鉴定和验收；参加外购设备的试车验收；收集信息，组织对设备质量和工程质量进行评价与反馈；负责设备的外购订货和合同管理，包括订货、到货验收与保管、安装调试等。对于一般常规设备，可以由设备和生产部门派专人共同组成选型、采购小组，按照设备年度规划和工艺部门、能源部门、环保部门、安全部门的要求进行；对于精密、大型、关键、稀有、流程、价值昂贵的设备，应以设备管理部门为主，由生产、工艺、基建管理、设计及信息部门的有关人员组成选型决策小组，以保证设备引进的先进性、经济性。

4. 动力部门

根据生产发展规划、节能要求和设备实际动力要求，提出动力站房技术改造要求，作出动力配置设计方案并组织实施；参加设备试车验收工作。

5. 安全与环保部门

提出新设备的安全环保要求，对于可能对安全、环保造成影响的设备，提出安全、环保技术措施的计划并组织实施；参加设备的试车和验收，并对设备的安全与环保实际状况作出评价。

6. 基建管理部门

负责设备基础及安装工程预算；负责组织设备的基础设计、施工，配合做好设备安装与试车工作。

7. 生产管理部门

负责新设备工艺装备的制造，新设备试车准备，如人员培训、材料、辅助工具等；负责自制设备的加工制造。

8. 财务部门

筹集设备投资资金；参加设备技术经济分析，控制设备资金的合理使用，审核工程和设备预算，核算实际需要费用。

9. 质量检测部门

负责自制和外购设备质量、安装质量和试生产产品质量的检查；参加设备验收。

以上介绍了企业各职能部门对设备前期管理的责任分工。这项工作一般应由企业领导统筹安排，指定一个主要责任部门，如设备管理部门作为牵头单位，明确职责分工，加强相互配合与协调。

10.2.3 设备前期管理的工作程序

设备前期管理按照工作时间先后可分为规划、实施和总结评价三个阶段，各阶段的内容和程序如下：

1. 规划阶段

规划阶段主要进行规划构思、初步选择、编制规划、评价和决策。本阶段工作的重点是进行规划项目的可行性研究，确定设备的规划方案。

2. 实施阶段

实施阶段主要进行设备的设计制造，或者是进行选型（招标）、订货和购置等工作，并对这些工作加以管理。如设备正式使用前的人员培训、检查验收、试运行等管理。本阶段工作的重点是尽可能地缩短设备的投资周期，及时发挥设备的投资效益。

3. 总结评价阶段

总结评价阶段主要进行设备在规划、设计制造或选型采购、安装调试、使用初期等阶段的数据和信息的搜集、整理、分析和反馈，为以后企业设备的规划、设计或选型提供依据。

10.2.4 设备前期管理的重要意义

从设备一生的全过程（设备全过程管理）来看，设备的规划对设备一生的综合效益影响较大。维修固然重要，但就维修的本质来说是事后的补救，而设计制造中的问题，在单纯的维修中往往无法解决。

一般来说，降低设备成本的关键在于设备的规划、设计与制造阶段。因为在这个阶段设备的成本（包括使用的器材、施工的工程量和附属装置等的费用）已基本上决定了。显然，精湛优良的设计会使设备的造价和寿命周期费用大为降低，并能完全达到性能要求。

设备前期管理若不涉及外购设备的设计和制造，设备的寿命周期费用一般无法直接控制。所以，首要的任务就是要把握设备的规划决策和外购设备的选型购置两个关键环节，做好了这一部分工作，就抓住了前期工作的关键，也就基本上做好了设备的前期管理工作。总体而言，设备前期管理对于企业具有如下重要意义：

1. 设备的规划和选择，决定企业的生产规模、生产方式、工艺过程和技术水平

这些都是关系企业发展方向的根本性问题。设备规划合理、设备选择得当，就能为企业掌握和应用先进的技术装备奠定良好基础，就能使企业的生产经营目标顺利实现；反之，如果决策失误，选择不当，必将妨碍企业生产的正常进行和经营目标的实现，影响企业的顺利发展。

2. 设备投资一般占企业固定资产投资的60% ~70%左右，而投资的使用是否合理得当则取决于对设备的规划和选择

设备规划得当，选择合理，便可求得满足生产要求与节约投资的统一；反之，就会造成投资的浪费和设备积压。

3. 设备的规划和选择，决定着设备的质量

设备的生产效率、精度性能、可靠程度、生产是否适用、维修是否方便、使用是否安全、能源节省或浪费、对环境有无污染等，都决定于规划和选择。如果规划、选型得当，将可使设备长期稳定地运转，使设备的有效利用率得到提高，使产品生产工艺对设备的各项要求得到满足，使生产在保证产品质量的条件下顺利进行；反之，精度性能不能满足产品生产工艺要求、可靠性差、维修不便、故障不断、修理频繁、安全事故时有发生和修理停歇时间增长，必将严重影响生产的正常进行。

4. 设备的规划和选型，决定着设备全寿命周期的费用，决定着产品的生产成本

设备的寿命周期费用是设置费和维持费的总和。设备的设置费是以折旧的形式转入产品成本的，构成产品固定成本的重要部分，使用费（包括动力费和操作工人工资等）则直接影响着产品的变动成本。设备寿命周期费用的大小，直接决定着产品制造成本的高低，决定着产品竞争能力的强弱和企业经营的经济效益；而设备寿命周期费用的95%以上，则取决于设备的规划、设计与选型阶段的决策。欲求在保证设备的技术性能、满足生产使用要求的前提下使设备的寿命周期费用最小，就必须做好设备规划选型决策前的方案论证和可行性分析工作，在满足生产技术要求下，设法降低设备的设置费和维持费。这样才能以较低的寿命周期费用取得较高的综合效益。

10.3 设备的维护和修理

设备投入使用后，设备管理最重要的工作就是设备的维护和修理。工作人员要掌握设备磨损和故障发生规律，应用科学的的维护和修理方法，合理使用设备。

10.3.1 设备的磨损理论

设备磨损是指设备在使用、存置等过程中所发生的各种物质损耗、性能变差、价值降低现

象的总称。设备在使用过程中和闲置过程中都会发生磨损，按照不同的分类标准设备的磨损可以分为不同的种类。

1. 设备的有形磨损

⑴设备有形磨损的分类。有形磨损又称物质磨损，是指设备的实体磨损（物理磨损）。此类磨损按在设备使用时发生称为Ⅰ类有形磨损，在存置时发生称为Ⅱ类有形磨损

⑵设备有形磨损的规律。设备的磨损大致可以分为三个阶段：

①初期磨损阶段。在这一阶段，机器零件表面上的高低不平处，以及氧化脱炭层，由于零件的运转、互相摩擦力的作用，很快被磨损。这一阶段的磨损速度较快，但时间较短。

②正常磨损阶段。又称稳定磨损阶段。在这个阶段，零件的磨损基本上随时间匀速增加。在正常情况下，零件磨损非常缓慢。

③急剧磨损阶段。又称强烈磨损阶段，它是磨损的第三阶段。在这个阶段，零件正常磨损关系被破坏，使得磨损急剧增加。设备的精度、性能和生产效率降低。所以，一般不允许零件使用到急剧磨损阶段，当零件到正常磨损阶段后期就应修复或更换，否则，将会加大修理工作量，增加修理费用，延长设备停工修理时间。

2. 设备的无形磨损

设备的无形磨损不是由生产过程中使用或自然力的作用造成的，而是由于社会经济环境变化造成的设备价值贬值，是技术进步的结果，无形磨损又有两种形式。

⑴第一种无形磨损。即设备的技术结构和性能并没有变化，但由于技术进步、设备制造工艺不断改进、社会劳动生产率水平的提高、同类设备的再生产价值降低，因而设备的市场价格也降低了，致使原设备相对贬值。这种无形磨损的后果只是现有设备原始价值部分贬值，设备本身的技术特性和功能即使用价值并未发生变化，故不会影响现有设备的使用。因此，不产生提前更换现有设备的问题。

⑵第二种无形磨损。即由于科学技术的进步，不断创新出结构更先进、性能更完善、效率更高、耗费原材料和能源更少的新型设备，使原有设备相对陈旧落后，其经济效益相对降低而发生贬值。这种无形磨损的后果不仅是使原有设备价值降低，而且由于技术上更先进的新设备的发明和应用会使原有设备的使用价值局部或全部丧失，这就产生了是否用新设备代替现有陈旧落后设备的问题。

有形磨损和无形磨损都会引起设备原始价值的贬值，这一点两者是相同的。不同的是，遭受有形磨损的设备，特别是有形磨损严重的设备，在修理之前常常不能工作；而遭受无形磨损的设备，并不表现为设备实体的变化和损坏，即使无形磨损很严重，其固定资产物质形态却可能没有磨损，仍然可以使用，只不过继续使用它在经济上是否合算，需要分析研究。

3. 设备磨损的对策

设备磨损是客观必然的。针对磨损规律分别采取有效措施，就能保证设备经常处于良好的技术状态。

⑴设备的正常磨损阶段是设备处于最佳的技术状态。因此，要加强对设备的合理使用，精心维护保养，尽量延长设备的最佳技术状态的延续时间，以保证优质、高产，提高经济效益。

⑵加强设备的日常检查和定期检查，及时掌握零件磨损情况，在设备进入急剧磨损阶段，及时进行修理，可以防止设备故障，减少修理工作量。

⑶根据零件磨损规律，分析计算零件的磨损率和使用期限，有计划地进行更换修理。

10.3.2 设备的合理使用

设备的合理使用是设备综合管理的一个重要环节。设备寿命的长短、效率的大小、精度的高低，固然取决于设备本身的设计结构和各种参数，但在很大程度上取决于人们对设备的合理使用。正确、合理地使用设备，可以减少磨损、保持设备的良好性能和应用精度，从而充分发挥设备应有的生产率。

合理使用设备，必须注意以下几点：

1. 要根据设备的性能、结构和其他技术特征，恰当地安排生产任务和工作负荷

恰当地安排生产任务，是要使设备物尽其用，避免“大机小用”、“精机粗用”等现象。不同的设备是依据不同的科学技术原理设计制造的，它们的性能、结构、精度、使用范围、工作条件和能力以及其他技术条件各不相同。企业如果忽视上述特点，会造成设备效率的浪费，或使设备超负荷运转，加速损坏。

2. 为设备配备具有一定熟练程度的操作者

为了充分发挥设备的性能，使机器设备再最佳状态下使用，必须配备与设备相适应的工人，要求操作者熟悉并掌握设备的性能、结构、工艺加工范围和维护保养技术。新工人上机一定要进行技术考核，合格后方可允许独立操作。对于精密、复杂、稀有以及对生产带有关键性的设备，应指定具有专门技术的工人去操作。实行定人定机，凭操作证操作。

3. 要为设备创造良好的工作环境

机器设备的工作环境对机器设备的精度、性能有很大的影响，不仅高精度设备的温度、灰尘、震动、腐蚀等环境需要严格控制，对于普通精度的设备也要创造适当的条件。良好的工作环境不仅可以延长设备的有效寿命，而且对提高产品质量也有很大的作用。

4. 要经常对职工进行正确使用和爱护设备的宣传教育

职工对机器设备的爱护程度，对于设备的使用和保养以及设备效率能否充分发挥有着重大的影响。因此，企业一定要对职工进行思想教育和技术培训，使操作人员养成自觉爱护设备的风气和习惯，使设备经常保持“整齐、清洁、润滑、安全”，处于最佳技术状态。

5. 制定有关设备使用和维修方面的规章制度，建立、健全设备使用的责任制。

10.3.3 设备的维护和检查

1. 设备的维护保养

设备的维护护保养是操作员工为了保持设备正常的技术状态，延长设备使用寿命所必须进行的日常工作。设备的维护保养是设备管理中的重要内容。设备维护工作做好了，可以减少设备故障，从而节约维修费用，降低成本，保证服务质量，给企业和员工带来良好的经济效益。

设备的维护保养，按其工作量的大小，可以分为以下几个类别：

(1)日常保养。也称例行保养。主要内容是进行清洗、润滑、紧固松动的螺丝、检查零部件状况。这类保养项目和部位较大，大多数在设备的外部，由操作工人承担。

(2)一级保养。主要内容是普遍地进行清洗、润滑、紧固，对部分零部件进行拆卸、清洗，以及进行部分的调整。一级保养通常是在专职维修工人的指导下，由操作工人承担。

(3)二级保养。主要内容是进行内部清洗、润滑、局部解体检查和调整。二级保养由专职维

修工人承担，由操作工人协助。

⑷三级保养。主要内容是对设备主体部分进行解体检查和调整工作，同时更换一些磨损零件，并对主要零件的磨损情况进行测量、鉴定。

设备维护保养的类别和内容，应按设备的生产工艺、结构复杂程度和不同企业的习惯来规定。从我国各企业规定的设备保养制度来看，差别比较大。有些机器制造企业的金属切削机床，执行的是“日保”、“一保”、“二保”的三级保养制度，但内容又各不一样。某些石油企业的活动设备和泵站设备，规定四级保养制度；冶金企业的高炉、平炉，化工企业的各种装置，则不规定保养类别。

2. 设备的检查

设备检查，是指对设备的运行情况、工作精度、磨损或腐蚀程度进行测量和校验。通过检查全面掌握机器设备的技术状况和磨损情况，及时查明和消除设备的隐患，有目的地做好修理前的准备工作，以提高修理质量，缩短修理时间。

检查按时间间隔分为日常检查和定期检查。日常检查由设备操作人员执行，同日常保养结合起来，目的是及时发现不正常的技术状况，进行必要的维护保养工作。定期检查是按照计划，在操作者参加下，定期由专职维修工执行。目的是通过检查，全面准确地掌握零件磨损的实际情况，以便确定是否有进行修理的必要。

检查按技术功能，可分为机能检查和精度检查。机能检查是指对设备的各项机能进行检查与测定，如是否漏油、漏水和漏气，防尘密闭性如何，零件耐高温、高速和高压的性能如何等。精度检查是指对设备的实际加工精度进行检查和测定，以便确定设备精度的优劣程度，为设备验收、修理和更新提供依据。

10.3.4 设备的修理

设备的修理，是指修复由于日常或不正常原因造成的设备损坏和精度劣化。通过修理更换磨损、老化、腐蚀的零部件，可以使设备性能得到恢复。设备的修理和维护保养是设备维修的不同方面，二者由于工作内容与作用的区别是不能相互替代的，应把二者同时做好，以便相互配合、相互补充。

1. 设备修理的种类

根据修理范围的大小、修理间隔期长短和修理费用多少，设备修理可分为小修理、中修理和大修理三类。

⑴小修理。小修理通常只需修复、更换部分磨损较快和使用期限等于或小于修理间隔期的零件，调整设备的局部结构，以保证设备能正常运转到计划修理时间。小修理的特点是：修理次数多，工作量小，每次修理时间短，修理费用计入生产费用。小修理一般在生产现场由车间专职维修工人执行。

⑵中修理。中修理是对设备进行部分解体、修理或更换部分主要零件与基准件，或修理使用期限等于或小于修理间隔期的零件；同时要检查整个机械系统，紧固所有机件，消除扩大的间隙，校正设备的基准，以保证机器设备能恢复和达到应有的标准和技术要求。中修理的特点是：修理次数较多，工作量不很大，每次修理时间较短，修理费用计入生产费用。中修理的大部分项目由车间的专职维修工在生产车间现场进行，个别要求高的项目可由机修车间承担，修理后要组织检查验收并办理送修和承修单位交接手续。

⑶大修理。大修理是指通过更换，恢复其主要零部件，设备原有精度、性能和生产效率而进行的全面修理。大修理的特点是：修理次数少，工作量大，每次修理时间较长，修理费用由大修理基金支付。设备大修后，质量管理部门和设备管理部门应组织使用和承修单位有关人员共同检查验收，合格后送修单位与承修单位办理交接手续。

2. 设备修理的方法

常用的设备修理的方法主要有以下几种：

⑴标准修理法。又称强制修理法，是指根据设备零件的使用寿命，预先编制具体的修理计划，明确规定设备的修理日期、类别和内容。设备运转到规定的期限，不管其技术状况好坏，任务轻重，都必须按照规定的作业范围和作业要求进行修理。此方法有利于做好修理前准备工作，有效保证设备的正常运转，但有时会造成过度修理，增加了修理费用。

⑵定期修理法。定期修理法是指根据零件的使用寿命、生产类型、工件条件和有关定额资料，事先规定出各类计划修理的固定顺序、计划修理间隔期及其修理工作量。在修理前通常根据设备状态来确定修理内容。此方法有利于做好修理前准备工作，有利于采用先进修理技术，减少修理费用。

⑶检查后修理法。检查后修理法是指根据设备零部件的磨损资料，事先只规定检查次数和时间，而每次修理的具体期限、类别和内容均由检查后的结果来决定。这种方法简单易行，但由于修理计划性较差，检查时有可能由于对设备状况的主观判断误差引起零件的过度磨损或故障。

10.4 设备的更新与改造

10.4.1 设备更新

1. 设备更新的概念

设备更新是指用比较先进经济的设备，来替代技术上不能继续使用或经济上不宜继续使用的设备。

2. 设备更新的形式

设备更新的形式一般有两种：

⑴设备的原型更新。又称为简单更新。是指用同类型的新设备代替旧设备。它适用于设备的技术寿命尚可但物质寿命已尽，或设备制造厂受技术水平限制不能提供新的机型。

⑵设备的技术更新。是指用技术上更加先进、效率更高的先进设备来代替技术寿命已尽、经济上不宜继续使用的陈旧设备。

3. 设备更新的原则

设备更新应遵循以下原则：

⑴设备更新应当结合企业的经济条件，有计划、有重点和有步骤地进行。

⑵要做好调查摸底工作，根据企业的实际需要和可能安排设备的更新工作。注意克服生产薄弱环节，提高企业的综合生产能力。

⑶有利于提高生产的安全程度，有利于减轻工人劳动强度，防止环境污染。

⑷更新设备要同加强原有设备的维修和改造结合起来，如改造后能达到生产要求的，可暂不更新。

⑸讲求经济效益，做好设备更新的技术经济分析工作。主要包括确定设备的最佳更新周期、计算设备投资回收期等。

4. 设备更新最佳周期的确定

设备更新最佳周期的确定（经济寿命的确定）常用的方法有两种：

⑴年平均使用费用法（也叫面值法）。这种方法是分析和计算同类设备的统计资料，通过比较每年平均总使用费用，来确定设备更新周期的一种方法。年平均总使用费用最低的年限，就是该类型设备的经济寿命。

⑵低劣化数值法。这种方法是假定设备使用后残值为零，设备维修费用及燃料动力消耗每年以固定的数值增加的条件下，以年平均使用费用最小为标准，确定设备最佳更新周期。

5. 设备更新方案比选

⑴设备更新方案比选的原则

在设备更新方案比选时，应遵循如下原则：

①不考虑沉没成本。沉没成本就是过去已支付的靠今后决策无法回收的金额。在进行方案比选时，原设备的价值应按目前的实际价值计算，而不考虑其沉没成本。

②不要简单地按照新、旧设备方案的直接现金流量进行比较。

③逐年滚动比较。该原则意指在确定最佳更新时机时，应首先计算现有设备的剩余经济寿命和新设备的经济寿命，然后利用逐年滚动计算方法进行比较。

⑵设备更新方案的比选

①设备的寿命。现代设备的寿命，不仅要考虑自然寿命，而且还要考虑技术寿命和经济寿命。一是设备的自然寿命。设备的自然寿命，又称物质寿命。它是指设备从投入使用开始，直到因物质磨损而不能继续使用、报废为止所经历的时间。它主要是由设备的有形磨损所决定的。二是设备的技术寿命。设备的技术寿命，又称有效寿命。它是指从设备开始使用到因技术落后而被淘汰所延续的时间，也即是指设备在市场上维持其价值的时期。技术寿命主要是由设备的无形磨损所决定的，它一般比自然寿命要短。科学技术进步越快，技术寿命越短。三是设备的经济寿命。设备的经济寿命，是从经济的角度来看设备最合理的使用期限，具体言之，是指设备从投入使用开始，到因继续使用经济上不合理而被更新所经历的时间。它是由维护费用的提高和使用价值的降低决定的。设备的经济寿命就是从经济观点（即成本观点或收益观点）确定的设备更新的最佳时刻。

②设备的经济寿命估算。确定设备经济寿命的方法可以分为静态模式和动态模式两种。一是静态模式下设备经济寿命的确定方法。静态模式下设备经济寿命的确定方法，就是在不考虑资金时间价值的基础上计算设备年平均成本，使设备年平均成本最小就是设备的经济寿命。二是动态模式下设备经济寿命的确定方法。动态模式下设备经济寿命的确定方法，就是在考虑资金的时间价值的情况下计算设备的净年值 NAV 或年成本 AC，通过比较年平均效益或年平均费用来确定设备的经济寿命。

③设备更新方案的比选。由于新设备方案与旧设备方案的寿命在大多数情况下是不等的，各方案在各自的计算期内的净现值不具有可比性。因此，设备更新方案的比选主要应用的仍然是净年值或年成本。

10.4.2 设备改造

1. 设备改造的概念

设备改造是指把科学技术新成果应用于企业的现有设备，通过对设备进行局部革新、改造，以改善设备性能，提高生产效率和设备的现代化水平。

2. 设备改造的形式

(1)设备的改装。是指为了满足增加产量或加工要求，对设备的容量、功率、体积和形状的加大或改变。例如，将设备以小拼大，以短接长，多机串连等。改装能够充分利用现有条件，减少新设备的购置，节省投资。

(2)设备的技术改造(也称现代化改造)。是指把科学技术的新成果应用于企业的现有设备，改变其落后的技术面貌。例如，将旧机床改造为程控、数控机床，或在旧机床上增设精密的检测装置等。技术改造可提高产品质量和生产效率，降低消耗，提高经济效益。

3. 设备改造的内容

(1)提高设备自动化程度，实现数控化、联动化；

(2)提高设备功率、速度和扩大设备的工艺性能；提高设备零部件的可靠性、维修性；

(3)将通用设备改装成高效、专用设备；

(4)实现加工对象的自动控制；

(5)改进润滑、冷却系统；

(6)改进安全、保护装置及环境污染系统；

(7)降低设备原材料及能源消耗；

(8)使零部件通用化、系列化和标准化。

4. 设备改造的原则

企业在搞设备改造时，必须充分考虑改造的必要性、技术上的可能性和经济上的合理性。具体应注意以下几点：

(1)设备改造必须适应生产技术发展的需要，针对设备对产品质量、数量、成本、生产安全、能源消耗和环境保护等方面的影响程度，在能够取得实际效益的前提下，有计划、有重点和有步骤地进行。

(2)必须充分考虑技术上的可能性，即设备值得改造和利用，有改善功率、提高效率的可能。改造要经过大量试验，并严格执行企业审批手续。

(3)必须充分考虑经济上的合理性。改造方案要由专业技术人员进行技术经济分析，并进行可行性研究和论证。设备改造工作一般应与大修理结合进行。

(4)必须坚持自力更生方针，充分发动群众，总结经验，借鉴国外企业的先进技术成果，同时也要重视吸收国外领先的科学技术。

思考题：

1. 设备综合管理有哪些主要特征?
2. 简述设备的磨损规律。
3. 如何合理使用设备?
4. 简述设备的前置管理。

5. 设备更新最佳周期如何确定?

【案例分析】

以“螺纹机床”为案例的设备管理

(一)设备的前期管理

设备的前期管理就是企业对设备前期的各个环节的全面管理，它是设备一生管理中的重要环节，它对提高设备技术水平和提高设备投资技术经济效果具有重要作用。

在设备管理前期中各部门必须搞好横向联系，密切配合、互相协调，共同搞好设备前期管理。在外购螺纹机床之前，先根据车厂的情况进行设备的布置设计，以方便螺纹机床的安装、验收。在选购机床的时候，要充分考虑选购设备的生产性、可靠性、成套性、先进性和环保性。在采购过程中，要注意选择合适的采购方式，一定要做好设备的质量控制工作，采购合同要经双方协商并注意其中的约定事项，要重视跟踪设备的安装调试和试运行工作。设备选购还要符合技术上先进、经济上合理、生产上实用的原则。

在螺纹机床送至工厂后，先对其进行验收移交，再进行安装，在安装调试完毕后验收，最后移交设备。

(二)设备的资产管理

设备资产管理指企业设备管理部门对属于固定资产的机械、动力设备进行的资产管理。其主要内容包括生产设备的分类与资产编号、重点设备的划分与管理、设备资产管理基础资料的管理、设备资产变动的管理、设备的库存管理、设备资产的评估。

上面提到螺纹机床已经送至工厂并完成安装和移交，企业可以对外购的机床进行资产计价，以便于资产的清理核算，而像螺纹机床这种大型的设备是资产评估的重点。在资产计价时要充分考虑到机床在以后的运行时的各类磨损。

在工厂车间里，往往有好几台设备甚至好几十台设备，为了方便对设备做好资产管理，会为每一台设备分配编号，螺纹机床也有自己的编号。设备资产的编号直接关系到设备账、卡、物的统一，对于实行资产分类管理起着重大作用，在进行分类编号要遵循系统性、唯一性、通用性、实用性、可扩展性的原则

(三)设备的使用与保养

车床是企业的重点设备，一定要做好使用与保养工作。螺纹机床是一种高精度机床，所以把它归类到重点设备的保管要求。对螺纹机床的保管要单独设立台账，要求单机档案、精度检测记录、图纸资料齐全，机床上有明显的标志。

螺纹机床只有经过培训呢的作业人员才能操作，在机器上要张贴告示，明确禁止异常操作，还应张贴操作注意事项。只有合理的使用设备，才能减轻磨损，使设备保持良好的性能和应有的精度，从而发挥应有的生产效率。

现代工厂大量使用各种机械、电器设备使得相应的能源消耗急剧增加，为了降低生产成本，必须进行能源的成本控制。当螺纹机床在闲置时，也要耗费人工、劳务成本，所以控制好维护成本及其重要。机床平时的保养分一级保养、二级保养、三级保养。一级保养就是做好日常的检查、润滑保养，此时的机床既做好了清洁又处于完好状态。对机床进行二级保养主要是为了清除设备使用过程中由于零部件磨损和维护保养不良所造成的局部损伤，减少设备的有形磨损，为完成生产任务提供保障。三级保养是设备磨损的一种补偿形式，是以维持设备

技术状况为主的检修形式。

螺纹机床在使用过程中不可缺少的程序是润滑。润滑主要包括定点、定质、定量、定期和定人。为了减少油液中杂志的含量，防止尘屑等杂质随油进入设备而采取进化措施“三过滤”：入库过滤、发放过滤、加油过滤。

（四）设备的维修管理

螺纹机床在使用过程中，零部件会逐渐发生磨损、变形、断裂、锈蚀等现象。设备的修理就是对技术状态变化时发生故障的设备通过更换或修复磨损失效的零件，对整机或局部进行拆装、调整的技术活动。维修方式有事后维修、预防维修、改善维修，每种维修方式参与螺纹机床使用过程中的阶段各不相同但又缺一不可。在对螺纹机床的修理计划进行编制时，要遵循的原则有：作业控制准则、工作量均衡准则、资源集中分散结合原则、信息畅通准确原则、与生产系统协调原则。在进行维修前要做好设备的修前准备工作。在维修完成后要进行验收和考核，以保证设备在以后使用过程中的高效率。

【拓展训练】

参观当地一个工厂，了解其机器使用和维护情况，分析存在的问题，运用所学知识提出中肯、切实的改进建议。

第 11 章　现代企业组织生产的先进生产方式

11.1　生产运作方式的演变过程

随着科学技术的迅速发展，生产能力取得了巨大的进步，制造业的生产方式也不断演变，形成了诸如精益生产、精密制造等先进的生产方式。而且，在传统制造技术逐步向现代高新技术发展、渗透、交汇和演变过程中，形成先进制造技术的同时，也出现了 CIMS、OPT 等先进的制造模式。这些先进的生产方式和制造模式对制造企业提高产品质量和市场竞争力有着重要作用。本章主要就一些先进的生产方式和制造模式进行简要介绍。

11.1.1 生产运作方式概述

生产运作方式是指生产者对所投入资源要素、生产过程以及产出物的有机、有效组合和运营方式的一种通盘概括，是对生产运作管理中的战略决策、系统设计和系统运行管理问题的全面综合。其要素可归结为 3M1I：人(Man)、机(Machine)、料(Material)和信息(Information)，其中人是最重要的要素，而信息在现代生产运作方式中逐渐演变为关键因素。一种生产运作方式不是一种具体方法的运用，而是在一种基本指导思想下的一整套方法、规则构成的体系，它涉及企业的每一个部门和每一项生产活动。

生产要素的配置和整合是通过管理来实现的。管理是一门技术，并且是现实情况下我国最缺的技术。在一个企业内部，生产运作方式就是生产的组织形式，究其实质而言就是一门生产管理技术。

11.1.2 生产运作方式的演变

由于生产运作方式取决于产品的品种和数量，而在市场经济体制下产品的品种和数量又取决于市场需求，所以企业的生产运作方式必然随着社会的发展而变化。任何一种生产运作方式都有一个产生、发展与衰退的过程，每种生产运作方式都有其优点，也有其缺陷。

发展是永恒的主题，随着人类社会从工业化向信息化的迈进，企业的生产运作方式也经历了或即将经历从手工生产→大批量生产→精益生产(JIT)→计算机集成制造→敏捷制造→大量定制→绿色制造的发展过程。

19世纪末，法国巴黎Panhard - Levassor机床公司开始制造汽车，它采用的是一种典型的手工生产运作方式，生产的汽车几乎没有两辆是相同的。其实手工生产的历史可以上溯到更早的年代，最早应该从农业经济时代就开始了。所以在手工生产运作方式下管理并不是生产的主要要素。

第一次世界大战以后，以美国福特汽车公司为代表的大批量生产运作方式逐步取代以欧洲企业为代表的手工生产运作方式。西方传统的泰勒式管理理念就是适用于工业化大生产、适应那个时代特定环境下的特定社会背景及企业运作模式的。工业经济是一种卖方经济，在那个时代，企业依据亚当 斯密的劳动分工原理，建立生产流水线以实现大规模标准化产品生产，以此追求高效率和市场竞争的成本优势。

第二次世界大战以后，以日本丰田汽车公司为代表的准时生产方式（JIT）又逐步取代了以美国福特公司为代表的大批量生产运作方式。准时生产综合了手工生产和大批量生产运作方式的优点，克服了两者的缺点。

精细生产（Lean Production，LP）是美国麻省理工学院汽车项目组（IMVP）的研究者约翰·克拉弗伊克给日本汽车工业的生产方式起的名称。它实质上与准时生产是一致的，只不过观察问题的角度和考虑问题的范围有所不同。之所以用“Lean”这个词，是因为与大量生产相比，LP只需要一半的人员、一半的生产场地、一半的投资、一半的工程设计时间、一半新产品开发时间和少得多的库存，就能生产质量更高、品种更多的产品。

JIT和LP的主要区别是，JIT是一种在企业内部持续改善的思想，LP则从关注外部的顾客开始，理解顾客需求，获得顾客订单并反馈给顾客，是LP的起点。通过分析所有产品生产的活动来识别顾客价值，然后从顾客的角度来优化整个生产流程。

1974年，美国的约瑟夫·哈林顿首次提出计算机集成制造（CIM）的概念。CIM是信息技术和生产技术的综合应用，目的在于使企业更快、更好和更省地制造出市场需求的产品。

20世纪70年代，以色列物理学家歌德拉特（Eli Goldratt）博士提出了最有生产技术（optimized production technology，OPT）。最初它被成为最优生产时间表，20世纪80年代才改称为最优生产技术。按照OPT的9条作业计划制定原则制定的作业计划既可行又准确。后来，歌德拉特又进一步将其发展成为约束理论（theory of constraints，TOC）。OPT作为一种新的生产方式，它吸收了MRP和JIT的长处。其独特之处不仅在于提供了一种新的管理思想，而且在于它的软件系统。

先进的生产运作方式还有敏捷制造、大量定制、绿色制造等，相信随着信息技术水平的不断发展，新的生产运作方式还会不断涌现。

11.2 JIT生产方式的基本思想和主要方法

11.2.1 JIT生产方式的概念

JIT生产方式（JIT，Just in time），其实质是保持物质流和信息流在生产中的同步，实现以恰当数量的物料，在恰当的时候进入恰当的地方，生产出恰当质量的产品。这种方法可以减少库存，缩短工时，降低成本，提高生产效率。

准时生产 JIT 是二战以后最重要的生产方式之一。由于它起源于日本的丰田汽车公司，因而曾被称为“丰田生产方式”，后来随着这种生产方式的独特性和有效性，被越来越广泛地认识、研究和应用，人们才称为 JIT。

11.2.2 JIT 生产方式产生的背景

日本汽车工业从其起步到今天经历了一个技术设备引进对国产化——建立规模生产体制——高度成长——工业巨大化——强化国际竞争力——出口日增对全球战略这样一个过程。但是，从一开始的技术设备引进阶段，日本汽车工业就没有全部照搬美国的汽车生产方式。这其中除了当时的日本国内市场环境、劳动力以及二次世界大战之后资金短缺等原因以外，一个很重要的原因是，以丰田汽车公司副总裁大野耐一等人为代表，他们从一开始就意识到了，美国汽车工业的生产方式虽然已很先进，但需采取一种更灵活，更能适应市场需求的能够提高产品竞争力的生产方式。

在 20 世纪后半期，整个汽车市场进入了一个市场需求多样化的新阶段，而且对质量的要求也越来越高，随之给制造业提出的新课题，即如何有效地组织多品种小批量生产，否则生产过剩就会引起设备、人员、库存费用等一系列的浪费，从而影响到企业的竞争能力以至于生存。

在这种历史背景下，1953 年，日本丰田公司的副总裁大野耐一综合了单件生产和批量生产的特点和优点，创造了一种在多品种小批量混合生产条件下高质量、低消耗的生产方式即准时生产(Just In Time，简称 JIT)。

JIT 生产方式在推广应用过程中，经过不断发展完善，为日本汽车工业的腾飞插上了翅膀，提高了生产效率。这一生产方式亦为世界工业界所注目，被视为当今制造业中最理想且最具有生命力的新型生产系统之一。

11.2.3 JIT 生产方式的基本思想

JIT 生产方式的基本思想是“只在需要的时候，按需要的量，生产所需的产品”，也就是追求一种无库存或库存达到最小的生产系统。JIT 的基本思想是生产的计划和控制及库存的管理。

JIT 生产方式以准时生产为出发点，首先暴露出生产过量和其他方面的浪费，然后对设备、人员等进行淘汰、调整，达到降低成本、简化计划和提高控制的目的。在生产现场控制技术方面，JIT 的基本原则是在正确的时间生产正确数量的零件或产品，即准时生产。它将传统生产过程中前道工序向后道工序送货，改为后道工序根据“看板”向前道工序取货，看板系统是 JIT 生产现场控制技术的核心，但 JIT 不仅仅是看板管理。

JIT 的基础之一是均衡化生产，即平均制造产品，使物流在各作业之间、生产线之间、工序之间、工厂之间均衡地流动。为达到均衡化，在 JIT 中采用月计划、日计划，并根据需求变化及时对计划进行调整。

JIT 提倡采用对象专业化布局，以减少排队时间、运输时间和准备时间，在工厂一级采用基于对象专业化布局，以使各批工件能在各操作间和工作间顺利流动，减少通过时间；在流水线和工作中心一级采用微观对象专业化布局和工作中心形布局，可以减少通过时间。

JIT 可以使生产资源合理利用，包括劳动力柔性和设备柔性。当市场需求波动时，要求劳动力资源也作相应调整。如需求量增加不大时，可通过适当调整具有多种技能操作者的操作来完成；当需求量降低时，可采用减少生产班次、解雇临时工、分配多余的操作工去参加维护和维修设备。这就是劳动力柔性的含义。而设备柔性是指在产品设计时就考虑加工问题，发展多功能设备。

JIT 强调全面质量管理，目标是消除不合格品，消除可能引起不合格品的根源，并设法解决问题。JIT 中还包含许多有利于提高质量的因素，如批量小、零件很快移到下工序、质量问题可以及早发现等。

JIT 以订单驱动，通过看板，采用拉动方式把供、产、销紧密地衔接起来，使物资储备，成本库存和在制品大为减少，提高了生产效率。

11.2.4 JIT 生产方式的核心

JIT 生产方式的核心是：消除一切无效的劳动与浪费，在市场竞争中永无休止地追求尽善尽美。JIT 十分重视客户的个性化需求；重视全面质量管理；重视人的作用；重视对物流的控制，主张在生产活动中有效降低采购、物流成本。作为 JIT 哲理，任何类型的企业都可以而且应当采用。

11.2.5 JIT 生产方式的主要特征

JIT 作为一种现代管理技术，能够为企业降低成本，改进企业的经营水平，体现在如下两点主要特征：

1. 以消除非增值环节来降低成本

JIT 生产方式是力图通过另一种方法来增加企业利润，那就是彻底消除浪费。即排除不能给企业带来附加价值的各种因素，如生产过剩、在制品积压、废品率高、人员利用率低、生产周期长等。

2. 强调持续地强化与深化

JIT 强调在现有基础上持续地强化与深化，不断地进行质量改进工作，逐步实现不良品为零、库存为零、浪费为零的目标。

11.2.6 JIT 生产方式的目标

JIT 生产方式将“获取最大利润”作为企业经营的最终目标，将“降低成本”作为基本目标。在福特时代，降低成本主要是依靠单一品种的规模生产来实现的。但是在多品种、小批量生产的情况下，这一方法是行不通的。因此，JIT 生产方式力图通过“彻底消除浪费”来达到这一目标。所谓浪费，在 JIT 生产方式的起源地丰田汽车公司，被定义为“只使成本增加的生产诸因素”，也就是说，不会带来任何附加价值的诸因素。任何活动对于产出没有直接的效益便被视为浪费。这其中，最主要的有生产过剩（即库存）所引起的浪费。搬运的动作、机器准备、存货、不良品的重新加工等都被看作浪费。同时，在 JIT 的生产方式下，浪费的产生通常被认为是由不良的管理所造成的。比如，大量原物料的存在可能便是由于供应商管理不良所造成的。因此，为了排除这些浪费，就相应地产生了适量生产、弹性配置作业人数以及保证质量这样三个子目录。

JIT 的目标是彻底消除无效劳动和浪费，具体要达到以下目标：

1. 质量目标

废品量最低:JIT 要求消除各种引起不合理的原因，在加工过程中每一工序都要求达到最好水平。

2. 生产目标

库存量最低:JIT 认为，库存是生产系统设计不合理、生产过程不协调、生产操作不良的证明。为此，需做到:减少零件搬运，搬运量要低。零件送进搬运是非增值操作，如果能使零件和装配件运送量减少，搬运次数减少，可以节约装配时间，减少装配中可能出现的问题;机器损坏低;批量尽量小。

3. 时间目标

为达到时间目标，需做到:一是准备时间最短。准备时间长短与批量选择相联系，如果准备时间趋于零，准备成本也趋于零，就有可能采用极小批量。二是生产提前期最短。短的生产提前期与小批量相结合的系统，应变能力强，柔性好。当然，不同目标的实现具有显著的相关性。

11.2.7 JIT 生产方式的主要原则

为了达到上述目标，JIT 对产品和生产系统设计考虑的原则主要有以下三个方面:

1. 在单个产品寿命周期已大大缩短的年代，产品设计应与市场需求相一致，在产品设计方面，应考虑到产品设计完后要便于生产。

2. 尽量采用成组技术与流程式生产。

3. 与原材料或外购件的供应者建立联系，以达到 JIT 供应原材料及采购零部件的目的。

11.2.8 JIT 生产方式的具体方法

在 JIT 方式中，试图通过产品的合理设计，使产品易生产、易装配，当产品范围扩大时，即使不能减少工艺过程，也要力求不增加工艺过程，具体方法有:

1. 模块化设计;

2. 设计的产品尽量使用通用件、标准件;

3. 设计时应考虑易实现生产自动化。

11.2.9 JIT 生产方式的支持手段

JIT 有三种手段来达到其目标(如图 11-1)。图上说明 JIT 生产方式的基本目标以及实施这些目标的三个手段和方法，也包括这些目标与各种手段方法之间的相互内在联系。

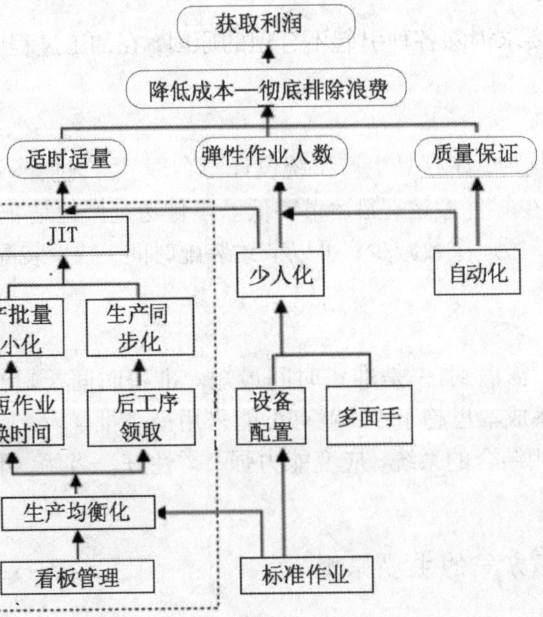

图 11－1：JIT 的三种支持手段

适时适量生产。适时适量生产的方法如下：

1. 生产同步化

生产同步化，即工序间不设置仓库，前一工序的加工结束后，使半成品立即转到下一工序去，装配线与机械加工几乎平行进行。在铸造、锻造、冲压等必须成批生产的工序，则通过尽量缩短作业更换时间来尽量缩小生产批量。生产的同步化通过后工序领取这样的方法来实现。

2. 生产均衡化

生产均衡化是实现适时适量生产的前提条件。所谓生产的均衡化，是指总装配线在向前工序领取零部件时应均衡地使用各种零部件，生产各种产品。为此在制定生产计划时就必须全面考虑，然后将其体现在产品生产顺序计划之中。

3. 弹性配置作业人数

根据生产量的变动，弹性地增减各生产线的作业人数，以及尽量用较少的人力完成较多的生产。

4. 质量保证方法

在 JIT 生产方式中，通过将质量管理贯穿于每一工序之中来实现提高质量与降低成本的一致性，具体方法是自动化。自动化是指融入生产组织中的这样两种机制：一是使设备或生产线能够自动检测不良产品；二是生产第一线的设备操作工人发现产品或设备的问题时，有权自行停止生产的管理机制。

11.2.10 JIT 生产方式的实施手段

JIT 的实际应用包含了纷繁复杂的内容，从实施手段和工具的角度也因企业和生产方式的差异而不同。但从 JIT 的核心思想出发，为了达到降低成本这一基本目标，对应于上述基本目标的三个子目标，JIT生产方式的基本手段也可以概括为下述三方面：

1. 生产流程化

即按生产汽车所需的工序从最后一个工序开始往前推，确定前面一个工序的类别，并依次恰当地安排生产流程，根据流程与每个环节所需库存数量和时间先后来安排库存和组织物流。尽量减少物资在生产现场的停滞与搬运，让物资在生产流程上毫无阻碍地流动。

"在需要的时候，按需要的量生产所需的产品"。对于企业来说，各种产品的产量必须能够灵活地适应市场需要量的变化。众所周知，生产过剩会引起人员、设备、库存费用等一系列的浪费，避免这些浪费的手段就是实施适时适量生产，只在市场需要的时候生产市场需要的产品。

为了实现适时适量生产，首先需要致力于生产的同步化。即工序间不设置仓库，前一工序的加工结束后，使其立即转到下一工序去，装配线与机械加工几乎平行进行。在铸造、锻造、冲压等必须成批生产的工序，则通过尽量缩短作业更换时间来尽量缩小生产批量。生产的同步化通过"后工序领取"这样的方法来实现。"后工序只在需要的时间到前工序领取所需的加工品；前工序中按照被领取的数量和品种进行生产。"这样，制造工序的最后一道即总装配线成为生产的出发点，生产计划只下达给总装配线，以装配为起点，在需要的时候，向前工序领取必要的加工品，而前工序提供该加工品后，为了补充生产被领走的量，必向再前道工序领取物料，这样把各个工序都连接起来，实现同步化生产。

这样的同步化生产还需通过采取相应的设备配置方法以及人员配置方法来实现，即不能采取通常的按照车、铣、刨等工业专业化的组织形式，而按照产品加工顺序来布置设备。这样也带来人员配置上的不同做法，即弹性配置作业人数。降低劳动费用是降低成本的一个重要方面，达到这一目的的方法是"少人化"。所谓少人化，是指根据生产量的变动，弹性地增减各生产线的作业人数，以及尽量用较少的人力完成较多的生产。这里的关键在于能否将生产量减少了的生产线上的作业人员数减下来。具体方法是实施独特的设备布置，以便能够在需求减少时，将作业所减少的工时集中起来，以整顿削减人员。但这从作业人员的角度来看，意味着标准作业中的作业内容、范围、作业组合以及作业顺序等的一系列变更，因此为了适应这种变更，作业人员必须是具有多种技能的"多面手"。

2. 生产均衡化

生产均衡化是实现适时适量生产的前提条件。所谓生产的均衡化，是指总装配线在向前工序领取零部件时应均衡地使用各种零部件，生产各种产品。为此在制定生产计划时就必须加以考虑，然后将其体现于产品生产顺序计划之中。在制造阶段，均衡化通过专用设备通用化和制定标准作业来实现。所谓专用设备通用化，是指通过在专用设备上增加一些工夹具的方法使之能够加工多种不同的产品。标准作业是指将作业节拍内一个作业人员所应担当的一系列作业内容标准化。

生产中将一周或一日的生产量按分秒时间进行平均，所有生产流程都按此来组织生产，这样流水线上每个作业环节上单位时间必须完成多少、何种作业就有了标准定额，所在环节都按标准定额组织生产，因此要按此生产定额均衡地组织物质的供应、安排物品的流动。因为JIT生产方式的生产是按周或按日平均，所以与传统的大生产、按批量生产的方式不同，JIT的均衡化生产中无批次生产的概念。

标准化作业是实现均衡化生产和单件生产单件传送的又一重要前提。丰田公司的标准化作业主要是指每一位多技能作业员所操作的多种不同机床的作业程序，是指在标准周期时间内，把每一位多技能作业员所承担的一系列的多种作业标准化。丰田公司的标准化作业主要包括3个内容：标准周期时间、标准作业顺序、标准在制品存量，它们均用“标准作业组合表”来表示。

3. 资源配置合理化

资源配置的合理化是实现降低成本目标的最终途径，具体指在生产线内外，所有的设备、人员和零部件都得到最合理的调配和分派，在最需要的时候以最及时的方式到位。

从设备而言，设备包括相关模具实现快速装换、调整，例如，丰田公司发明并采用的设备快速装换、调整的方法是SMED法。丰田公司所有大中型设备的装换、调整操作均能够在10分钟之内完成，这为“多品种、小批量”的均衡化生产奠定了基础。

在生产区间，需要设备和原材料的合理放置。快速装换、调整为满足后工序频繁领取零部件制品的生产要求和“多品种、小批量”的均衡化生产提供了重要的基础。但是，这种频繁领取制品的方式必然增加运输作业量和运输成本，特别是如果运输不便，将会影响准时化生产的顺利进行。合理布置设备，特别是U型单元连结而成的“组合U型生产线”，可以大大简化运输作业，使得单位时间内零件制品运输次数增加，但运输费用并不增加或增加很少，为小批量频繁运输和单件生产、单件传送提供了基础。

就人员而言，多技能作业员（或称“多面手”）是指那些能够操作多种机床的生产作业工人。多技能作业员是与设备的单元式布置紧密联系的。在U型生产单元内，由于多种机床紧凑地组合在一起，这就要求并且便于生产作业工人能够进行多种机床的操作，同时负责多道工序的作业，如一个工人要会同时操作车床、铣床和磨床等。

11.2.11 JIT与看板管理

在实现JIT生产中最重要的管理工具是看板，看板是用来控制生产现场的生产工具。具体而言，是一张卡片，卡片的形式随不同的企业而有差别。看板上的信息通常包括：零件号码、产品名称、制造编号、容器形式、容器容量、看板编号、移送地点和零件外观等。

1. 看板的功能

JIT生产方式中，看板的功能如下：

（1）生产以及运送的工作指令。看板中记载着生产量、时间、方法、顺序以及运送量、运送时间、运送目的地、放置场所、搬运工具等信息，从装配工序逐次向前工序追溯，在装配线将所使用的零部件上所带的看板取下，以此再去前工序领取。“后工序领取”以及“JIT生产”就是这样通过看板来实现的。

（2）防止过量生产和过量运送。看板必须按照既定的运用规则来使用。其中一条规则是：“没有看板不能生产，也不能运送。”根据这一规则，看板数量减少，则生产量也相应减少。由于看板所表示的只是必要的量，因此通过看板的运用能够做到自动防止过量生产以及适量运送。

（3）进行“目视管理”的工具。看板的另一条运用规则是：“看板必须在实物上存放”，“前工序按照看板取下的顺序进行生产”。根据这一规则，作业现场的管理人员对生产的优先顺序能够一目了然，易于管理。通过看板就可知道后工序的作业进展情况、库存情况等。

（4）改善的工具。在JIT生产方式中，通过不断减少看板数量来减少在制品的中间储存。

在一般情况下，如果在制品库存较高、设备出现故障、不良品数目增加也不会影响到后道工序的生产，就容易把这些问题掩盖起来。而且即使有人员过剩，也不易察觉。根据看板的运用规则之一"不能把不良品送往后工序"，后工序所需得不到满足，就会造成全线停工，由此可立即使问题暴露，从而必须立即采取改善措施来解决问题。这样通过改善活动不仅使问题得到了解决，也使生产线的"体质"不断增强，带来了生产率的提高。JIT 生产方式的目标是要最终实现无储存生产系统，而看板提供了一个朝着这个方向迈进的工具。

2. 看板管理五大原则：

(1)后工序只有在必要的时候，才向前工序领取必要数量的零部件：需要彻底改变现有流程和方法。

(2)前工序应该只生产足够的数量，以补充被后工序领取的零件：在前两条原则下，生产系统自然结合为输送带式系统，生产时间达到平衡。

(3)不良品不送往后工序：后工序没有库存，后工序一旦发现次品必须停止生产，找到次品送回前工序。

(4)看板的使用数目应该尽量减小：看板的数量，代表零件的最大库存量。

(5)应该使用看板以适应小幅度需求变动：计划的变更经由市场的需求和生产的紧急状况，依照看板取下的数目自然产生。

3. 看板的分类

在实际 JIT 系统中，根据需要和用途的不同，使用的看板可以分类为：

(1)在制品看板(production card)：一是工序内看板。二是信号看板。记载后续工序必须生产和定购的零件、组件的种类和数量。

(2)领取看板(withdrawal card)：一是工序间看板。二是对外订货看板。记载后续工序应该向之前工序领取的零件、组件种类和数量。

(3)临时看板。

4. 看板与 JIT

看板管理可以说是 JIT 生产方式中最独特的部分，因此也有人将 JIT 生产方式称为"看板方式"。但是严格地讲，这种概念也不正确。日本筑波大学的门田安弘教授曾指出："丰田生产方式是一个完整的生产技术综合体，而看板管理仅仅是实现准时化生产的工具之一。把看板管理等同于丰田生产方式是一种非常错误的认识。"

因为如前所述，JIT 生产方式的本质，是一种生产管理技术，而看板只不过是一种管理工具。决不能把 JIT 生产方式与看板方式等同起来。看板只有在工序一体化、生产均衡化、生产同步化的前提下，才有可能运用。如果错误地认为 JIT 生产方式就是看板方式，不对现有的生产管理方法作任何变动就单纯地引进看板方式的话，是不会起到任何作用的。所以，在引进 JIT 生产方式以及看板方式时，最重要的是对现存的生产系统进行全面改组。

12.2.12 JIT 生产方式的质量保证

在 JIT 生产方式中，通过将质量管理贯穿于每一工序之中来实现提高质量与降低成本的一致性，具体方法是"自动化"。这里所讲的自动化是指融入生产组织中的这样两种机制：第一，使设备或生产线能够自动检测不良产品，一旦发现异常或不良产品可以自动停止设备运行的机制。为此在设备上开发、安装了各种自动停止装置和加工状态检测装置；第二，生产第一线的设备操作工人发现产品或设备问题时，有权自行停止生产的管理机制。依靠这样的机制，不良产品一出现马上就会被发现，防止了不良的重复出现或累积出现，从而避免了由此可能造成的大量浪费。而且，由于一旦发生异常，生产线或设备就立即停止运行，比较容易找到发生异常的原因，从而能够有针对性地采取措施，防止类似异常情况的再发生，杜绝类似不良产品的再产生。

为了达到上述目标，JIT 对产品和生产系统设计考虑的主要原则有以下三个方面：

1. 当今产品寿命周期已大大缩短，产品设计应与市场需求相一致，在产品设计方面，应考虑到产品设计完后要便于生产。

2. 尽量采用成组技术与流程式生产。

3. 与原材料或外购件的供应者建立联系，以达到 JIT 供应原材料及采购零部件的目的。

在 JIT 方式中，试图通过产品的合理设计，使产品易生产，易装配，当产品范围扩大时，即使不能扩大工艺过程，也要力求不增加工艺过程，具体方法有：

(1) 模块化设计；

(2) 设计的产品尽量使用通用件、标准件；

(3) 设计时应考虑易实现生产自动化。

JIT 强调全面质量管理，目标是消除不合格品，消除可能引起不合格品的根源，并设法解决问题，JIT 中还包含许多有助于提高质量的因素，如批量小、零件很快移到下工序、质量问题可以及早发现等。

12.2.13 JIT 生产方式的基本要求

品质保证的五要素包括人（man）、材料（material）、设备（machine）、方法（method）、信息（information），也就是通常说的 4M1I。只有各个要素的“品质”都得到保证，产品的品质才能真正得到保证。

1. 人

人主要指员工，包括各个生产线上的操作员和采购人员等。所有操作人员在上岗前均应接受卫生知识培训、质量意识培训和相应的岗位培训，确保各岗位人员具有相应的文化素质和操作技能。

2. 信息

企业的信息管理有专门的企业信息管理软件，记录企业的员工基本信息、设备原材料的购买、产品的生产销售等信息，把公司所有的信息电子化，易于管理；对于没有信息电子化的公司，也要把这些数据统计得清清楚楚，一个账目混乱的企业是不会有好的经济效益的。

3. 材料

采购部要对每一种原材料都应严格按照公司质检部门规定的质量标准把好关，通常的做法是源流管理，选择较少的、合格的供应商，并与之建立长期的、互利的合作关系。提高供应商品质与信任度，加强对供应商的长期投入。这样才能及时获得数量充足、品质优良的原材料。

4. 设备

设备是最重要的生产资料，也是提高产品品质最重要的一环。对设备的维护和保养有 TPM 方法，就是全面设备保养。只有首先保证设备的正常运转，公司的其他生产部门才能运作起来，设备是公司的基石。同时在设备上安装防错装置自动检查产品是否合格，如果产品质量出错设备就会自动停止运转。

5. 方法

依照规定的方法和步骤，制造出品质均一、并且符合既定规格的产品，就需要制定一种良好的作业制度来制造产品。在这个制度下，从原料入厂、到成品、再到包装出厂，全部过程都需纳入严密而有组织的管理，从而能保证生产品质优良，把生产做到同步化，作业做到标准化。

11.3 精益生产方式(LP)

11.3.1 精益生产的概念

精益生产(Lean Production)又称精良生产，其中“精”表示精良、精确、精美；“益”表示利益、效益等。精益生产就是及时制造，消灭故障，消除一切浪费，向零缺陷、零库存进军。它是美国麻省理工学院在一项名为“国际汽车计划”的研究项目中提出来的。它们在做了大量的调查和对比后，认为日本丰田汽车公司的生产方式是最适用于现代制造企业的一种生产组织管理方式，称之为精益生产，以针对美国大量生产方式过于臃肿的弊病。精益生产综合了大量生产与单件生产方式的优点，力求在大量生产中实现多品种和高质量产品的低成本生产。

11.3.2 精益生产的重要意义

1. 所需人力资源大大减少

无论是在产品开发、生产系统，还是工厂的其他部门，所需人力资源与大量生产方式下的工厂相比大大减少，最少能减至1/2。

2. 新产品开发周期大大缩短

新产品开发周期最低可减至1/2或2/3。

3. 生产过程在制品库存大大降低

生产过程的在制品库存最低可减至大量生产方式下一般水平的1/10。

4. 工厂占用空间大大降低

工厂占用空间最低可降至采用大量生产方式下的1/2。

5. 成品库存大大减少

成品库存最低可减至大量生产方式下平均库存水平的1/4。

精益生产方式是彻底地追求生产的合理性、高效性，能够灵活地生产适应各种需求的高质量产品的生产技术和管理技术，其基本原理和诸多方法对制造业具有积极的意义。精益生产的核心，即关于生产计划和控制以及库存管理的基本思想，对丰富和发展现代生产管理理论也具有重要的作用。

11.3.3 精益生产的特点

1. 拉动式准时化生产

以最终用户的需求为生产起点，强调物流平衡，追求零库存，要求上一道工序加工完的零件立即可以进入下一道工序。组织生产线依靠一种称为看板的形式。即由看板传递下道向上道需求的信息(看板的形式不限，关键在于能够传递信息)。生产中的节拍可由人工干预、控制，但重在保证生产中的物流平衡(对于每一道工序来说，即为保证对后退工序供应的准时化)。由于采用拉动式生产，生产中的计划与调度实质上是由各个生产单元自己完成，在形式上不采用集中计划，但操作过程中生产单元之间的协调则极为必要。

2. 全面质量管理

强调质量是生产出来而非检验出来的，由生产中的质量管理来保证最终质量，生产过程中对质量的检验与控制在每一道工序都进行。重在培养每位员工的质量意识，在每一道工序进行时注意质量的检测与控制，保证及时发现质量问题。如果在生产过程中发现质量问题，根据情况，可以立即停止生产，直至解决问题，从而保证不出现对不合格品的无效加工。对于出现的质量问题，一般是组织相关的技术与生产人员作为一个小组，一起协作，尽快解决。

3. 团队工作法

每位员工在工作中不仅是执行上级的命令，更重要的是积极地参与，起到决策与辅助决策的作用。组织团队的原则并不完全按行政组织来划分，而主要根据业务的关系来划分。团队成员强调一专多能，要求能够比较熟悉团队内其他工作人员的工作，保证工作协调地顺利进行。团队人员工作业绩的评定受团队内部评价的影响。团队工作的基本氛围是信任，以一种长期的监督控制为主，而避免对每一步工作的稽核，提高工作效率。团队的组织是变动的，针对不同的事物，建立不同的团队，同一个人可能属于不同的团队。

4. 并行工程

在产品的设计开发期间，将概念设计、结构设计、工艺设计、最终需求等结合起来，保证以最快的速度按要求的质量完成。各项工作由与此相关的项目小组完成。进程中小组成员各自安排自身的工作，但可以定期或随时反馈信息并对出现的问题协调解决。依据适当的信息系统工具，反馈与协调整个项目的进行。利用现代CIM技术，在产品的研制与开发期间，辅助项目进程的并行化。

11.3.4 精益生产的核心

1. 追求零库存

精益生产是一种追求无库存生产，或使库存达到极小的生产系统，为此而开发了包括“看板”在内的一系列具体方式，并逐渐形成了一套独具特色的生产经营体系。

2. 追求快速反应，即快速应对市场的变化

为了快速应对市场的变化，精益生产者开发出了细胞生产、固定变动生产等布局及生产编程方法。

3. 企业内外环境的和谐统一

精益生产方式成功的关键是把企业的内部活动和外部的市场(顾客)需求和谐地统一于企业的发展目标。

4. 人本位主义

精益生产强调人力资源的重要性，把员工的智慧和创造力视为企业的宝贵财富和未来发展的原动力

5. 库存是“祸根”

高库存是大量生产方式的特征之一。由于设备运行的不稳定、工序安排的不合理、较高的废品率和生产的不均衡等原因，常常出现供货不及时的现象，库存被看作是必不可少的“缓冲剂”。但精益生产则认为库存是企业的“祸害”，其主要理由是，库存不仅提高了经营的成本，而且掩盖了企业的问题。

11.3.5 精益生产与大批量生产方式管理思想的比较

精益生产从环境到管理目标都是一种全新的管理思想，并在实践中取得成功，并非简单地应用了一、两种新的管理手段，而是一套与企业环境、文化以及管理方法高度融合的管理体系，因此精益生产自身就是一个自治的系统。精益生产与大批量生产的区别，主要表现在以下方面：

1. 优化范围不同

大批量生产方式源于美国，是基于美国的企业间关系，强调市场导向，优化资源配置，每个企业以财务关系为界限，优化自身的内部管理。而相关企业，无论是供应商还是经销商，则以对手相对待。精益生产方式则以产品生产工序为线索，组织密切相关的供应链，一方面降低企业协作中的交易成本，另一方面保证稳定需求与及时供应，以整个大生产系统为优化目标。

2. 对待库存的态度不同

大批量生产方式的库存管理强调“库存是必要的恶物”。精益生产方式的库存管理强调“库存是万恶之源”。精益生产方式将生产中的一切库存视为“浪费”，同时认为库存掩盖了生产系统中的缺陷与问题。它一方面强调供应对生产的保证，另一方面强调对零库存的要求，从而不断暴露生产中基本环节的矛盾并加以改进，不断降低库存以消灭库存产生的“浪费”。基于此，精益生产提出了“消灭一切浪费”的口号，追求零浪费的目标。

3. 业务控制观不同

传统的大批量生产方式的用人制度基于双方的“雇用”关系，业务管理中强调达到个人工作高效的分工原则，并以严格的业务稽核来促进与保证，同时稽核工作还防止个人工作对企业产生的负效应。精益生产源于日本，深受东方文化影响，在专业分工时强调相互协作及业务流程的精简(包括不必要的核实工作)，以消灭业务中的“浪费”。

4. 质量观不同

传统的生产方式将一定量的次品看成生产中的必然结果。精益生产基于组织的分权与人的协作观点，认为让生产者自身保证产品质量的绝对可靠是可行的，且不牺牲生产的连续性。其核心思想是，导致这种概率性的质量问题产生的原因本身并非概率性的，通过消除产生质量问题的生产环节来“消除一切次品所带来的浪费”，追求零不良。

5. 对人的态度不同

大批量生产方式强调管理中的严格层次关系。对员工的要求在于严格完成上级下达的任务，人被看作附属于岗位的“设备”。精益生产则强调个人对生产过程的干预，尽力发挥人的

能动性，同时强调协调，对员工个人的评价也是基于长期的表现。这种方法更多地将员工视为企业团体的成员，而非机器。充分发挥基层的主观能动性。

11.3.6 精益生产方式的历史发展过程

精益生产方式根据丰田实际生产的要求而被创造、总结出来的一种革命性的生产方式，被人称为“改变世界的机器”，是继大量生产方式之后人类现代生产方式的第三个里程碑。

总体来说，根据精益生产方式的形成过程可以将其划分为三个阶段：丰田生产方式形成与完善阶段，丰田生产方式的系统化阶段（即精益生产方式的提出），精益生产方式的革新阶段（对以前的方法理论进行再思考，提出新的见解）。

1. 丰田生产方式的形成与完善阶段

1950 年一个年轻的日本工程师丰田英二到底特律对福特的鲁奇厂进行了三个月的参观，当时鲁奇厂是世界上最大而且效率最高的制造厂。但是丰田英二对这个庞大企业的每一个细微之处都作了审慎的考察，回到名古屋后和生产制造方面富有才华的大野耐一一起很快得出了结论：大量生产方式不适合于日本。因为第一，当时日本国内市场狭小，所需汽车的品种又很多，多品种、小批量并不适合大量生产方式的要求。第二，战后的日本缺乏大量外汇来大量购买西方的技术和设备，不能单纯地仿效鲁奇厂并在此基础上改进。第三，缺乏大量廉价劳动力。由此丰田英二和大野耐一开始了适合日本需要的生产方式的革新。大野耐一先在自己负责的工厂实行一些现场管理方法，如目视管理法、一人多机，U 型设备布置法等，这是丰田生产方式的萌芽。

随着大野耐一式的管理方法取得初步实效，他的地位也得到了逐步提升，大野耐一式的管理在更大的范围内得到应用，他的周围同时也聚集了一些人，进一步完善方法。通过对生产现场的观察和思考，提出了一系列革新，比如三分钟换模法、现场改善、自动化、五问法、供应商队伍重组及伙伴合作关系、拉动式生产等。同时这些方法不断完善，最终建立起一套适合日本的丰田生产方式。

1973 年秋天发生石油危机以后，日本经济下降到负增长的状态，但丰田公司不仅获得高于其他公司的盈利，而且与年俱增，拉大了同其他公司的距离。于是丰田生产方式开始受到重视，在日本得到了普及推广，得到了学术界的认可，吸引了一些教授对其进行研究，完成了内容的体系化。

随着日本汽车制造商大规模海外设厂，丰田生产方式传播到了美国，并以其在成本、质量、产品多样性等方面的巨大效果得到了广泛的传播。同时，并经受住了准时供应、文化冲突的考验，更加验证了丰田生产方式的适宜性，证明了丰田生产方式不是只适合于日本的文化，是普遍适用于各种文化、各种行业的先进生产方式。例如，在丰田生产系统中，最重要之处在于一旦发生小故障等问题，就停止生产线运转。但如果是在美国，一旦停止生产线的工作，就毫无例外地要被解雇，因为工人没有被授予可以停上生产线的权力。而且在美国这个责任自负的国度中，一旦行为失误，将被追究责任。这种情况不仅存在于美国的汽车产业，在其他产业中也都如此，所以大家都害怕停止生产线的运转。这就是两国文化差异的一个例子。

2. 丰田生产方式的系统化阶段——精益生产方式的形成

为了进一步揭开日本汽车工业成功之谜，1985 年美国麻省理工学院筹资 500 万美元，确定了一个名叫“国际汽车计划”（IMVP）的研究项目。在丹尼尔 鲁斯教授的领导下，组织了 53

名专家、学者，从1984年到1989年，用了五年时间对14个国家的近90个汽车装配厂进行实地考察。查阅了几百份公开的简报和资料，并对西方的大量生产方式与日本的丰田生产方式进行对比分析，最后于1990年著出了《改变世界的机器》一书，第一次把丰田生产方式定名为Lean Production，即精益生产方式。这个研究成果引起了汽车业内的轰动，掀起了一股学习精益生产方式的狂潮。精益生产方式的提出，把丰田生产方式从生产制造领域扩展到产品开发、协作配套、销售服务、财务管理等各个领域，贯穿于企业生产经营活动的全过程，使其内涵更加全面、丰富，对指导生产方式的变革更具有针对性和可操作性。

接着在1996年，经过四年的“国际汽车计划”(IMVP)第二阶段研究，著出了《精益思想》这本书。《精益思想》弥补了前一研究成果并没有对怎样能学习精益生产的方法提供多少指导的问题，而这本书则描述了学习丰田方法所必须的关键原则，并且通过例子讲述了各行各业均可遵从的行动步骤，进一步完善了精益生产的理论体系。

在此阶段，美国企业界和学术界对精益生产方式进行了广泛的学习和研究，提出很多观点，对原有的丰田生产方式进行了大量的补充，主要是增加了很多IE技术、信息技术、文化差异等对精益生产的影响及完善，以使精益生产更具适用性。

3. 精益生产方式的新发展阶段

精益生产的理论和方法是随着环境的变化而不断发展的，特别是在20世纪末，随着研究的深入和理论的广泛传播，越来越多的专家学者参与进来，出现了百花齐放的现象，各种新理论的方法层出不穷，如大规模定制(mass customization)与精益生产的相结合、单元生产(cell production)、JIT2、5S的新发展、TPM的新发展等。很多美国大企业将精益生产方式与本公司实际相结合，创造出了适合本企业需要的管理体系。例如:1999年美国联合技术公司(UTC)的ACE管理(获取竞争性优势Achieving Competitive Excellence)，精益六西格玛管理，波音的群策群力，通用汽车1998年的竞争制造系统(GM Competitive MF System)等。这些管理体系实质是应用精益生产的思想，并将其方法具体化，以指导公司内部各个工厂、子公司顺利地推行精益生产方式。并将每一工具实施过程分解为一系列的图表，员工只需要按照图表的要求一步步实施下去就可，并且每一工具对应有一套标准以评价实施情况，也可用于母公司对子公司的评估。

在此阶段，精益思想跨出了它的诞生地——制造业，作为一种普遍的管理哲理在各个行业传播和应用，先后成功地在建筑设计和施工中应用，在服务行业、民航和运输业、医疗保健领域、通信和邮政管理以及软件开发和编程等方面应用，使精益生产系统更加完善。

单元生产方式(cell production)于20世纪末首先诞生于电子产品装配业，是指由一个或者少数几个作业人员承担和完成生产单元内所有工序的生产方式，也有学者将其称为“细胞生产方式”，因为它就像人体中的细胞一样，在细胞内部包含了新陈代谢的所有要素，是组成生命的最小单位。单元生产方式以手工作业为主，不使用传送带移动生产对象，根据需要也使用一些简单的机械和自动化工具，工序划分较粗，一个人或几个人完成所有的工序。由于用于细胞生产方式的作业台的布局往往成U字型，很像个体户的售货摊儿，所以在日本也被称之为“货摊儿生产方式”(日语叫“屋台方式”)。细胞生产方式可具体分为1人生产方式、分割方式和巡回方式3种形式。

精益六西格玛是将六西格玛管理法与精益生产方式二者结合得到的一种管理方法，即Lean Sigma，它能够通过提高顾客满意度、降低成本、提高质量、加快流程速度和改善资本投入，使股东价值实现最大化。六西格玛是过程或产品业绩的一个统计量，是业绩改进趋于完美的一个目标，是能实现持续领先、追求几乎完美和世界级业绩的一个质量管理系统。六西格玛管理法是一种从全面质量管理方法(TQM)演变而来的一个高度有效的企业流程设计、改善和优化技术，并提供了一系列同等地适用于设计、生产和服务的新产品开发工具。六西格玛管理法的重点是将所有的工作作为一种流程，采用量化的方法分析流程中影响质量的因素，找出最关键的因素加以改进从而达到更高的客户满意度。因此，精益和六西格玛要相互融合，一方面可以克服精益不能使用统计的方法来管理流程的缺点，另一方面克服了六西格玛无法显著地提高流程速度或者减少资本投入的缺点。

11.4 计算机集成制造系统(CIMS)

11.4.1 计算机集成制造(CIM)的提出

计算机集成制造(CIM)是一种企业生产制造与生产管理进行优化的哲理。这种哲理首先是在1974年美国Joseph Harrington博士在其论文《Computer Integrated Manufacturing》中提出的。其基本观点是:这是针对企业所面临的激烈市场竞争形势而提出的组织企业生产的一种哲理。其基本思想是:

1. 制造企业中的各个部分(即从市场分析、经营决策、工程设计、制造过程、质量控制、生产指挥到售后服务)是一个互相紧密相关的整体。

2. 整个制造过程本质上可以抽象成一个数据的搜集、传递、加工和利用的过程，最终产品仅是数据的物化表现。

前者体现了集成的思想，它将企业决策、经营管理、生产制造、销售及售后服务有机地结合在一起;后者就是信息制造观的思想。

11.4.2 什么是计算机集成制造系统(CIMS)

计算机集成制造系统(Computer Integrated Making System，简称CIMS)又称计算机综合制造系统，在这个系统中，集成化的全局效应更为明显。在产品生命周期中，各项作业都已有了其相应的计算机辅助系统，如计算机辅助设计(CAD)、计算机辅助制造(CAM)、计算机辅助工艺规划(CAPP)、计算机辅助测试(CAT)、计算机辅助质量控制(CAQ)等。这些单项技术“CAX”原来都是生产作业上的“自动化孤岛”，单纯地追求每一单项技术上的最优化，不一定能够达到企业的总目标——缩短产品设计时间，降低产品的成本和价格，改善产品的质量和服务质量以提高产品在市场的竞争力。计算机集成制造系统就是将技术上的各个单项信息处理和制造企业管理信息系统(如MRP－Ⅱ等)集成在一起，将产品生命周期中所有的有关功能，包括设计、制造、管理、市场等的信息处理全部予以集成。其关键是建立统一的全局产品数据模型和数据管理及共享的机制，以保证正确的信息在正确的时刻以止确的方式传到所需的地方。计算机集成制造系统的进一步发展方向是支持“并行工程”，即力图使那些为产品生命周期各阶段服务的专家尽早地并行工作，从而使全局优化并缩短产品开发周期。

可以看出CIM哲理的关键点是集成，CIMS的关键点也是集成。即通过计算机网络技术、数据库技术等软硬件技术，把企业生产过程中经营管理、生产制造、售后服务等环节联系在一起，构成了一个能适应市场需求变化和生产环境变化的大系统。CIMS 不仅仅把技术系统和经营生产系统集成在一起，而且把人(人的思想、理念及智能)也集成在一起，使整个企业的工作流程、物流和信息流都保持通畅和相互有机联系，所以，CIMS 是人、经营和技术三者集成的产物。

11.4.3 计算机集成制造系统(CIMS)的技术构成

1. 先进制造技术(AMT – Advanced Manufacturing Technology)

先进制造技术是传统制造技术不断吸收机械、电子、信息、材料、能源和现代管理等方面的成果，并将其综合应用于产品设计、制造、检测、管理、销售、使用和服务的制造全过程，以实现优质、高效、低耗、清洁和灵活的生产，并取得理想技术经济效果的制造技术的总称。

2. 敏捷制造(AM – Agile Manufacturing)

敏捷制造是以竞争力和信誉度为基础，选择合作者组成虚拟公司，分工合作，为同一目标共同努力来增强整体竞争能力，对用户需求作出快速反应，以满足用户的需要。

3. 虚拟制造(VM – Virtual Manufacturing)

虚拟制造利用信息技术、仿真技术和计算机技术对现实制造活动中的人、物、信息及制造过程进行全面的仿真，以发现制造中可能出现的问题，在产品实际生产前就采取预防措施，从而达到产品一次性制造成功，来达到降低成本、缩短产品开发周期，增强产品竞争力的目的。

4. 并行工程(CE – Concurrent Engineering)

并行工程是集成地、并行地设计产品及其相关过程(包括制造过程和支持过程)的系统方法。它要求产品开发人员在一开始就考虑产品整个生命周期中从概念形成到产品报废的所有因素，包括质量、成本、进度计划和用户要求，并行工程的发展为虚拟制造技术的诞生创造了条件，虚拟制造技术以并行工程为基础，并行工程的进一步发展就是虚拟制造技术。

11.4.4 计算机集成制造系统(CIMS)的体系结构

CIMS 体系结构是用来描述研究对象整个系统的各个部分和各个方面的相互关系和层次结构，从大系统理论角度研究，将整个研究对象分为几个子系统，各个子系统相对独立自治、分布存在、并发运行和驱动等。我们可以从功能结构和逻辑结构来认识 CIMS 体系结构：

第一层是生产/制造系统。这一层面向生产过程，包括了柔性制造系统 FMS、装配设备、工业机器人及其他生产制造自动化技术，这一层以物流为中心，完成生产、加工、装配、包装等任务。

第二层是硬事务处理系统。这一层是生产/制造监控系统，通过计算机网络对第一层的设备进行综合控制与操作，实现对生产制造的监控，包含狭义的 CAM、CAQ 及 CAT 等。

第三层是技术设计系统。这一层包含 CAD(计算机辅助设计)、CAPP(计算机辅助工艺)，为生产制造系统产生信息。CAD 用于产品设计、开发，它提供的是如何做的信息，而 CAPP 是依据 CAD 提供的信息指导如何做。

第四层是软事务处理系统。这一层主要通过计算机网络实时地处理各种软事务，譬如财务、供销、售后服务等方面的管理，实现电子化记账。

第五层是信息服务系统。狭义的 MIS 为主，主要对前面各层的信息进行收集、存储、加工、传输、使用、查询，为各级管理者与下层提供数据。

第六层是决策管理系统。这一层是企业经营管理规划的决策层，主要由 MRP－II（制造资源计划）、ERP（企业资源计划）、决策支持系统 DSS、专家系统 ES、系统模拟系统等组成。它根据企业总体路线、企业内部条件、市场信息等因素，产生生产经营活动的计划与方案、各种资源的需求计划，包括人、物、资金的需求计划。

CIMS 逻辑结构不仅体现了信息的传递与交换，更能反映出人在 CIMS 系统中的重要作用，因此可以说人为因素是实施 CIMS 能否取得实际成效的关键。

11.4.5 计算机集成制造系统（CIMS）的分类

由于 CIMS 作为一种生产管理系统，不同的企业环境有不同的运作方式，市场上没有具体的、现成的产品，也没有严格的分类标准。为了分析问题的方便，我们人为地对其加以分类。从生产工艺方面分，CIMS 可大致分为：

1. 离散型制造业 CIMS

这个行业的特点是加工生产过程不是连续的，而实现先加工单个零件，然后再将单个零件进行组装，装配成半成品或成品，如机床、汽车、电子设备的生产企业等。

2. 连续性制造业 CIMS

这个行业的特点是原材料加工装置连续不断地进行规定的物理化学变化而最终得到符合需要的产品，如水泥生产、化学化工、石化行业等。

3. 混合型制造业 CIMS

这个行业的特点是生产过程中既有离散型生产环节，又有连续性生产环节。如钢铁企业炼铁、炼钢厂的炼钢、轧钢厂轧钢等各个生产过程都属于连续性的过程，但各个厂的钢水、铁水、钢锭、钢板的加工又是离散型过程，故称这类行业为混合型制造业的 CIMS。

11.4.6 计算机集成制造系统（CIMS）的效益评价

CIMS 是企业管理运作的一种手段，是一种战略思想的应用，其初期投资大，涉及面广，资金回笼周期长，短期内很难见到效益，因此在对 CIMS 作效益评价时不能单凭货币标准来衡量其效益，要多方面综合考虑其效益指标。所谓综合效益指 CIMS 系统对企业和社会所能带来的各种效益。可以从下面几个方面来理解：

1. 应用 CIMS，可以提高劳动生产率，为企业带来更多的利润，为国家增加国民收入。

2. 应用 CIMS，可以提高企业对市场的应变能力和抗风险能力，提高企业市场竞争力，促进企业的技术进步。

3. 应用 CIMS，可以提高企业员工素质和技术水平。

4. 应用 CIMS，可以节约资源。

5. 应用 CIMS，可以优化国家的产业结构，发展新产业，提高国际市场竞争力。

11.4.7 计算机集成制造系统(CIMS)的发展趋势

1. 以“数字化”为发展核心

未来世界，“数字化”将势不可当。“数字化”不仅是“信息化”发展的核心，而且也是先进制造技术发展的核心。信息的“数字化”处理同“模拟化”处理相比，有着三个不可比拟的优点:信息精确，信息安全，信息容量大。

数字化制造就是指制造领域的数字化，它是制造技术、计算机技术、网络技术与管理科学的交叉、融和、发展与应用的结果，也是制造企业、制造系统与生产过程、生产系统不断实现数字化的必然趋势。它包含了三大部分:以设计为中心的数字制造，以控制为中心的数字制造和以管理为中心的数字制造。

对制造设备而言，其控制参数均为数字化信号。对制造企业而言，各种信息(如图形、数据、知识、技能等)均以数字形式，通过网络在企业内传递，以便根据市场信息迅速收集资料信息，在虚拟现实、快速原型、数据库、多媒体等多种数字化技术的支持下，对产品信息、工艺信息和资源信息进行分析、规划与重组，实现对产品设计和产品功能、加工过程与生产组织过程的仿真，或完成原型制造，从而实现生产过程的快速重组与对市场的快速响应，以满足客户化要求。对全球制造业而言，用户借助网络发布信息，各类企业通过网络根据需求应用电子商务，实现优势互补，形成动态联盟，迅速协同设计与制造出相应的产品。这样，在数字制造环境下，在广泛领域乃至跨地区、跨国界形成一个数字化组成的网，企业、车间、设备、员工、经销商乃至有关市场均可成为网上的一个“结点”，在研究、设计、制造、销售和服务的过程中，彼此交互，围绕产品所赋予的数字信息，成为驱动制造业活动的最活跃的因素。

2. “精密化”将成为发展的关键

所谓“精密化”，一方面是指对产品、零件的精度要求越来越高，另一方面是指对产品、零件的加工精度要求越来越高。“精”是指加工精度及其发展，精密加工、细微加工和纳米加工，如此等等。

3. 突出“极端条件”是发展的焦点

“极”就是极端条件，就是指在极端条件下工作的或者有极端要求的产品，从而也是指这类产品的制造技术有“极”的要求。在高温、高压、高湿、强磁场、强腐蚀等条件下工作的，或有高硬度、大弹性等要求的，或在几何形体上极大、极小、极厚、极薄和奇形怪状的。显然，这些产品都是科技前沿的产品。其中之一就是“微机电系统(MEMS)”。可以说，“极”是前沿科技或前沿科技产品发展的一个焦点。

4. 以“自动化”技术为发展前提

这是所讲的“自动化”就是减轻人的劳动，强化、延伸和取代人的有关劳动的技术或手段。自动化总是伴随有关机械或工具来实现的。可以说，机械是一切技术的载体，也是自动化技术的载体。

“自动化”从自动控制、自动调节、自动补偿、自动辨识等发展到自学习、自组织、自维护、自修复等更高的自动化水平，而且今天自动控制的内涵与水平已远非昔比，从控制理论、控制技术、控制系统、控制元件都有着极大的发展。制造业发展的自动化不但极大地解放了人的体力劳动，而且更为关键的是有效地提高了脑力劳动，解放了人的部分的脑力劳动。因此，自动化将是现代集成制造技术发展的前提条件。

5. 以“集成化”为发展的方法

“集成化”一是技术的集成，二是管理的集成，三是技术与管理的集成。其本质是知识的集成，亦即知识表现形式的集成。如前所述，现代集成制造技术就是制造技术、信息技术、管理科学与有关科学技术的集成。“集成”就是“交叉”，就是“杂交”，就是取人之长，补己之短。

目前，“集成化”主要指：

(1)现代技术的集成。机电一体化是个典型，它是高技术装备的基础，如微电子制造装备，信息化、网络化产品及配套设备，仪器、仪表、医疗、生物、环保等高技术设备。

(2)加工技术的集成。特种加工技术及其装备是个典型，如增材制造(即快速原型)、激光加工、高能束加工、电加工等等。

(3)企业集成。即管理的集成，包括生产信息、功能、过程的集成，生产过程的集成，全寿命周期过程的集成，以及企业内部的集成和企业外部的集成。

6. 以“网络化”为发展道路

“网络化”是现代集成制造技术发展的必由之路，制造业走向整体化、有序化，这同人类社会发展是同步的。制造技术的网络化是由两个因素决定的:一是生产组织变革的需要，二是生产技术发展的可能。这是因为制造业在市场竞争中面临多方的压力:采购成本不断提高，产品更新速度加快，市场需求不断变化，客户定单生产方式迅速发展，全球制造所带来的冲击日益加强等等。企业要避免传统生产组织所带来的一系列问题，必须在生产组织上实行某种深刻的变革。这种变革体现在两方面:一方面利用网络，在产品设计、制造与生产管理等活动乃至企业整个业务流程中充分享用有关资源，即快速调集、有机整合与高效利用有关制造资源;与此同时，这必然导致制造过程与组织的分散化、网络化，使企业必须集中力量在自己最有竞争力的核心业务上。科学技术特别是计算机技术、网络技术的发展，使得生产技术发展到可以使这种变革的需要成为可能。

7.“智能化”是 CIMS 未来发展的美好前景

制造技术的智能化是制造技术发展的前景。智能化制造模式的基础是智能制造系统，智能制造系统既是智能和技术的集成而形成的应用环境，也是智能制造模式的载体。与传统的制造相比，智能制造系统具有以下特点:人机一体化、自律能力、自组织与超柔性、学习能力与自我维护能力和在未来具有更高级的类人思维的能力。

11.5 最优生产技术(OPT)

11.5.1 OPT

OPT(Optimized Production Technology，最佳生产技术)是一种改善生产管理的技术，以色列物理学家 Eli Goldratt 博士于 20 世纪 70 年代提出，用于安排企业生产人力和物料调度的计划方法。最初被称作最佳生产时间表(Optimized Production Timetable)，80 年代才改称为最佳生产技术。后来 Goldratt 又进一步将它发展成为约束理论(Theory of Constraints，TOC)。OPT 的倡导者强调，任何企业的真正目标是现在和未来都赚钱，要实现这个目标，必须在增加产销率的同时，减少库存和营运费用。

它吸收MRP和JIT的长处，是以相应的管理原理和软件系统为支柱，以增加产销率、减少库存和运行为目标的优化生产管理技术。其特别之处不仅在于提供了一种新的管理思想，而且在于它的软件系统。OPT两大支柱是OPT原理及OPT软件。

它是一套可提高产出、减少存货的分析性技术理论。OPT系统将重点放在控制整体产出的瓶颈资源上，优先处理所有瓶颈作业，并以平衡物料流动为原则，使整个系统达到产出最大的目的。

11.5.2 OPT的目标

OPT的倡导者认为，任何制造企业的真正目标只有赚钱。按照OPT的观点，在生产系统中，作业指标也有三个：

1. 产销率(throughput，T)

按OPT的规定，它不是一般的通过率或产出率，而是单位时间内生产出来并销售出去的量，即通过销售活动获取金钱的速率。生产出来但未销售出去的产品只是库存。

2. 库存(inventory，I)

库存是一切暂时不用的资源。

3. 运行费(operating expenses，OE)

运行费是生产系统将库存转化为产销量过程中的一切花费，包括所有的直接费用和间接费用。

按照OPT的观点，用这三个指标就能衡量一个生产系统。如果从货币角度考虑，产销率是要进入系统的钱，库存是存放在系统的钱，而运行费是将库存变成产销率而付出的钱。

11.5.3 OPT的基本内容

OPT的指导思想实质上是集中精力优先解决主要矛盾，这对于单件小批生产类型比较适应。这类企业由于产品种类多、产品结构复杂，控制对象过多，因此必须分清主次，抓住关键环节。其基本内容包括以下四方面：

1. 物流平衡是企业制造过程的关键

对企业的产品需求是外部因素，时刻都在变化。为适应市场，企业必须以可能的低成本、短周期生产出顾客需要的产品。因此，制造问题主要是物流平衡问题，即需要强调实现物流的同步化。

2. 瓶颈资源是产品制造的关键制约因素

在制造过程中，影响生产进度的是瓶颈环节。瓶颈资源实现满负荷运转，是保证企业物流平衡的基础。瓶颈资源损失或浪费1小时，制造系统即损失或浪费1小时。因此，瓶颈资源是制造系统控制的重点，为使其达到最大的产出量可采取以下措施：

(1)在瓶颈工序前，设置质量检查点，避免瓶颈资源做无效劳动。

(2)在瓶颈工序前，设置缓冲环节，使其不受前面工序生产率波动的影响。

(3)采用动态的加工批量和搬运批量。对瓶颈资源，通常加工批量较大，减少瓶颈资源的装设时间和次数，提高其利用率；而较小的运输批量，使工件分批到达瓶颈资源，可减少工件在工序前的等待时间，减少在制品库存。

(4)由瓶颈资源的能力决定制造系统其他环节的利用率和生产效率。

(5)对瓶颈工序的前导和后续工序采用不同的计划方法，提高计划的可执行性。

根据 OPT 的原理，企业在生产计划编制过程中，首先应编制产品关键件的生产计划，在确认关键件的生产进度的前提下，再编制非关键件的生产计划。

11.5.4 OPT 的主要概念

1. 识别约束

识别企业的真正约束(瓶颈)所在是控制物流的关键。一般来说，当需求超过能力时，排队最长的机器就是“瓶颈”。

2. 瓶颈约束整个系统的出产计划

产品出产计划(Master Schedule)的建立，应该使受瓶颈约束的物流达到最优。一般按有限能力，用顺排方法对关键资源排序。为了充分利用瓶颈的能力，在瓶颈上可采用扩大批量的方法，以减少调整准备时间，提高瓶颈资源的有效工作时间。

3. “缓冲器”的管理

其目的是防止系统内外的随机波动造成瓶颈出现等待任务的情况。一般要设置一定的“库存缓冲”或“时间缓冲”。

4. 控制进入非瓶颈的物料

进入系统非瓶颈的物料应与瓶颈的产出率同步。一般是按无限能力，用倒排方法对非关键资源排序。非关键资源上排序的目标是使之与关键资源上的工序同步。倒排时，采用的提前期可以随批量变化，批量也可按情况分解。

11.5.5 OPT 的排序原则

OPT 管理思想具体体现在生产排序原则上。有九条原则是实施 OPT 的基石。这些原则独立于软件之外，直接用于指导实际的生产管理活动。OPT 有关生产计划与控制的算法和软件是按照这九条原则提出和开发的：

1. 重要的是平衡物流，而不是平衡能力

物流平衡使各个工序与瓶颈同步，能力平衡是生产能力充分开动。

2. 制造系统的资源可分为瓶颈和非瓶颈两种

非瓶颈资源的利用率是由系统的其他约束条件决定的，而不是由其本身能力决定的；只有瓶颈制约着系统的产销率。

3. 资源的“利用”与“活力”不是同义词

“利用”是指资源应该利用的程度，“活力”是资源能够利用的程度。

4. 瓶颈资源损失一小时相当于整个系统损失一小时，而且是无法补救的，重点应该抓提高瓶颈的利用率。

5. 想方设法在非瓶颈资源上节约时间以提高生产率只是一种幻想，非瓶颈资源不应满负荷工作。

6. 产销率和库存量是由瓶颈资源决定的

为保证瓶颈资源负荷饱满并保证企业的产出，在瓶颈工序和总装配线前应有供缓冲用的物料储备。瓶颈工序前可用拉式作业，其后可用推式作业。

7. 转运批量可以不等于，甚至多数情况不应等于加工批量。

8. 加工批量是可变的，而不是固定不变的

每个工序的批量按实际情况是动态决定。

9. 提前期应该是可变的而不是固定的

考虑到系统所有的约束条件后才能决定计划进度的优先级。提前期只是排进度的结果。

OPT 的计划与控制系统又称为 DBR 系统（Drum – Buffer – Rope approach，“鼓”、“缓冲器”和“绳子”简称 DBR 法）

11.5.6 实施 OPT 的要求及条件

对 OPT，目前理论界的认识还不一致，存在着各种看法，主要包括：

1. 把 OPT 当做一种新的计划思想；

2. 把 OPT 作为一种作业计划的仿真语言；

3. 把 OPT 作为生成 MPS、物料和能力需求计划及详细计划的一个软件包；

4. 把 OPT 作为一种处理数据精确度的一种尝试，以求在数据未达到高度精确之前获得利润。

但有一点很明显，即 OPT 强调的是车间现场，其着眼点在于企业车间现场的一些决策量上，并据此来实现对生产的计划与控制。其做法的基本点是使用一些重要的判定准则来决定每一作业的先后顺序，即使用一组“管理系数”的加权函数来确定每个作业的优先权数及批量，制定出一个合理的生产计划。这些管理系数涉及到理想的产品组合、交货期、理想的 安全库存水平以及瓶颈资源的使用等。

OPT 实施的关键是制定计划后的落实工作。在落实计划过程中，传统的许多做法是有害的，其中最大的威胁将来自传统的成本会计的考核体系。因为成本会计体系忽视了瓶颈与非瓶颈的区别，其考核一般是通过设备和操作工人的利用率及生产成本，而不是通过整个系统的有效性来进行的，它着重于局部的优化，这必然助长了人们盲目生产的做法，其结果是无论对瓶颈资源还是对非瓶颈资源都力求充分地使用。人们为了完成工时和设备利用率会盲目生产，最终必然导致高库存和浪费。针对这些情况，OPT 则力求从全局的观点来进行考核，从原材料的采购一直追踪到产品销售。其考核体系对瓶颈与非瓶颈是分别对待的，认为对非瓶颈的考核不应以生产量为依据，而应以它生产的有效的产品量来考核。按 OPT 观点，成本会计注重的是“活力”而非“利用”，而正确的做法应该是注重“利用”而非“活力”。

另外，OPT 软件的具体运行和 MRP 一样需要大量的数据支持，例如产品结构文件（BOM）、加工工艺文件以及精确的加工时间、调整准备时间、最小批量、最大库存、替代设备等数据。同时要成功地实施 OPT，还要求管理者必须对 OPT 产生的计划要有信心，要改变一些旧的作业方式，例如接受午餐和工修连续工作制的做法等。

从 OPT 的实践表明，它比较适合于一些基本、简单的产品及很大的批量且所需工序较少的情况，而在单件生产车间中发挥的效果不佳。其适用条件为：瓶颈要相对稳定；瓶颈要保证达到 100% 的负荷能力；需求是相对稳定的；员工愿意而且能够服从计划的调度安排。

再者，OPT 对于动态的数据以及瓶颈和接近瓶颈资源的数据要求精确。实现 OPT 还需对员工进行培训，使他们能在不同的生产岗位上及时发现问题，跟踪问题，最终用 OPT 方法来解决问题。

思考题：

1. 简述 JIT 思想及其与传统生产方式的区别。
2. 简述 LP 的基本思想。
3. 实施 CIMS 可以给企业带来哪些效益?
4. 简述 OPT 的 9 条原则。
5. 简述 CIMS 的主要功能。

【案例分析】

白云电器厂应用永盛公司 CIMS 系统案例

白云电器厂与永盛公司等多方组成专门的实施小组来着手实施工作。经过细致精心的前期调研和分析，结合白云厂的实际应用现状，CIMS 系统实施小组将实施工作具体地分为以下七个主要方面来分阶段地逐步推进和实施。

1. 推进 CAD 绘图系统平台的统一及数据的规范整理，为 PDM 系统实施打好基础；
2. 实施 CAX 系统的集成，实现 CAD/CAM 一体化；
3. 推行计算机辅助工艺(CAPP)，实现工艺设计的规范化、自动化；
4. 实施产品结构树(含系列产品)的管理，作为 PDM 系统实施的前期工作；
5. 实现以企业资源规划(ERP)系统为核心的信息管理；
6. 以 PDM 和 ERP 为基础，实施 CAX/CAPP/PDM/ERP 的系统集成；
7. 基于全厂的 Intranet 平台，实现工程信息发布和工程变更处理的电子信息化。

经过实施小组的努力，2000 年 9 月白云厂的 CIMS 系统顺利地通过了由国家 863/CIMS 主题专家组专家与某省 863/CIMS 专家组专家联合组成的项目验收小组的验收检查，并被评为国家级示范企业，2002 年 6 月该项目又被科技部评为国家级科技进步二等奖。

白云 CIMS 系统项目总投资包括软硬件及系统实施约为 450 万元，实施后取得以下效果。

第一，企业彻底摆脱了手工管理图档的混乱局面，实现了数据的有效管理，使得产品设计开发效率大大提高；

第二，工程科利用 XTBOM 产品配置子系统可以实现快速按客户要求进行工程配置和输出施工单，大大缩短了技术准备时间；

第三，开发过程中，在系统中实现产品立项、项目分解、分派任务、接受任务、监督项目进程及质量，做到真正的进行“有效、可控”地进行新品开发；

第四，工艺部门能充分利用设计和生产部门的相关数据，从而方便、快速地进行工艺设计及工时定额的报表统计；

第五，生产部门应用 ERP 系统进行合理的、自动的生产计划安排等；由定性管理转变为定量管理；由调度制管理转变为计划制管理；由单一的职能式管理转变为资源式管理；

第六，产品订单通过应用 ERP 系统而得到了最及时的响应，实现了由调度制管理转变为计划制管理；

此外，白云厂通过实施 CIMS 系统，提高了员工的整体素质和企业的管理水平，促进了企业的技术进步，增强了企业的竞争力和持续发展的后劲，为企业长远发展奠定了基础。

对于制造业企业来说，CIMS 系统是一个复杂系统工程，要搞好好并不容易。通过这个案例我们，我们可以看到，企业上 CIMS 系统需要大量的基础工作和基础数据，是一个逐步推进的过程。在现在的制造业信息化热潮中，制造业企业应当要保持冷静，重视基础数据，扎扎实实做好基础工作。

【拓展阅读】

丰田汽车精益生产管理技术的现场运用

1.“看板”生产制。在精益生产的JIT生产体系中看板是制止过量生产，传递生产与物流搬运指示信息，管理控制在制品(物料)的管理与改善工具。

看板生产制在现场的推行应具备相应的基础条件:(1)建立“拉动式”的生产物流体系;(2)在整个工艺流程中规划“看板”的传递方式与存储区域;(3)在制品(毛坯或零部件)的存储要有明确的区域与量化标准;(5)严格遵守生产与物流搬运指示信息由看板传递的运行规则;(6)要配置相应的看板传递、存放的道具。

看板既作为一种信息传递的工具，也是对在制品(毛坯或零部件)管理的工具。其发行数量体现了对在制品(毛坯或零部件)存储量的控制，递减发行数量的改善活动实质体现为降低在制品(毛坯或零部件)存储量的改善活动。

工序间在制品的存储量分别由:后工序需求量、生产批量、生产周期、生产保证周期等多因素决定。外制零部件(毛坯)的存储量分别由:生产需求量、订货周期、供货周期、供应保障周期等多因素决定。降低在制品(毛坯或零部件)存储量的改善活动要从上述各因素的改善活动入手，如果盲目的减少数量会使看板不是改善的“利器”反而会成为“凶器”。

2. 小批量生产。批量生产的经济曲线说明:产量越大、产量增长率越高，产品成本越低、降低生产成本速度越快。在经济高速增长时期或在需要大于供给时期已得到证实，特别是美国汽车业早期采用的少品种、大批量生产来降低产品成本的方法。随着经济的高速发展和市场的成熟，市场的需求频繁变化，这就使“尽量扩大生产批量，以求得数量效益”的生产方式变得不适用。

在精益生产中为适应“多品种、少批量、短交期”的市场需求，生产系统追求柔性与快速反应能力;普遍采用“多频次，少批量、混线”的生产与搬运作业。在此情况下，势必造成换产频繁，制造成本提高;但在必须采取这种作业方式条件下，缩小生产批量的改善着眼点势必集中在解决快速换产、缩短换产时间的改善活动上。

3. 缩短生产周期。为达到降低在制品的存储量与快速对应市场需求的目标，缩短制造系统的反应周期至关重要。在制造系统中包括三个过程周期，即生产信息处理周期、生产周期、销售物流周期。缩短生产信息处理周期的改善活动，可以采用“看板”或ERP系统作为信息传递的工具将得到良好的效果。缩短销售物流周期的改善活动，随着社会物流资源的整合将有所改善，如第三方物流企业的发展。生产周期的长短取决于两个因素，即各工序生产能力与生产作业、物流搬运的组织形式。提升生产能力的改善活动，大部分与技术改造工作密切相关，要求进行大量的资金投入，企业负担较重。生产作业、物流搬运组织形式的改善活动，是对生产组织形式的变革，资金投入很低适于企业的推行。

4.“均衡化”生产(计划)组织。针对市场需求的不均衡，销售需求计划也无法实现均衡。如果单纯的追求市场的不均衡与及时需求而采用成品大量库存作为协调，会造成库存成本的上升与产品滞销的风险，只会降低利润率。反之片面的追求成品与在制品的降低，减少产品滞销的风险，使生产计划完全执行销售计划;造成个性化生产频繁、失去批量经济性，也会增加管理成本使制造成本上升。因此，在成本竞争日趋激烈的状态下，对于企业的成本管理不可只局限于自身内部而是要扩展到整条供应链的管理。作为供应链中的一个“结点”企业为降低采购成本，其中一种方法是在加强自身市场预测能力与设定合理成品、零部件(毛坯)存储的条件下，引入“均衡生产”的理念对自己生产组织与几级供货企业的供货规则进行改善活动，实施供应链管理，协助前工序降低制造成本，达到降低本工序采购成本的目的。

在决定前工序在制品存储量的各项因素中，后工序日需求量波动越大、物流搬运越不频繁等速；造成前工序为保证其需求量与供货周期，在制品的存储量过大；人、设备等资源的配置越不均衡，制造成本越高。从供应链管理的理念出发，前、后工序应是一种互利合作、双赢的经营战略。这就要求，后工序向前工序提出的供货(生产)需求计划要进行整合改善活动。其关键是要求后工序在生产周期内向前工序提出的产品需求达到恒定与领取的频繁等速，实现品种与数量的均衡；前工序按后工序的要求准时、匀速的生产产品。这就要求：(1)后工序向前工序提出“均衡”的生产需求计划，，即按制定的零部件(毛坯)的领取搬运物流规则(供货批量、供货周期、供货时机、存储规模、存储方式等)均衡组织物流供应；同时对需求零部件(毛坯)的生产消耗也要实现“批量”均衡；即按制定的生产管理规则(换产频次、生产批量、生产周期等)均衡组织生产。(2)前工序按后工序需求的供货规则，按制定的生产管理规则(生产时机、生产批量、生产周期等)均衡组织生产；同时，对本工序零部件(毛坯)需求的供应可采用后工序对自身的供应物流规则。

第 12 章　技术创新

为迎接知识经济的到来，我国正在实行两个具有历史意义的根本性转变，其中包括经济增长方式从粗放型向集约型转变。这就意味着我国未来经济将导源于科技进步与技术创新。

12.1　技术创新的概念与类型

技术创新是经济增长和经济发展的源动力，企业是经济增长和经济发展的载体，企业的技术水平、技术创新能力，不仅直接决定企业竞争力，并且对整个产业和经济的发展有着重要的基础作用，而弄清楚技术创新的概念与类型是深入了解技术创新的前提。

12.1.1 技术创新的概念

1. 国内外对于技术创新概念的观点

科学技术是生产力中一个相对独立的因素。在 20 世纪初期，美籍奥地利经济学家约瑟夫·熊彼特(J. A. Schumpeter)从马克思有关技术进步在长期增长中的核心作用和有关技术进步的连续性和演进性那里得到了有关技术创新的最初启示，打破了经济理论研究上的僵局。他以一个统一的理论体系和概念框架来系统地研究技术进步促进经济增长的内在机制。熊彼特关于经济增长非均衡变化的思想首先反映在其 1912 年德文版的《经济发展理论》中，此书在 1934 年译成的英文版中，使用了“创新”(innovation)一词。熊彼特在 1928 年首篇英文版著作《资本主义的非稳定性》中首次提出了创新是生产函数或供给函数的变化，或者说是把生产要素和生产条件的“新组合”引入生产体系这样一个过程的概念，并在 1939 年出版的《商业周期》(“Business Cycles”)一书中比较全面地提出了创新理论。在熊彼特看来，“创新”是一个经济范畴而非技术范畴，它不仅是指科学技术上的发明创造，也是指把已发明的科学技术引入企业中，形成一种新的生产力。关于技术创新定义的代表性的观点还有，技术创新是首次将科学发明或研究成果进行开发并最后通过销售而创造利润的过程；美国国会图书馆研究部提出，技术创新是一个从新产品或新工艺商业化到市场应用的完整过程，包括设想的产生、研究方法、商业化生产到扩散过程的一系列活动；经济合作与发展组织提出，技术创新是一种设想成为在工业或商业活动过程中销路好的产品或改进的产品的交换；德鲁克认为，创新的行为就是赋予资源以创造财富的新能力。森谷正规提出，技术创新就是因技术的推广而开辟了新的市场，刺激了经济的发展，创造足以改变我们的社会和生活方式的新的经济实力等等。

国内学者也对创新的概念也进行了深入的研究，在管理学领域，清华大学的傅家骥教授认为，技术创新就是企业家抓住市场的潜在盈利机会，以获取商业利益为目标，重新组织生产条件和要素，建立起效能更强，效率更高和费用更低的生产经营系统，从而推出新的产品，新的生产(工艺)方法，开辟新的市场，获得新的原材料或半成品供给来源或建立企业的新的组织，它包括科技、组织、商业和金融等一系列活动的综合过程。浙江大学的许庆瑞教授认为，技术创新泛指一种新的思想的形成，得到利用并生产出满足市场用户需要的产品的整个过程。广义而论，它不仅包括一项技术创新成果本身，而且包括成果的推广、扩散和应用过程。西安交通大学的汪应洛教授认为，技术创新就是建立新的生产体系，使生产要素和生产条件重新组合，以获得潜在的经济效益。西安交通大学李垣教授认为，技术创新是创新者借助于技术上的发明与发现，通过对生产要素和生产条件重新组合，以获得潜在的经济效益。

2. 技术创新的内涵

其实中外学者关于技术创新的理解存在一定的差异。将这些争议概括为三个方面：一是对技术创新中所使用的"技术"的限定，即非技术性的创新活动能不能列入技术创新的范围；二是技术创新对技术变动的强度有无限定和在什么程度上限定，以及增量性改进是否属于技术创新范围；三是技术创新最终都必须通过在市场上的成功实现表现出来，如何确定"成"的概念和标准，应该说造成这种状况的原因是多方面的：其一，技术创新是一个跨越技术系统与经济系统的活动过程，其间多种主体、要素和活动类型所形成的多种组合使技术创新的内涵十分复杂；其二，不同学者由于所处的角度和层面不同，对技术创新的理解也会形成差异；其三，技术创新作为一种科技与经济相结合的行为，其内涵和边界必然会随着经济形态和科技形态的变化而动态地调整，技术创新作为一个动态变化的概念，必然有着明显的时代印迹，在不同的时代背景下完全可能存在不同内涵。

技术创新是以市场为导向，提高国际竞争力为目标，从新产品或新工艺设想的产生，经过研究与开发、工程化、商业化生产，到市场推广应用整个过程一系列活动的总和。可见技术创新理论是一种科学技术与经济有机结合、一体化发展的理论。技术创新活动有如下特点：一是综合性，技术创新是技术和经济(教育、文化)相结合的综合性活动。技术创新能力不仅是一种技术能力也是技术与经济、教育和文化相结合的综合能力。二是系统性。技术创新是一个系统工程，不是某一种单项活动或某一环节。三是创造性，技术创新的整个过程是一个创造性过程。四是技术的开发，生成与技术的有效应用的统一，五是与市场紧密联结。

基于这一原因，有些学者认为应该从现代经济和科技发展的角度来考察技术创新的内涵，对技术创新的研究要结合各国国情，使技术创新研究在各国现实经济生活中具有更普遍的意义和作用。结合我国的现实情况，从相对通俗、较为简练的角度认为：技术创新是指技术的新构想经过研究开发或技术组合，以获得实际应用，并产生经济、社会效益的商业化全过程的活动。同时，在对技术创新这一通俗定义的理解上，必须注意把握以下基本要点：第一，技术创新是一个技术经济概念，是一种以技术为手段、实现经济效益为目的的活动。一方面，任何技术创新都要以技术发明为前提，要有新技术的投入；另一方面，技术创新又是新技术的商业化和产业化，是科技成果从潜在生产力向现实生产力的转化，以获得潜在的超常规利润是企业家推动技术创新的根本动力。第二，技术创新是一个过程，始自科技新发现，经过技术经济构思、研发、中试、试生产、正式生产、产品销售以及售后服务，最终实现其商业利益。因此，从研究开发到市场实现的全过程中所发生的一切相关创新行为都可以界定到广义的技术创新中。第三,技术创新的多要素组合特征决定了它是一个跨越多组织的活动过程。在现代技术经济条件下，技术创新已经突破了原有的组织方式和活动范围，从单一组织的内部走向社会。这种多组织与网络化的新特征，使技术创新更体现为一种“跨组织”的社会过程。创新过程不仅涉及到企业本身，而且还与企业所处的社会经济环境各个方面紧密相关。第四,技术创新的核心是科技与经济的结合，其最终结果不仅仅是获得研究与开发成果，而是研发成果的商品化。技术创新的实质是为企业生产经营系统引入新的要素组合，以获得更多利润。因此，经济效益是衡量创新活动成功与否的重要标志，不以实现商业化为目标的研发活动不是创新活动，没有实现经济效益的研发成果不是技术创新成果。第五,技术创新不仅是一种技术经济现象，而且是一种制度现象。任何技术创新都是在特定的制度环境中进行的活动，技术创新的成败是包括制度因素在内的多重因素综合作用的结果，在很大程度上依赖于一定的制度安排。这在客观上要求进行适当的制度安排，推动创新思想和各种相关资源的结合，达到高效配置创新资源、完成高水平技术创新的目的。

3. 技术创新的核心

技术的创新进化大体经历了以下几个阶段:技术创新作为人类体力延伸拓展的阶段，然后又发展作为人类感官延伸拓展的阶段，发展到人类的技术创新作为人类智力延伸拓展的阶段。技术创新的核心就是指企业应用创新的知识和新技术、新工艺，采用新的生产方式和经营管理模式，提高产品质量，开发生产新的产品，提供新的服务，占据市场并实现市场价值。企业是技术创新的主体。技术创新是发展高科技、实现产业化的重要前提。

在企业中，技术创新的核心分为三个部分，即产品创新、过程创新和管理创新。产品创新:产品在市场上要拥有竞争优势，必须在产品的成本和差异性上有所突破，使其独具一格。创新的源泉来自于对于用户需求的深刻把握和敏锐观察。如美国贝尔公司发明的电话和半导体晶体管，火柴盒、包装箱发展起来的集装箱等等。过程创新:过程创新是指产品的生产技术的变革，包括新工艺和新设备的变革。过程创新也可分为全新(重大)的过程创新和改进(渐进)的过程创新。如:美国英特尔公司通过不断的过程创新从而保证有新的、更有力的产品源源推向市场，从而使公司保持竞争的领先地位。管理创新:不断根据员工的需求进行创新的管理，充分发挥员工的积极性和创造性。建立以企业为主体，产学研相结合的创新体系。产品创新、过程创新和管理创新有着密切的联系。管理创新直接影响企业的产品创新和过程创新能力。技术创新需要有一种合适的环境。组织和管理环境对技术创新最为关键，因为技术创新主要依赖于员工的积极性和创造性。现代企业的技术创新是集体的协同创新，并需要充分了解用户的需求，透明和畅通的信息流能有效地支持技术创新。简化的产品信息对于技术创新中有效地利用以往的信息和知识资源，减少重复性的工作等具有重要意义。

原科技部部长朱丽兰认为，技术创新不是纯粹的科技概念，也不是一般意义上的科学发现和发明，其核心就是一种新的经济发展观。通过技术创新，把科学技术转变为产业竞争力，转变为整个国民经济的竞争力，是一项攸关全局的战略举措。

科学技术的突飞猛进，给世界生产力和人类经济社会的发展带来了极大的推动。当前，以微电子技术为基础，以计算机、网络和通信技术为主体的信息技术，已渗透到经济的各个领域。信息技术的发展，已给人类经济生活方式带来质的变化。未来的科技发展还将产生新的重大飞跃。

科学技术是第一生产力，代表先进生产力的发展要求，要重视科技创新，就要重视科技人才的培养，重视科技事业的发展。现代科技每前进一步，都引起社会生产力的深刻变革，特别是本世纪以来，量子力学、相对论等具有划时代意义的科学成果，孕育产生了第三次新技术革命，以信息技术和生命科学为核心的当代科学和高技术突飞猛进，使世界生产力的发展发生了革命性的变革。初见端倪的知识经济，更是为社会生产力发展和人类的文明进步开辟了广阔的空间，产生了深刻的巨大的影响。

12.1.2 技术创新的类型

科技进步是经济增长的主导因素，而技术创新乃是科技进步的关键和核心。要搞好技术创新的转换，就要弄清技术创新的实质和对社会经济的关系，为了说明这个关系，我们将技术创新按不同的标准划分成不同的类别。

1. 按技术应用的对象不同，技术创新可分成产品创新、工艺创新和管理创新

产品创新是指在生产出新产品的技术创新活动。工艺创新是指在对企业生产过程中的工艺流程及制造技术改善或变动的技术创新活动。管理创新是指在产生新的组织管理方式而进行的技术创新的活动。管理创新涉及面很广，它包括企业性质、领导制度、组织结构、人事制度、分配制度、管理方式等多方面内容。特别在完善我国社会主义市场经济体系阶段，我国国有企业的管理创新具有非常重要的意义。

2. 按创新的程度不同，可将技术创新分为全新型技术创新和改进型技术创新

全新型技术创新是指采用新技术原理、新设计构思，研制生产全新型产品的技术创新活动。改进型技术创新是指应用新技术原理、新设计构思，对现有产品在结构、材质、工艺等一方面有重大改进，显著提高产品性能或扩大使用功能的技术创新活动。

3. 按节约资源的种类不同，可将技术创新分成节约劳动的技术创新、节约资本的技术创新和中性的技术创新

这种分类方法是诺贝尔经济学奖获得者、英国著名经济学家希克斯(John Richard Hicks)在1932年出版的《工资理论》一书中给出的。

节约劳动的技术创新，是指相对于劳动边际产品而言，增加了资本的边际产品，即那种能使产品成本中活劳动所占比重有所减少的技术创新。节约资本的技术创新，是指相对于资本边际产品而言，增加了劳动的边际产品，即那种能使产品成本中物化劳动所占比重有所减少的技术创新。中性的技术创新，是指以同样的比例同时增加了资本和劳动的边际产品，即既不偏重于节约劳动，又不偏重于节约资本的技术创新。

这种划分被认为是对熊彼特(最先提出技术创新概念的美籍奥地利经济学家)创新概念的重大发展，因为经济学家认为这种划分不仅有理论上的意义，还有政策上的意义。理论意义在于通过这种划分似乎就可以说明经济增长过程中新技术所起的作用，以及创新者或模仿者采用该种新技术的主要考虑。政策意义在于通过这种划分似乎就可以供各国制定经济增长与发展计划和技术政策时参考，作为选择和引进新技术的依据，以及作为研究新技术和发展新技术试验的依据。

4. 按照SPRU分类法不同，技术创新分为：渐进的创新、根本性的创新、技术系统的变革和技术－经济范式的变革

SPRU是英国苏塞克斯(Sussex)大学的科学政策研究所(Science Policy Research Unit)的

简称，它是一家著名的技术创新研究机构。这种分类法是该研究所于20世纪80年代提出的。

渐进的创新(Incremental Innovation)是指渐进的、连续的小创新。这些创新常出自直接从事生产的工程师、工人、用户之手。

根本性的创新(Radical Innovation)是指在观念上有根本突破的创新。它一般是研究开发部门精心研究的结果。常伴有产品创新、工艺创新和组织创新的连锁反映，可在一段时间内引致产业结构的变化。

技术系统的变革(Change of Technology System)是指会产生具有深远意义的变革，影响经济的几个部门，伴随新兴产业的出现的创新。这时，不但有根本性的、渐进的创新，还会有技术上有关联的创新群的出现。

技术－经济范式的变革(Change in techno economic paradigm)是指既伴随着许多根本性的创新群、又包含有许多技术系统的变更的创新。这种创新几乎影响到经济的每一个部门，并改变人们的常识。

5.按照技术创新的组织方式不同，可分为独立创新、联合创新和引进创新

独立创新是从事技术创新的单位或个人，自行研制并组织生产和销售。独立创新的特点是易于协调和控制，但同时要求创新单位具有一定的技术、生产及管理能力。国外大型企业大多都有自己的研究开发机构，雄厚的人才和物力资源，因而其研究工作，特别是涉及该公司特殊产品与技术的研究开发，多以自身力量进行，既可保密，又不使肥水外流。例如，日本的制造业公司，57%拥有自己的研究开发队伍；德国制造业企业，33%都拥有自己研究开发队伍。

联合创新是由若干单位相互合作进行的技术创新活动。联合创新往往具有攻关性质，可以更好地发挥各方优势，但这种创新活动涉及面较广，组织协调及管理控制工作比较复杂。然而，随着科学技术的发展，高技术的兴起，许多重大技术创新，无论从资金、技术力量以及该项目内容的复杂，并非一家企业所能承担。因此，联合创新日趋重要。联合的伙伴不仅是本国的，而且有跨国联合，在欧洲这种国际合作尤为普遍。从联合的伙伴关系看，主要有以下三种：

(1)企业与企业间的联合创新；

(2)企业与科研机构的联合创新；

(3)企业、高等院校、研究机构间的联合创新。

引进创新是从事技术创新的单位从本单位外引进必要的技术、生产设备或其他软件，在此基础上的自行创新。这种创新开发周期相对较短，创新的组织实施有一定的参照系，风险性相应降低。但是这种方式需要初期有较多的经费投入，并对引进的技术等进行认真的评估及消化。

实践中，企业在具体从事技术创新活动时，以上几种创新类型可以并用，兼而有之。例如，对一些重大项目的引进，即要立足国内解决一些不需引进的部分，又要引进关键技术，在引进的同时，往往要组织各方协同攻关，尽快完成消化吸收工作，并在此基础上进行创新。

12.2 技术创新管理

随着科学技术的进步，以及近几年来，出现了一大批依靠技术创新而成功的企业典范，技术创新管理作为新兴的管理理论前沿，得到大批企业和国内学者的青睐。

12.2.1 技术创新管理的重要性

随着改革的不断深入，特别金融危机下，面对激烈的市场竞争，如何加强企业技术创新管理，提高企业技术创新管理能力是我国企业不得不面对的问题。企业技术创新管理对经济转型时期的我国而言有着重大的现实意义。

1. 加强企业技术创新管理是实施科教兴国战略、抢占科技和产业制高点的关键

"科教兴国"战略是江泽民同志在1995年科技大会上提出的。江泽民同志在十六大报告中再次强调"走新型工业化道路，大力实施科教兴国战略和可持续发展战略"，"走出一条科技含量高、经济效益好、资源消耗低、环境污染少、人力资源优势得到充分发挥的新型工业化路子"。温家宝总理在十届全国人大二次会议上的政府工作报告中也强调"要继续实施科教兴国战略"，"要推进科技体制改革和机制创新管理"。"加快国家创新管理体系和科技基础设施建设，切实加强基础研究"。在深化科技和教育体制改革方面，要充分发挥市场和社会需求对科技进步的导向和推动作用，支持和鼓励企业从事科研、开发和技术改造，理顺政府、企业、社会各方关系，努力把科技对经济增长的贡献率从现在的30%提高到60%以上。

2. 加强企业技术创新管理是转变经济增长方式的重要途径

随着我国经济的不断深入发展，拼资源式的粗放型增长已经很难适应我国现代化建设的要求。现代经济增长更多地依赖于技术创新管理，技术创新管理成为现代企业发展的重要基础和动力。实践证明，企业搞技术创新管理不仅可以提高经济效益，发展规模经济，实现结构优化，而且有利于节约资源，缓解能源、交通、重要原材料供给等方面的"瓶颈"制约，提高生产要素的质量和使用效率，从而实现经济的可持续发展。

3. 加强企业技术创新管理是振兴和发展我国企业特别是国有企业的必然要求

技术创新管理是提高企业的增长质量和效益，用高新技术改造传统产业的根本途径。国有企业发展正在进入提高增长质量和效益的关键时期，用高新技术改造传统产业，实现工艺升级、产品换代，根本途径在于推进科技进步，在于技术创新管理。同时，技术创新管理是推动企业实行产业结构调整，大力发展高新技术，增强企业发展后劲的倍增器。高新技术产业是国际经济和科技竞争的重要阵地。发展高新技术，实现产业化，是带动产业结构升级，大幅度提高劳动生产力的倍增器。从一定意义上讲，企业的生命力就在于企业技术创新管理的能力。

12.2.2 技术创新管理的定义

自"创新理论之父"熊彼特在20世纪30年代开创技术创新理论以来，经过众多学者的补充和丰富，技术创新理论日渐完善。美国伯格曼等定义技术创新是指由技术的新构思、经过研究开发或技术组合到获得实际应用，并产生经济、社会效益的商业化全过程的活动。技术创新

管理专家、清华大学傅家骥教授定义"技术创新是企业家抓住市场的潜在盈利机会，以获取商业利益为目标，重新组织生产条件和要素，建立起效能更强、效率更高和费用更低的生产经营系统，从而推出新的产品、新的生产（工艺）方法、开辟新的市场、获得新的原材料或半成品供给来源或建立企业的新的组织，它是包括科技、组织、商业和金融等一系列活动的综合过程"。

技术创新管理（Technology Innovation Management）又称为技术革新，是技术变革中继发明之后的一个技术应用阶段，技术创新管理的概念提出迄今已有70多年，但至今尚未形成一个严格统一的定义。

熊彼特认为技术创新管理是生产要素与生产条件的新组合，国际经济合作与发展组织（OECD）的定义是技术创新管理包括新产品与新工艺以及产品与工艺的显著变化。

国内学者认为技术创新管理是在经济活动中引入新产品或新工艺从而实现生产要素的重新组合，并在市场上获得成功的过程。在本章的研究中技术创新管理主要是指技术领域或技术意义上的创新管理，在这里把技术创新管理界定在技术或者与技术直接相关的范畴，而不涵盖体制、组织、结构、营销创新管理等管理创新管理的范畴。

企业技术创新管理的主要活动由产品创新管理和工艺创新管理两部分组成，包括从新产品、新工艺的设想、设计、研究、开发、生产和市场开发、认同与应用到商业化的完整过程。产品创新管理——为市场提供新产品或新服务、创造一种产品或服务的新质量；工艺创新管理——引入新的生产工艺条件、工艺流程、工艺设备、工艺方法。技术创新管理不仅是把科学技术转化为现实生产力的转化器，而且也是科技与经济结合的催化剂。技术创新管理的根本目的就是通过满足消费者不断增长和变化的需求来保持和提高企业的竞争优势，从而提高企业当前和长远的经济效益，为了实现这一根本目的，企业除了在充分重视核心产品的技术创新管理的同时还必须重视管理创新管理。

如前所述，技术创新管理是指由技术的新构想，经过研究开发或技术组合，到获得实际应用，并产生经济、社会效益的商业化全过程的活动。其中，"技术的新构想"指新产品、新服务、新工艺的新构想；"技术组合"指将现有技术进行新的组合；"实际应用"指生产出新产品、提供新服务、采用新工艺或对产品、服务、工艺的改进；"经济、社会效益"指近期或未来的利润、市场占有或社会福利等；"商业化"指全部活动出于商业目的；"全过程"则指从新构想产生到获得实际应用的全部过程。

技术创新管理是在一定的技术条件下，为了使各种资源的利用更加合理、企业整个系统运行更加和谐高效、生产能力得到更充分有效的发挥而进行的发展战略、管理体制、组织结构、运作方式以及具体的管理方法与技术以及文化氛围等方面的管理。

吴贵生等人认为技术创新管理理论是从技术管理理论演变而来的。技术创新管理是对从技术起源（技术发明，主要指R D）到技术实现（包括设计、制造、销售、服务的商业化、产业化过程）的技术创新过程中的资源配置及其组织、管理，是对技术创新的管理。

葛新权等人根据现有文献，按时间顺序归纳出了四个技术管理学派，即R D管理学派、创新管理学派、技术规划学派和战略性技术管理学派。

杨加陆、方青云等人认为企业的创新管理不同于管理创新。管理创新的对象是管理活动，目的是使管理适应内外部条件的变化，提高管理的有效性；创新管理的对象是一切创新活动，目的是促进创新活动的开展，提高创新活动的成功可能性。由此，可以引出创新管理的三种互相联系的不同含义：一是管理的创新；二是对创新活动的管理；三是创新型管理。

12.2.3 技术创新管理的对象及类型

企业家应该成为技术创新管理的主体，主要是由三个方面决定的：企业家不同于技术人员。企业家不同于企业经营管理人员。在创新的过程中，通常要求企业的生产、市场、研究、人力资源和财务等部门的通力合作，而这只有在企业家的领导下才能避免各部门的局限性，将整个企业的资源组织起来，达到技术创新的目标。阎军印在企业技术创新管理体系研究中提到技术创新管理体系运行的外部环境条件主要包括以下几点：技术创新的市场环境；技术创新的政策环境；技术创新的经济环境；技术创新的技术环境；技术创新的管理体制环境；技术创新的社会文化环境。

技术创新管理可以从不同的角度进行分类。一般而言对于技术创新管理的分类都是根据创新管理对象、创新管理程度、创新管理来源等角度来进行分类。

1. 按创新管理的对象分类

根据技术创新管理中创新管理对象的不同，技术创新管理可分为产品创新管理和工艺（过程）创新管理。

产品创新管理是指在产品技术变化基础上进行的技术创新管理。按照产品技术变化量的大小，产品创新管理又可细分为全新（重大）的产品创新管理和渐进（改进）的产品创新管理。产品用途及其应用原理有显著变化的可称为全新产品创新管理。渐进的产品创新管理则是指技术原理本身没有重大变化，基于市场需要对现有产品进行功能上的扩展和技术上的改进。工艺（过程）创新管理是指在产品生产技术变化基础上进行的工艺（过程）创新管理，它包括新工艺、新设备及新的管理和组织方法。

2. 按创新管理程度分类

根据技术创新管理过程中技术变化强度的不同，可将技术创新管理分为渐进性创新管理和根本性创新管理两类。

渐进性创新管理是指对现有技术进行局部性改进所引起的渐进性的技术创新管理。根本性创新管理是指在技术上有重大突破的技术创新管理。它往往伴随着一系列渐进性的产品创新管理和工艺创新管理，并在一段时间内引起产业结构的变化。

3. 按技术创新管理的来源分类

根据技术创新管理的来源不同，可将技术创新管理分为自主型技术创新管理、模仿型技术创新管理和引进型技术创新管理三类。

自主型技术创新管理是指依靠自我技术力量，进行研究、开发新技术并实现其工程化和商业化生产的技术创新管理。自主型技术创新管理要求企业须拥有高素质创新管理人才和较雄厚的资金保障。模仿型技术创新管理指通过模仿已有技术成果的核心技术，并根据自我实际情况作进一步改进完善的技术创新管理。

12.2.4 技术创新管理的内容

一般认为，企业的技术创新管理基本内容由五个方面构成：

1. 技术创新的基本原理

主要包括技术创新概念、分类、过程和管理要素等。

2. 技术创新决策

技术创新决策贯穿于技术创新管理的各个部分，但集中的、影响大的决策主要是技术创新战略制定和技术选择。

3. 技术创新活动环节的管理

主要包括开发管理、新产品生产和营销管理、技术转移管理。

4. 技术创新的要素管理

主要包括技术信息管理、知识产权管理、技术创新能力管理。

5. 技术创新的组织管理

主要包括技术创新的组织和激励。

企业的技术创新管理包括两个层次：第一层次是对每一项技术创新的持续性要素的管理；第二层次是从整体上对技术创新流的管理。企业应自觉地对每项技术创新的持续性要素进行管理，主要包括：对技术创新机会的管理；对技术创新学习的管理；对新企业家精神的管理；对技术创新资源共享的管理；对技术创新收益的管理。

技术创新管理的主要内容应该包括以下几个方面：技术创新的资源管理；技术创新的决策管理；技术创新的过程管理；技术创新的风险管理；技术创新的制度管理；技术创新的营销管理；技术创新的文化管理。

12.2.5 技术创新管理的职能和特征

企业技术创新管理行使着决策、执行、监督和反馈等职能。如果这些职能或职能部门的作用不到位，甚至有些职能或职能表面之间起负作用，就会影响企业技术创新系统创新职能的正常发挥，造成整个企业技术创新系统创新功能的降低。

白俊红在《创新管理概念、框架及若干问题研究》一文中提到技术创新管理并不是对技术创新本身的管理，而是以技术创新为中心的管理，其特征主要表现在适应性、持续性、全面性、结构性、社会性和创新性等方面。

1. 技术创新管理是基于技术的活动

技术创新管理与非技术创新管理的区别在于基本手段，技术创新管理是基于技术的活动，而不是基于管理、组织、制度的变动。这里的“技术”是一种广义概念，它应包含三个层次：一是根据自然科学原理和生产实践经验而发展成的各种工艺流程、加工方法、劳动技能和诀窍等；二是将这些流程、方法、技能和诀窍等付诸实现的相应的生产工具和其他物质装备；三是适应现代劳动分工和生产规模等要求的，对生产系统中所有资源（包括人、财、物、信息）进行有效组织与管理的知识经验与方法。

2. 技术创新管理对“技术”变动的程度有较大的弹性

从技术的发展来看，既存在技术的根本性变动，也存在技术的渐进、微小的弱变化。技术创新管理在概念的外延上，不仅包括新产品、新工艺，也可以包括对产品、工艺的改进；在实现方式上，既可以是在研究开发获得新知识、新技术的基础上实现创新管理，也可以将已有技术进行新组合而实现创新管理。而且技术创新管理的效益高低不能直接仅用技术变动的强弱和大小来衡量，它还与市场的销售量及市场份额、单件产品或服务的收益率等因素有关。

3. 技术创新管理是技术与经济结合的概念

与技术发明（创造）不同，技术创新管理不是纯技术活动，而是技术与经济结合的活动，从本质上讲，技术创新管理是一种以技术为手段实现经济目的的活动。技术创新管理的关键在于商业化，检验技术创新管理成功与否的基本标准是商业价值(有时也包含社会价值)。

12.2.6 技术创新管理成功典范

苹果和运营商谈判的时候，他们通常会说:所有喜欢 iPhone 的用户都是我的用户，而不是你的用户;尽管在使用你的网络，但他所有的东西都是在我的网上下载的。其实，无论是电脑、手持终端，苹果都有很强的客户掌控能力，所以苹果在与运营商合作中会很强势。而这种对客户的掌控能力，其核心是基于产品的差异化定位、技术的创新和商业模式的创新，并且永远领先一步，从而形成对产业链的话语权和掌控力。

铭远咨询高级合伙人史志伟认为，iPhone 成功模式的第一阶段就是依托技术创新，创造性地树立一个具有行业标杆地位的终端。以这样的方式掌控客户，从而获取整个价值链中的话语权和影响力。在预期 iPhone 可以为电信运营商带来大量用户和关注的前提下，AT&T 与苹果签署独家合作协议，对通过捆绑 iPhone 而新增的用户收入与苹果共享。这种模式第一次开创了终端厂家与运营商收入分成，并且分成比例高达 30%。该模式也颠覆了欧美盛行的“手机定制”模式，第一次上演终端厂商“定制”电信运营商。在与 AT&T 合作中，苹果占据了强势地位:机身无 AT&T 标识，软件设置完全由苹果决定，如 iPhone 的手机音乐就设置成支持 Wi－Fi 下载的 iTunes 模式，而非 AT&T 自己的音乐服务。

iPhone 的第二个阶段就是当前的模式，以运营商价格补贴形式降低终端进入门槛，吸引更多用户，通过苹果的网上应用商店 APP Store 获取长期盈利。此阶段，核心是苹果领先竞争对手一步，创建的网上应用商店模式。苹果通过 APP Store 开放平台，让用户在上面付费下载各种音乐和应用，苹果再跟内容提供商和应用开发商分成(所得收入与合作方 3:7 分成)，建立利益驱动的合作伙伴共赢机制，形成马太效应和正向反馈，既为用户提供越来越多更具吸引力的应用和服务，也为合作伙伴和自身带来收入的快速增长。此模式中，苹果在价值链上的影响力和话语权同样很强大，其掌握了价值链的两端，上游是自由软件的开发者、音乐厂商，下游就是用户。

第三个阶段，苹果不久前正式发布移动互联网广告发布平台，即 iPhone OS4.0 和 iAd，与 App Store 进行衔接，苹果正式从应用的 Web2.0 发行迈向广告的 Web2.0 发行。这个模式将以移动互联网广告发布平台为一个赢利点，在各类终端上发布广告，这也将会使得苹果与 Google 在互联网广告发布领域发生正面的 PK，目前双方在这方面的竞争已经很激烈。

通过前面的梳理，我们可以看到，苹果 iPhone 模式之所以成功就在于:基于产品的差异化定位、技术上的不断创新和商业模式的不断创新，永远领先竞争对手一步，形成对客户掌控力，从而形成对产业链的话语权和掌控力，从而在合作中赢得主动，获得快速且长期可持续的发展。

12.2.7 我国民营企业技术创新管理管理现状及原因分析

知识经济时代，企业技术创新管理是企业后继发展的倍增器，市场经济的深入发展企业开始注重技术创新管理，由于受传统体制的影响，企业自主技术创新管理环境尚未形成，一定程度上制约了我国企业技术创新管理发展。

1. 我国民营企业技术创新管理的现状

改革开放至今，我国企业技术创新管理取得了一定的成绩，特别是在发展高科技及其产业化上取得了一定的成果，但是总的来说，技术创新管理对经济增长还远未发挥巨大的促进作用，目前还存在着一些主要的问题：

⑴技术创新管理效率不高 。衡量一个国家技术创新管理效率的通用标准是：年均专利数量与国家科技人才数量的比值和单位 R&D 经费产出的专利数量。按照瑞士国际管理学院(IMD)的统计分析，1998 年我国研究与发展人员达到166.77 万全日人工约当单位(FTE)，居世界第一位，而同期美国、日本、德国和法国分别只有 96.27 万、94.81 万、47.02 万和 31.84 万，分别只相当于我国的58%、57%、28%和19%。但是，我国科技人力资源的一个明显的特点是效率低下，按照IMD的数据，每万 FTE 产出的专利(包括国内专利和国际专利)件数，我国为10.8，而美国为1714.4，日本为1737.0，德国为1534.0，法国为1504.9，都超过我国的100 倍；英国和韩国分别为984.8 和554.7，是我国的50 倍以上，印度也达到44.6。要是按照我国科技部的统计，结果好了一些，但是，每万个全时 R&D 人员年均专利产出也只是 22.5 件，不及美国、日本、德国和法国的1/50，也只有印度的一半。我国技术创新管理效率低下还可以从 R&D 经费的专利产出上表现出来，我国每亿美元 R&D 经费的专利产出为46 件，只有美国的 51%，日本的43%，德国和法国的34%，英国的38%和韩国的72%。

⑵技术创新管理能力不强。国际上常采用以专利数和重大科技成果数，作为衡量一个国家技术创新管理能力的量化指标。我国专利数总量增长缓慢，其中发明专利出现负增长。我国年均重大科技成果数与 90 年代初相比较，出现了大幅度下降。根据科技部的统计，“十五”期间，我国共取得重大科技成果数约 15 万项。但是，国家级科技成果的数量自 2001 年以来除个别年分之外，几乎逐年下降。其中重大科学理论成果的数量总体上也是呈下降趋势。2004 年与 2001 年相比，研究机构、企业、高校和其他部门的重大科技成果数量下降的幅度分别为 62%,73%,43%,7%。从重大科技成果的应用行业上看，工业下降 50%，农业降幅达 76%，医药卫生降幅为 53%,其他行业降幅为 11%。

⑶技术成果的转化率低。我国的技术成果转化率不足 30%，远远低于发达国家 60% ~ 80% 的水平。我国主要行业的技术水平与世界先进水平相差 10 ~ 20 年，一些产业的主体设备和技术还主要依赖进口，飞机、移动通信、软件等，国内市场基本上被外国企业所占领。

1993 年至 1997 年，我国高技术产业年平均增长速度为 26.4%，但是，高技术在整个经济中的地位不突出，高技术产业生产质量和水平不高，高附加值生产的特点还不显著。1997 年，我国高技术产业增加值占全部制造业增加值的比重为 8.1%，而美国、日本和韩国分别为 14.9%(1993 年)、13.8%（1993 年)、18.6%(1994 年)。高技术企业的产值占 GDP 的份额也一直维持在 1.5% 至 1.7% 之间，而美国、日本、德国和英国等国家在 1991 年就达到了 3% 以上。从高技术产品的出口上看，我国高技术产业的国际竞争力较低。根据美国自然科学基金会的数据，1995 年我国的制造业在世界制造业出口中所占的份额为 3.2%，高于亚洲的韩国、新加坡，但是在出口中高技术产品比重仅占 6.8%，在世界高技术产品出口中所占的份额远远低于这两个国家。以代表未来经济发展方向的信息产业为例，我国的计算机产量不到世界的 1%，全国的产量还不到 IBM 一个公司(785 亿美元)的 60%；行业利润不及因特尔公司(69 亿美元)的四分之一。我国集成电路的设计、生产技术基本依靠进口，软件产品质量差、功能单一，难以与发达国家相比。

可见，我国技术创新管理能力还不强，创新管理成果的利用率低，不仅同发达国家存在很大差距，同新兴工业化国家之间的差距也很大。

2．我国企业技术创新管理滞后的原因

受传统体制的影响我国企业技术创新管理观念落后、知识产权保护意识薄弱、缺乏自主技术创新管理主体、技术创新管理人才培养滞后直接造成了我国企业技术创新管理效率不高、创新管理能力不强、技术成果转化率低这一尴尬局面。

(1)技术创新管理的观念落后。缺乏市场意识的传统观念，是制约我国企业技术创新管理活动最大的思想障碍。企业是“企划事业的创新管理组织”还是“生产单位”，在中日两国的差异是很大的。在日本，企业是企划事业的创新管理组织，企业的本质特征或基本职能就是创新管理。而改革开放前，我国大部分的“企业”实际上只是按固定方式和指令计划进行产品加工的工厂或车间，即“生产单位”。这种观念至今仍未得到根本转变。

在技术创新管理观念上，我国缺乏市场意识，将其理用来专指“技术上的小改小革”或“技术上的渐变性改进”，是一个纯技术学概念。特别是目前一些党政官员和学者将“创新管理”等同于“创造”，或者将“创新管理”概念泛化，或者将“创新管理”说成是“创造新东西”而不提“市场成功”和“实现商业价值”，阉割了技术创新管理的本质内涵。

(2)企业没有成为技术创新管理的主体。技术创新管理是技术与经济相结合的过程，而企业是实现这种结合的纽带与场所。因此，企业无可争辩地成了技术创新管理的主体。研究与开发（R&D）是技术创新管理的上游活动，由于研究与开发活动与企业的生产经营以及其他经济活动的联系越来越密切，使得研究开发的重心越来越向企业转移，从而可以大大减少其他研发机构的研究成果向企业扩散过程中的中间成本，提高技术创新管理系统的运行效率。发达国家企业早已成为 R&D 活动的主体，而我国企业目前存在的情况是：企业的研发机构过少和 R&D 资源配置不当，R&D 经费投入总量不足，增长速度缓慢。

(3)技工短缺，人才市场发育滞后。最近几年来，劳动力素质低下这一根本性问题，已经越来越受到社会的广泛关注。科学技术的进步和经济的发展与缺乏高素质的技术工人之间的内在矛盾越来越突出。很多企业技工短缺，技工队伍后继乏人，青黄不接的技工断层现象日趋严重。据有关资料显示：目前我国城镇企业共有职工一亿四千万，其中只有 50% 是技术工人。而在技术工人中，初级工所占的比例超过 60%，中级工比例为 35%，高级工仅为 5%。在我国现有的技术工人中，有近 70% 是初中以下文化程度。而美国、日本等发达国家的情况则与我们恰恰相反：技术工人中的高级技工超过 35%，中级工占 50% 以上，初级工只有 15%。相比之下，差距之大显而易见，据报载：如今我国高级技术人才严重短缺，对高级技术人才的实际需求要比现有的高级技术人才数量高出大约 12 个百分点。仅软件行业的高级技术工人的缺口就达 40 万人以上。在知识经济条件下，人才已经成为最重要的资本，成为各国竞相夺取的对象。我国的人才状况不容乐观，其具体表现：公众文化教育水平低；人才短缺与人才相对过剩同时并存。

(4)企业缺乏知识产权保护意识及其有力措施。企业缺乏知识产权保护意识及其有力措施表现在一方面企业知识产权权属不清。社会主义市场经济的确立虽使我国逐步建立了知识产权保护体系，并在保证一定的社会收益率的同时，充分顾及知识产权的私人收益率，创新管理的激励机制得以调整，但仍然存在创新管理知识产权权属不清的问题。我国专利侵权案的查处率很低。专利侵权案的查处率低是社会上假冒、仿制产品盛行的一个重要原因。对专利侵权案行为处罚过轻。因此，在我国不少地方，仿制与假冒他人商品的侵权者往往是最大的获利者，而发明创造者却是最大的亏本者；付出巨大研发新产品费用的企业常常是市场竞争中的失败者，而以不正当手段仿制的侵权者却常常是市场竞争中的成功者；经销真正的名优商品者往往盈利很少，而销售以次充好的仿制者却大发横财。另一方面企业本身知识产权保护意识薄弱。首先，我国企业不重视赋予创新管理成果以自主知识产权。其次，我国企业的知识产权作为一种无形资产流失严重。再次，多数企业尚未建立知识产权保护机制。

(5)加强我国民营企业技术创新管理管理的对策。加强我国企业技术创新管理有着重大的现实意义，一方面要转变政府职能，制定相关政策营造企业技术创新管理的外部环境，另一方面企业要结合自身实际积极创建企业内部技术创新管理环境，推动企业技术创新管理的发展。

3. 营造有利于促进企业技术创新管理的良好环境

企业技术创新管理环境一方面要求为其技术创新管理提供强大的人力和物力保障，另一方面相关制度保证和整个社会创新管理意识的形成也有助于为企业营造技术创新管理环境。

⑴完善我国社会制度(政策、法律)环境的措施

①彻底转换政府职能，实现从计划经济体制到社会主义市场经济体制的转变，使企业成为技术创新管理的主体。政府职能的重点是投资于教育，投资于基础设施，为企业创造良好的环境。

②科研体制要由以国家、科学院和高等院校为主逐步转变到以企业为主，以市场为主。科学院和高校除了必要的基础研究外，大部分应当是应用研究，其课题更要让科学院和高校与企业联系、结合。

③完善现行的法律制度和政策，促进企业的技术创新管理。要做到:完善财政税收政策；完善激励技术创新管理的金融政策；完善专利制度；加强政府采购制度建设；完善中小企业技术创新管理的激励制度。

⑵构建有利于企业技术创新管理社会文化环境

创建企业技术创新管理社会文化环境一方面加快观念转变，大力倡导鼓励创新管理、敢闯敢试、崇尚竞争、宽容失败、脚踏实地、不骄不躁的创新管理创业风尚，鼓励和引导企业探索建立创新管理文化范围。要做到:要树立勇于创新管理、敢为人先的观念；要树立追求真理、宽容失败的观念；要树立鼓励竞争、崇尚合作的观念；另一方面要加快教育体制改革。构建激励创新管理的文化环境，必须按照科教兴国和推进技术创新管理等要求，加快教育体制改革，以大力营造有利于创新管理的文化环境，培育和繁荣创新管理文化。

⑶加强企业技术创新管理能力建设

①切实加大企业技术创新管理的投入。大量的资金投入是企业技术创新管理活动的必备条件。经费投入多少在很大程度上决定技术创新管理活动的空间规模和时间的持续性，是反映企业技术创新管理实力的重要标志之一。加大企业技术创新管理投入的具体做法有加强企业的自有投入，增加企业的技术创新管理积累；增加企业直接融资力度；利用资本市场推动企业技术创新管理。

②提高技术创新管理管理能力。创新管理管理能力主要由三方面反映:创新管理战略、创新管理机制论述、创新管理速度。技术创新管理战略决定和统率企业创新管理的具体行为。企业能否正确选择并贯彻实施良好的创新管理战略，是其能否顺利推进技术创新管理，赢得创新管理收益的先决条件。企业要在正确地分析自身的内部条件和外部环境的基础上做出的企业技术创新管理总体目标部署，以及为实现创新管理目标而做出的谋划和根本对策。高度

重视自己的技术创新管理速度，缩短与西方发达国家企业的差距。

③通过多种方式培养和造就一批具有敏锐的创新管理意识、会管理、敬业精神强的企业家队伍。企业家不同于普通管理者，能够及时感觉和捕捉住各种机会，并能够采取创新管理行为获取创新管理利润。企业家的作用贯穿于整个企业的技术创新管理过程中，企业家常常是技术创新管理活动的倡导者、技术观念的创新管理者、技术手段创新管理的投资者、技术创新管理成果的采用与推广者、技术创新管理活动的组织者。企业家通过权利、感召力和创新管理精神，培育和建立有利于技术创新管理活动场所的文化氛围，通过自己卓越的管理才能，创造性地利用企业资源开拓商品市场，组织和管理企业技术创新管理活动。

④提高研究开发能力。要继续推动建立健全技术开发机构、高水平的技术开发中心，对企业的研究开发条件进行改善，并吸收独立科研院所和高等学校的科研力量以多种形式投入到企业技术创新管理中来，以抓好重大关键技术的攻关，带动创新管理性的研究开发。对引进技术要在消化吸收的基础上进行二次开发，以提高自主开发和创新管理能力。同时，还要按照市场经济的要求，大力开发有知识产权的生产技术和有较高附加价值的名牌产品、新产品，成为进入市场的有力武器。

⑤提高企业的制造能力。大量培养技术熟练的“蓝领工人”，提高企业的设备先进性，使企业的制造能力和创新管理能力相适应。

⑥加强企业的营销能力。努力开发适销对路、节能降耗、降低成本、高附加值的产品，并以产品为龙头，带动相关技术的发展;努力发展和保护知识产权，加强工业性实验，促进应用和推广新技术的积极性;提高市场开拓能力，通过大量的市场调研，制定正确可行的市场营销战略，建立起快速的市场反应网络体系，并与国际标准接轨，采用现代化的管理方式，大幅度地提高企业市场预测和快速反应能力，促进创新管理产品的市场化。

思考题：

1. 什么是技术创新管理，说明我国在技术创新管理中存在的问题。
2. 企业可以选择哪些技术创新战略，选择依据是什么？
3. 技术创新过程包括哪些阶段，各有什么特点？
4. 如何培育企业技术创新能力？

【案例分析】

“爱国者”在崛起

华旗资讯位于中关村科技园区的理想国际大厦。从1993年成立最初的贸易发展到后来的品牌和产品技术研发，华旗走出了一条典型的中关村“贸工技”创业模式。目前，华旗资讯已经设有多个研发机构和实验室，并建立了完整的营销体系。通过集成先进技术，不断进行产品创新，公司推出了多有全球第一的产品。公司旗下的“爱国者”品牌已经成为国内个人数字产品的第一品牌，MP3和移动存储产品在国内市场占有率居首位。

从1993－2008年，15年了，华旗一路走来，营业额连续10年每年保持60%的稳定增长，2004年被CCID评为“数码产业杰出企业”、“中国信息技术创新最具潜力企业”。2009年10月18日.华旗爱国者在自己16岁生日这一天发布首款全高清DV，又一次亲手缔造了中国数码影像产业的一个新起点，中国自主品牌首款全高清DV即日起全面推向市场。

在技术创新和新产品开发方面，华旗资讯自主开发的具有保护数码影像知识产权功能的数字水印技术走在世界前头；公司开发的空间鼠标，已申请多项专利；通过USB2.0技术将网络摄像头变为电脑显微镜，公司将开发出用于教育、维修等领域的产品；公司还推出了灵动技术，标志着可将硬件软件、网络三者进行结合，公司的灵动U盘是世界上第一款具有自动运行、自动安装、自动连接、自动下载的闪存盘。该公司产品多次被国家经贸委评为“国家重点新产品奖”，并成为我国唯一通过中国人民解放军信息安全认证的移动存储产品，电子硬盘、数字水印数码相机还相继成为国家863计划项目。

通过集成先进技术，加强产品设计和应用型技术开发，华旗资讯走出了一条集成创新发展道路，以不断创新的技术推动着我国个人数字产品领域的发展。通过集成USB标准接口和闪存芯片技术，华旗公司率先在全球推出灵动U盘、100GB大容量移动存储王和数码相机伴侣王、可内置操作系统的移动存储等多项产品。2003 ~ 2005年，基于“随身数据中心”概念与最新的研发技术，华旗开发出110X智慧棒、拇指拍摄系列、录音笔、电脑锁、加密硬盘、MP4六条产品线，结合丰富的数据安全与数码应用技术，同时为用户的工作、生活带来更多的便捷和快乐，迅速赢得市场的青睐。

华旗资讯在国内市场能取得这么大的成绩，和公司注重品牌、研发的发展思路是分不开的。华旗紧紧抓住品牌、市场推广和产品研发两头，把制造环节全部外包。为了提高研发实力，加大新产品开发力度，华旗资讯分别在北京、上海、深圳设立了研发中心、设计中心、实验室，并与多家研发机构进行合作。通过并购研发机构和自建研发队伍的方式，华旗建立了较为完整的研发体系。从消费者需求特点出发，通过集成先进技术，注重产品的应用型技术开发和设计，并注重产品品牌形象、市场推广和服务质量，完善的技术创新管理体系是华旗公司制胜的关键。

【拓展训练】

厦新电子2002年通过技术创新扭亏

厦新电子是由成立于1981年8月的原厦新电子有限公司发展而来，是厦门市第一家中外合资企业。1997年5月，由厦新电子有限公司为主要发起人发起设立厦门厦新电子股份有限公司(夏新电子股份有限公司前身)。同年6月4日，“厦新电子”股票在上海证券交易所挂牌上市(2003年8月5日起更名为“夏新电子”)。

上市之初，厦新的主营业务是录像机的生产与销售。但公司管理层认为VCD产品在视听效果方面优势明显、将成为录像机的替代产品，于是，厦新主动放弃录像机转向VCD的生产销售。由于转型较早，厦新获得了产品创新收益的“第一桶金”：公司业绩从1996、1997年每股收益0.37元大幅提高到1998年的1 02元。但好景不长，由于VCD行业技术含量不高，进入门槛低，行业快速衰退，厦新1999年每股收益迅速下降至0.11元，2000年厦新决定再次转型——生产手机，重新打造核心竞争力。经历了2000、2001两年连续亏损，2002年企业实现扭亏为盈。

厦新成功的数据描述与经验总结：

受制于VCD产业连年不断的价格战以及相对单一的产业结构，厦新连续两个财年亏损：2000年17647万元，2001年7824万元。因为亏损，公司丧失了配股资格并面临退市的风险，上交所于2002年初对其股票交易实行特别处理(ST厦新)。但是，通过对公司进行产品结构的调整,2002 年厦新手机销量突破 200 万台。公司 2002 年年报数据显示,实现主营业务收入 44.87 亿元,同比巨幅增长 354%,实现净利润 607 亿元,取得经营性现金流量净额 9.72 亿元,净资产收益率 68.25%;相应地,该公司的每股收益、每股经营性现金流量、每股净资产,分别达到 1.69 元、2.71 元、2.48 元,均居全国上市公司前列。2003 年公司每股收益 1.43 元。

厦新产业转型的成功经验:

公司出现亏损后,并没有轻易实施资产重组,而是采取更为务实的办法——进行产品结构调整,实现扭亏为盈。显然技术创新成为企业成功的关键因素。厦新股票价格的暴涨正是二级市场对企业基本面改善的提前反映。

厦新的技术创新有其独到之处,与其他公司不同,厦新电子的技术研发不是关注芯片和操作系统等 3C 领域的核心技术,而是把精力放在外观设计、应用软件开发等层面,即所谓"次核心技术"。国内企业的优势在于贴近消费者需求,厦新正是由于及时把适用技术转化为切合消费者需求的产品,才获得了赢利的空间。

厦新基于产业价值链上组建的增效整合战略联盟不同于国内企业的单向整合策略,而是采取上游(与韩国手机设计公司建立设计协作联盟,力争产品设计专业化)下游(由熟知终端消费者的渠道销售商介入市场规划)的系统整合策略,较好地解决了产品设计与市场销售衔接问题,大大提高了销量。

对厦新的分析:

对于厦新要在手机核心技术——芯片上取得突破短期内不可能也不必要,那样可能导致风险与预期收益不对称的情况。看到了国外移动通讯产品的迅猛发展以及国内市场巨大的潜在需求,厦新决定将手机产品作为转型突破口,并以中高端产品为自身定位,着力在手机外观设计、功能、信号、环保及个性化等次核心技术方面打造自己的产品,突出特色优势。而厦新 A8 更以其独特的外观、视听效果赢得了商家及消费者的广泛认可,产品售价曾高达 5000 元以上并一度脱销。2002 年厦新手机产品的平均售价是全国同行业的 1.6 倍。由于手机生产相对较低的成本及新产品极高的销售利润率,厦新电子各项财务指标得以迅速改善。"一个产品拯救了一个企业"。由此看出技术创新的创新收益与企业利益最大化目标是一致的。厦新 2002 年成功个案引出的经验结论:在企业成长初期及关系企业生存的关键时点上技术创新至关重要。

厦新的失败:

2003 年后没有创新;

内部矛盾;

管理混乱;

到现在还没有复牌。

第 13 章　成本控制

成本控制是成本管理的一部分，致力于满足成本要求。开展成本控制活动的目的就是防止资源的浪费，使成本降到尽可能低的水平，并保持已降低的成本水平。

13.1　成本控制概述

成本控制的过程是运用系统工程的原理对企业在生产经营过程中发生的各种耗费进行计算、调节和监督的过程，同时也是一个发现薄弱环节，挖掘内部潜力，寻找一切可能降低成本途径的过程。科学地组织实施成本控制，可以促进企业改善经营管理，转变经营机制，全面提高企业素质，使企业在市场竞争的环境下生存、发展和壮大。

13.1.1 成本控制的概念

成本控制就是指以成本作为控制的手段，通过制定成本总水平指标值、可比产品成本降低率以及成本中心控制成本的责任等，达到对经济活动实施有效控制的目的的一系列管理活动与过程。由于成本控制是指降低成本支出的绝对额，故又称为绝对成本控制。成本降低还包括统筹安排成本、数量和收入的相互关系，以求收入的增长超过成本的增长，实现成本的相对节约，因此又称为相对成本控制。

成本控制致力于满足成本要求，满足成本要求主要是指满足顾客、最高管理者、相关方以及法律法规等对组织的成本要求。成本控制的对象是成本发生的过程，包括:设计过程、采购过程、生产和服务提供过程、销售过程、物流过程、售后服务过程、管理过程、后勤保障过程等所发生的成本控制。成本控制的结果应能使被控制的成本达到规定的要求。为使成本控制达到规定的、预期的成本要求，就必须采取适宜的和有效的措施，包括:作业、成本工程和成本管理技术和方法。如 VE 价值工程、IE 工业工程、ABC 作业成本法、ABM 作业成本管理、SC 标准成本法、目标成本法、CD 降低成本法、CVP 本 - 量 - 利分析、SCM 战略成本管理、质量成本管理、环境成本管理、存货管理、成本预警、动量工程、成本控制方案等等。

13.1.2 成本控制的主要内容

成本控制的内容非常广泛，但是，这并不意味着事无巨细地平均使用力量，成本控制应该有计划有重点地区别对待。各行各业不同企业有不同的控制重点。控制内容一般可以从成本形成过程和成本费用分类两个角度加以考虑。

1. 按照成本形成过程划分，成本控制内容主要包括：

(1) 产品投产前的控制。这部分控制内容主要包括：产品设计成本，加工工艺成本，物资采购成本，生产组织方式，材料定额与劳动定额水平等。这些内容对成本的影响最大，可以说产品总成本的60%取决于这个阶段的成本控制工作的质量。这项控制工作属于事前控制方式，在控制活动实施时真实的成本还没有发生，但它决定了成本将会怎样发生，它基本上决定了产品的成本水平。

(2) 制造过程中的控制。制造过程是成本实际形成的主要阶段。绝大部分的成本支出在这里发生，包括原材料、人工、能源动力、各种辅料的消耗、工序间物料运输费用、车间以及其他管理部门的费用支出。投产前控制的种种方案设想、控制措施能否在制造过程中贯彻实施，大部分的控制目标能否实现和这阶段的控制活动紧密相关，它主要属于始终控制方式。由于成本控制的核算信息很难做到及时，会给事中控制带来很多困难。

(3) 流通过程中的控制。包括产品包装、厂外运输、广告促销、销售机构开支和售后服务等费用。在目前强调加强企业市场管理职能的时候，很容易不顾成本地采取种种促销手段，反而抵消了利润增量，所以也要作定量分析。

2. 按照成本费用分类，成本控制内容主要包括：

(1) 原材料成本控制。在制造业中原材料费用占了总成本的很大比重，一般在60%以上，高的可达90%，是成本控制的主要对象。影响原材料成本的因素有采购、库存费用、生产消耗、回收利用等，所以控制活动可从采购、库存管理和消耗三个环节着手。

(2) 工资费用控制。工资在成本中占有一定的比重，增加工资又被认为是不可逆转的。控制工资与效益同步增长，减少单位产品中工资的比重，对于降低成本有重要意义。控制工资成本的关键在于提高劳动生产率，它与劳动定额、工时消耗、工时利用率、工作效率、工人出勤率等因素有关。

(3) 制造费用控制。制造费用开支项目很多，主要包括折旧费、修理费、辅助生产费用、车间管理人员工资等，虽然它在成本中所占比重不大，但因不引人注意，浪费现象十分普遍，是不可忽视的一项内容。

(4) 企业管理费控制。企业管理费指为管理和组织生产所发生的各项费用，开支项目非常多，也是成本控制中不可忽视的内容。上述这些都是绝对量的控制，即在产量固定的假设条件下使各种成本开支得到控制。在现实系统中还要达到控制单位成品成本的目标。

13.1.3 成本控制的基本原则

在成本控制时需坚持以下几项基本原则：

1. 全面介入的原则

全面介入原则是指成本控制的全部、全员、全过程的控制。全部控制是对产品生产的全部费用要加以控制，成本控制不仅对变动费用要控制，对固定费用也要进行控制。全员控制是要发动领导干部、管理人员、工程技术人员和广大职工建立成本意识，参预成本的控制，认识到成本控制的重要意义，才能付诸行动。全过程控制，对产品的设计、制造、销售过程进行控制，并将控制的成果在有关报表上加以反映，借以发现缺点和问题。

2. 例外管理的原则

成本控制要将注意力集中在超乎常情的情况。因为实际发生的费用往往与预算有上下，如发生的差异不大，也就没有必要一一查明其原因，而只要把注意力集中在非正常的例外事项上，并及时进行信息反馈。

3. 经济效益的原则

提高经济效益，不单是依靠降低成本的绝对数，更重要的是实现相对的节约，取得最佳的经济效益，以较少的消耗，取得更多的成果。

13.1.4 如何进行成本控制

1. 从成本中占比例高的方面着手

控制成本自然是要控制产品的全部成本，从成本产生全过程、全方位来控制成本，包括设计、采购、制造、营销与管理各个环节都要置于企业成本控制范围之内。但如果企业控制成本不分轻重，全方位，不加区分地都花大力气进行成本控制，往往达到的效果不一定就好。我们简要地将成本分为材料费、人工费和管理费等几个方面，视企业产品的不同，各项费用在产品成本中所占比例的高低也可能存在差异，但就一般而言，材料费用在产品成本中所占比例较高，一般占到60% ~80%份额，人工费用占份额相对材料少此，一般占5% ~10%，其他成本占比例 10% ~15%，企业成本控制首要的是控制成本的主要方面，从占成本比例高的材料、人工等方面作手，只要牢牢地控制住成本占有比例较高的几个部分，企业的成本计划一般就不会被突破，成本控制的目标就也比较容易达到。

2. 从创新方面着手

每一家企业都会采用各种方法来控制成本，消耗定额、限额领料、指标分解、成本到挤等，方法是层出无穷，但出彩的并不多。为什么呢？企业成本控制，除保持成本不上升外，可能更大的是希望成本每年都有一定的幅度的降低，但成本降低总有一个限度，到了某一个限度后，如果不是创新技术、工艺、增加或改进设备等，成本很难再降低，管理上稍一松懈还有可能反弹。成本降低到一定阶段后，企业只有从创新作手来降低成本，从技术创新上来降低原料用量或寻找新的、价格便宜的材料替代原有老的、价格较高的材料，从工艺创新上来提高材料利用率、降低材料的损耗量、提高成品率或一级品率，从工作流程和管理方式创新上来提高劳动生产率、设备利用率以降低单位产品的人工成本与固定成本含量，从营销方式创新上来增加销量、降低单位产品营销成本，只有通过企业不断创新，用有效的激励方式来激励创新，从创新方面作手，才是企业不断降低成本的跟本出路。

3. 从关键点着手

形成产品成本的各个环节、各个点在成本中的作用可能不同，有些环节点对成本的形成起关键作用，有些环节点对成本的形成起作用较小，企业成本控制应从关键点着手，抓住成本关键点，往往能起到事半功倍的效果。如：一些企业从事的技术含量不高，原料品种多的家用电器制造业，开发新的技术或新材料对大多数企业来说都存在难度，此时采购原料的价格可能成为该企业成本的控制关键点；资金密集性的快速消费品，降低存货，加速资金周转可能成为该企业的成本控制关键点；原料消耗较固定但成品率波动性较大的行业，提高成品率、降低废次品成为成本控制的关键点；升级换代快的产品，产品设计可能成为成本控制关键点；材料成本低，营销费用高的烟、酒、化妆品等，营销费用可能成为成本控制的关键点，总之，由于企业产品性质的不同，企业技术实力的差异，使得企业成本控制的关键点各不相同，企业应找出适合自身特点的成本控制关键点，从关键点作手进行成本控制，才能把力用到实处，起到事半功倍的作用。

4. 从可控制费用着手

我们将产品成本分为可控成本和不可控成本，当然这里所谓的不可控只是相对，没有绝对的不可控成本。不可控制成本一般是指企业的决策而形成的成本，包括管理人员工资、折旧费和部分企业管理费用，因为这些费用在企业建立或决策实施后已形成，在一般条件下，它较少发生变化，你花大力气去控制这些较固定的成本就没有多大意义了，只有那些在生产经营过程中可以人为进行调控的如材料用量、机物料消耗量、材料进价、办公费、差旅费、运输费、资金占用费等可控费，我们花力气去控制才有意义。从可控制费用作手进行成本控制，才是企业的成本控制之道。

5. 从激励约束机制方面着手

成本控制不是靠企业几个领导、几个重点人物就能做好的，需要所有与成本相关人员的参与。如何发挥每个成本相关者在成本控制中的作用是企业成本控制必须解决的问题之一，我们当然希望每个成本相关者都能自觉地控制好自己所管辖范围内产品品质、材料消耗，但这只不过是一种理想，一种愿望，要相信制度的力量，企业成本控制不能建立在人人自觉的美好愿望之上，应当建立成本控制制度，建立与之相关的激励与约束机制，靠制度，用激励与约束的方式来调动员工控制成本的主观能动性，将节约成本与控制者的切身利益联系起来，利用奖惩的办法将企业被动成本控制转换为全员的主动成本控制。

13.2　目标成本控制

目标成本控制法起源于日本，现在已在世界上许多行业中被广泛应用。奔驰、丰田、克莱斯勒汽车公司，松下、夏普电子公司，康柏、东芝等计算机公司，中国的邯郸钢铁公司，美菱集团等均运用了目标成本法进行成本控制和绩效管理，均取得了显著成效。

13.2.1 目标成本控制的涵义及特点

1. 目标成本控制的涵义

企业进行目标成本控制，要明确企业的目标成本，然后针对目标成本采取科学、合理、有效的控制策略，来进行企业的成本控制。因为目标成本在企业经营管理中占据着重要位置，是进行成本管理与控制的依据，在对目标成本进行管理时，要最大程度上挖掘潜在的生产能力，制定出科学、有效的目标成本指标，通过事前的目标成本控制，降低企业的生产成本，控制企业的预算，最终实现成本目标，保证企业的经济利益，从而实现社会效益。

2. 目标成本控制的特点

(1)全过程控制。目标成本控制贯穿企业生产经营活动的全过程，从市场预测与调查研究、产品策划、设计开发、样品试制到加工制造、材料采购、产品销售和售后服务等各个阶段、各个环节。所以，通过全过程所有环节的成本控制，以达到目标成本值，是目标成本控制的主要特点之一。

(2)全员参与。目标成本控制必须依靠企业的全体员工共同努力，人人都树立起降低成本、节约开支的概念，使成本控制建立在可靠的群众基础之上才能收到预期的效果。

(3)前馈性控制。目标成本控制的关键在于事前对成本耗费进行有效的控制，使浪费不致发生，使目标成本得以实现。如果消耗已经形成，并且相去甚远，则补救莫及、难以挽回。所以，目标成本控制应在产品形成过程中对各项预订的消耗标准进行严格控制，一般不允许脱离标准的超支发生，将一切浪费消灭在萌芽状态。

13.2.2 目标成本控制的步骤

1. 确定市场价格

(1)要确定市场价格，首先要进行市场分析，了解客户的需要和客户愿意为此支付的价款。

(2)其次要了解竞争产品的价格。如果竞争产品的功能和质量较高，那我们的目标售价就必须低于竞争者的售价，如果我们产品的功能和质量较高，那我们的目标售价就可以等于或高于竞争者的价格。

(3)目标售价还必须配合公司的经营战略。公司可能会希望设定一个较低的价格以迅速地赢得市场份额，或者公司会设定一个较高的价格以提高总体的长期赢利能力并塑造出技术优良的形象。

2. 确定目标利润

确定目标利润的目的是要确保企业长期利润计划的完成，设置目标利润的通常方式是紧紧依托于旧产品的实际利润，然后根据市场的波动情况进行调整。如日本的尼桑公司采用这种方法，利用计算机模拟确定售价和利润的关系，然后从这些经验关系出发，根据事前制定的目标售价，反过来确定新产品的目标利润。

3. 确定目标成本

以目标售价减去目标利润就初定了目标成本，在初定目标成本之后，要发动群众讨论匡算目标成本指标，提出降低成本的措施，根据降低成本的主要措施对未来成本进行预测，寻求降低成本的方向和途径，经过目标成本的综合平衡，即可确定企业为之奋斗的目标成本。

4. 分解目标成本

目标成本是个总的奋斗目标，不便进行日常成本控制。因此，目标成本制定出来后，还要按照责任会计的要求，把目标成本层层分解为各个责任中心的责任成本，并形成责任预算，落实到各有关责任中心，进行归口分级管理，形成一个多层次的成本控制网络，由各级管理人员根据责任预算进行控制，包括限制、指导、监督和调节。

5. 实施目标成本控制

目标成本控制应从产品设计研制开始，对材料采购，库存，生产，销售直至售后服务整个过程实施全面控制，而不仅是对生产阶段的成本实施控制。目标成本控制是围绕目标的设置、分解、实施、分析和考核进行的，即通过合理设置成本目标及其目标分解，把企业的各部门、各环节直至全体职工连成一个有共同努力方向的纵横协调的指标保证体系，以充分调动各方面的积极性和主动性，全力以赴地去完成企业的目标总成本。

6. 期间费用的控制

期间费用主要有管理费用、销售费用和财务费用。要控制期间费用，首先要划分责任中心，然后将上述费用的目标值按责任中心进行分解，层层落实到部门和个人；财务核算上要按责任中心归集费用，要实现财务核算的电脑化，以便及时反馈实际费用与目标费用的差异；要贯彻“例外管理”的原则，把注意力集中于非正常的例外项目上，抓住显著的、突出的问题。

13.2.3 我国企业在目标成本控制中存在的主要问题分析

随着企业改革的不断深化，目前目标成本管理已经发展成为企业成本管理中的重要内容，深受众多企业的关注。虽然不少企业都对目标成本控制进行了相应的改革与调整，以期满足企业发展的需求，也取得了一定的成效。但是，从整体的发展态势来看，在对企业进行目标成本控制过程中依然存在着许多问题，以下就主要问题进行简要的分析。

1. 企业对于隐性成本的控制缺乏力度

企业通常会把成本管理的重心放在显性成本和费用上，过分关注表面上直接发生的成本费用，例如，材料采购成本的变动、工资福利费、差旅费、业务费等，而对于隐藏在内部的厂房使用费，自有人员人工费以及折旧费用等不关注，对隐性成本缺乏有效控制不利于目标成本的实现。

2. 企业的财务管理人员素质有待提高

很多企业在财务管理方面的专业人才匮乏，已有的会计从业人员的整体素质不高，缺乏专业知识和技能方面的培训，成本管理意识较为淡薄，工作效率不高，这在很大程度上也制约了企业的成本控制和管理。

3. 缺乏对目标成本控制与管理的大环境

目标成本控制通常被认定为是企业财务和管理人员的职责所在，进行有效的成本控制是少数人的事情，其他部门的人员对于成本控制漠不关心，整体的环境缺失。其实成本控制是企业每个员工的职责内容，应该增加员工进行成本控制的积极性和主动性。

4. 在会计核算方面不明晰

许多企业在会计核算方面标准不清晰，例如在计提折旧费用方面，有时企业为了追求低成本，采取少提折旧或者不提折旧的方式进行财务处理，这虽然在短期上降低了成本，但是一旦设备报废，就会造成账面上的巨大损失。总之，企业缺乏科学有效的会计核算制度，也会影响目标成本的实现。

加强目标成本控制及其应用的对策：

⑴培养成本竞争意识。企业在加强自身目标成本管理与控制的同时，还要每时每刻关注竞争对手的成本变化情况，分析变化的原因，并因此制定切实有效的竞争策略，充分树立其企业成本竞争的意识。因为在目前的市场竞争中，产品同质化越来越严重，当产品的质量差别不大时，产品的价格成了顾客考虑的主要因素，谁能以更低的价格卖出产品谁就赢得了市场。

⑵实行全员参与管理。目标成本管理实际上与企业的每个员工都息息相关，无论企业制定的目标成本控制的措施多么科学与合理，最终都是要通过全体员工的贯彻与执行才能实现，达到降低成本、提高经济效益的目的。所以，企业上下要对成本控制给予足够的重视，从基层员工到高层管理者，都要不断增强对目标成本控制的认识，明确每个组织和个人目标成本控制的责任，使他们能够积极、主动的参与到企业的目标成本控制过程当中来。

⑶创新目标成本控制方式。企业的成本控制除了包含制造费用、材料费用、人工成本、管理费用等有形的成本之外，还包括内部结构调整、员工工作积极性、交货时间与速度、产品质量、市场的拓展等一系列的隐性成本。通过调查发现，很多类型的企业的有形成本对企业成本目标控制的影响不是很大，而一些隐性成本项目或者没有考虑到的因素却有可能对目标成本控制产生重要的影响。例如，企业的规模、地理位置、整合程度等。所以，企业要创新目标成本控制的形式，对隐性成本给予足够的重视。

⑷扩大企业目标成本控制的管理范围。面对日益激烈的市场竞争环境，现代企业的目标成本管理要进一步扩大范围，即在成本管理的基础上，不断加强对产品设计、开发、研究、销售以及售后服务等环节的控制，使其囊括企业生产与管理的整个价值链。此外，企业应当把上游供应商、下游经销商和客户纳入企业目标成本管理的范畴，即对整个行业的价值链进行分析和整合，对各种潜在的机会和威胁进行全盘的分析和管理，从而实现降低成本、提高效益的目的。

13.3 标准成本控制

标准成本控制是成本控制中应用最为广泛和有效的一种成本控制方法，它是以制定的标准成本为基础，将实际发生的成本与标准成本进行对比，揭示成本差异形成的原因和责任，采取相应措施，实现对成本的有效控制。其中，标准成本的制定与成本的事前控制相联系，成本差异分析、确定责任归属、采取措施改进工作则与成本的事中和事后控制相联系。

13.3.1 标准成本控制概述

20 世纪 20 年代初，泰勒的科学管理运动在工业企业中广泛推行。科学管理的核心是定额管理，如何借助会计手段考核各项定额的执行情况，就成为当时会计界所面临的一个亟待解决的新课题。1929 年在纽约召开的国际会计师第四届大会上，标准成本成了这次会议的主要议题。会上，美国会计学者哈里逊发表了重要论文《有助于生产的成本会计》，系统地介绍了标准成本法，引起了与会者的极大反响。德国著名的会计学家谢林赞誉标准成本法是一项“会计革命”。到了 30 年代，标准成本法在进一步完善以后，被正式纳入复式记账的会计体系。经过半个多世纪的实践，标准成本法在理论和方法上都日臻完善，已形成了一个完整的体系。

标准成本系统，也称为标准成本制度、标准成本会计或标准成本法，是将标准成本与实际成本比较，找到差异，并分析和控制成本差异，借以衡量生产效率高低的一种成本制度。

标准成本按其依据的生产技术和经营管理水平，可分为理想标准成本和正常标准成本。理想标准成本是指目前生产条件和企业经营管理处于最佳状态时所确定的最低水平的成本。理想标准成本在理论上能讲得通，但实际上很难达到，以此作为标准可能会因为可望而不可及，从而挫伤员工的积极性。因此，它只能给企业指出努力的方向或奋斗的目标，不能作为成本控制和评价实际工作的标准。正常标准成本是在现有生产条件，效率良好的情况下，根据下期一般情况下应该发生的各种生产要素的成本、预计设备生产经营能力而制定出的标准成本。它虽然实现该标准成本有一定难度，但这种标准不是遥不可及的。因此，在现实生活中具有实用性，可以成为切实可行的控制标准。

标准成本按照其适用的时期，可以分为现行标准成本和基本标准成本。现行标准成本是依据其适用期间的实际价格、生产效率和生产能力利用程度所预计的标准成本。这种标准成本不具有稳定性，其数值随着决定该标准成本的各个因素的改变而改变。基本标准成本是指在经营环境较为稳定的情况下，依据正常的价格、生产效率和生产能力利用程度所能达到的成本水平。它的特点表现为一旦制定好标准成本，就具有较强的稳定性，除非生产的基本条件发生重大变化。但这种标准成本的制定过程决定了它不可能具有灵活性，因此，基本标准成本在实际中很少采用。

13.3.2 如何利用标准成本有效地降低成本

在微观层面上，工业企业里会计记入生产成本范围的成本项目均可由标准成本来控制，其他费用如销售费用、管理费用、财务费用、营业外支出可以由预算编制方法来控制。目标成本法可以辅助设定利润目标，销售量及销售额这些指标往往由上级集团公司来设定。

在工业企业中，成本项目包括如下：

成本项目	基本内容	备注
直接材料	直接用于产品生产的原料及主要材料、外购半成品、辅助材料、包装材料等。	标准成本法控制
直接燃料和动力	直接用于产品生产的燃料和动力。	标准成本法控制
直接人工	从事产品生产人员的工资及其提取的福利费。	标准成本法控制
废品损失	因产生废品而发生的损失费用。	标准成本法控制
停工损失	生产过程中因停工而发生的损失费用。	标准成本法控制
制造费用	各生产车间为组织和管理生产所发生的各项费用。	标准成本法控制
销售费用	企业在销售产品、自制半成品和提供劳务等过程中发生的各种费用以及专设销售机构的各种经费。	预算控制或目标成本控制
财务费用	企业为筹集资金而发生的各项费用。包括生产经营期间发生的利息支出（减利息收入）、汇兑损失（减汇兑收益）和金融机构手续费以及因筹集资金而发生的其他费用等。	预算控制或目标成本控制
营业外支出	主营业范围外的支出（减营业外收入）	预算控制或目标成本控制
总经营成本	企业本期完工入库的已销售产品的制造成本和期间成本之和。	包含以上成本项目

上述成本项目贯穿企业内外各环节，其公式如下：

直接材料 + 直接人工工资 = 主要成本

间接材料 + 间接费用 + 其他间接费用 = 制造费用

销售费用 + 管理费用 + 财务费用 = 期间费用

主要成本与制造费用构成制造成本，制造成本与期间费用构成总经营成本。

在以上成本项目中，标准成本控制了主要成本。所以说标准成本是基层工业企业成本控制的重要的工具。对企业降低成本、提高经济效益起至关重要的作用。

1. 标准成本控制法如何对直接材料进行控制

对直接材料的控制一般先制订材料消耗标准，不同行业制订直接材料消耗标准的方法有所不同，可根据各行业直接材料特点、工艺过程进行确定。材料标准价格可根据市场当前价格制订。其次根据标准和实际消耗量和实际采购价格，计算直接材料消耗和价格差异。然后分析差异，结合生产部门考评，总结操作经验，制订改建措施。促进现场直接材料采购、保管、使用人员根据直接材料消耗标准，进行有效事中控制。从而降低成本，提高效益。

⑴标准成本控制中各责任部门对直接材料控制的过程简述

首先，由加工工艺或研发部门根据产品结构或配方，历史直接材料合理损耗率，制订出单位产品材料消耗标准定额。如机械通讯电子行业可参照定额手册，化工食品行业可参照配方。

其次，确定全年计划消耗量以供采购部门参考。对全年所有计划生产的产品按其标准单位产品消耗，计算出直接材料全年消耗量。目前信息处理技术的发展使物料需求计划系统控制日趋完善，如 ERP，MRP 和 MRP 11 系统，使企业内各部门密切合作，能精确计算物料需求，指导采购活动。根据精确的物料需求计划，同时，根据直接材料的供货提前期和产品产量计划，计算出直接材料的安全库存量、需求量、订购时间，采购人员在与供应上谈判时就处于有利地位，使供应商也可方便地安排生产，准时供货，降低了供应商供货成本，使采购人员在比较市场价格的基础上，确定合理的材料价格。同时，根据直接材料的供货提前期和产品产量计划，计算出直接材料的安全库存量。生产部门按每日生产计划，打印出物料需求计划系统产生的直接材料领用单，到仓库领料。生产部门用领用的直接材料生产出产成品后，及时把产成品入库，系统中可计算出按直接材料标准消耗及实际消耗。

最后，成本控制人员将计算出直接材料标准成本差异，做出标准成本差异分析报告。对比较突出的差异应由生产、工艺、采购、财务等部门一起分析，找出原因，结合奖罚，制定预防措施。进而有效降低直接材料成本。

⑵直接材料标准成本差异的计算及分析

直接材料标准成本差异分材料标准消耗量差异和材料价格差异。其分别反映了生产、仓库、采购等部门对直接材料成本的影响。

某产品直接材料标准成本 = Σ（直接材料标准消耗数量 × 直接材料标准单价）

①标准价格差异：该差异主要在采购环节控制，其公式为：

某产品直接材料价格差异 = Σ（实际单价 − 标准单价）× 实际材料消耗量

如果差异为负数，为有利差异，表明采购部门在价格方面进行了一定的努力。如果一年或较长时间内持续地为有利差异，表明原标准成本单价订得偏高，应修正为合理、可行水平。如果差异为正数，表明实际单价高于标准成本单价，应从市场多家供应商材料报价、采购比价操作、价格谈判力度、采购员责任心等方面分析原因。从而督促采购部门努力进行市场分析、广泛比价，与信誉好的供应上建立长期合作关系。降低直接材料采购成本，为企业提高经济效益。

材料标准成本控制在报告中发出差异信号，供相关领导和责任人进行分析控制参考。在材料成本控制实际操作中，一个好的比价管理制度对标准成本控制起实效性的促进作用。直接材料标准成本控制要实质性达到降低成本，提高经济效益的目的，必须建立和完善配套操作管理制度。

②直接材料标准消耗数量差异：该差异主要由生产车间、及仓库来控制，其公式为：

某产品直接材料消耗数量差异 = ∑(实际用量 - 标准用量) × 标准单价

如果差异为负数，为有利差异，表明生产部门在直接材料使用控制较好，节约了材料。如果为正数，则表明有超出标准消耗量的地方，应分析查找原因。

在日常操作控制中，采购的直接材料先入库，由采购员和库管员共同签人库单，由库管员再把入库单输入信息处理系统如MPRn系统，或其他信息管理系统生产部门向系统里录入生产计划，产生物料领用的需求，由系统打印出生产材料领用单，该单据上直接材料的数量是严格根据生产的产成品的标准材料消耗数量的。如果生产部门因某原因造成材料不够用而需额外领用一些材料，需手工调整物料需求，手工开材料领用单，该手工单应由负责生产的现场带班长或车间主任签字，以明确责任。

以上两个直接材料差异之和为直接材料标准成本差异。公式为：

直接材料标准成本差异 = 直接材料消耗数量差异 + 直接材料价格差异

直接材料标准成本差异将被反映在标准成本差异报告上，供管理层控制成本参考。由于标准成本控制法可将直接材料标准成本差异快速反馈给企业内中层管理者及成本控制人员，实现有效的事中控制。同时，高层管理者可以定期查看直接材料标准成本差异报告，对出现的差异确定责任人，制定预防性措施，杜绝浪费，降低废品率，从而降低成本，提高企业效益。

2. 标准成本控制法如何对直接人工费用进行控制

微观层面上，在一个生产经营企业中，投入的直接人工费用主要靠制订直接人工费用标准和控制偏差来进行控制。对直接人工费用进行控制，目的在于促使生产管理人员合理安排调配操作工人，提高正常出勤工作日内的工时利用率，减少加班加点现象。促进车间操作人员对机械设备进行自主维护。使维修人员责任明确，提高维修人员责任感，减少非正常机器停机时间。减少怠工待料现象。在总体上提高生产效率和操作效率,降低成本，提高经济效益。

直接人工标准成本主要考虑两个因素:即直接人工数量标准和直接人工工时单价标准。

(1)直接人工数量标准:指在正常生产条件下，生产某种单位产品所需要的标准工作时间。一般包括产品加工过程所需的时间、必要的停工时间、开工准备时间和不可避免的废品损失所耗用的时间等。直接人工数量标准一般以工时进行计量。该标准是企业内生产部门和成本控制部门分析大量历史数据而得出的，其是可行的直接人工数量标数、机器启动时间、正常产品批次内的机器运行时间及历史上平均先进的操作效率而制订出直接人工数量标准。直接人工数量标准一旦被制订出来，在一定时期内应保持稳定，以保证考核的可比性。一般一年修正一次。

(2)直接人工工时单价标准:在计件工资制下，它表现为单位产品应支付的计件单价;在计时工资制下，它表现为每一个标准工时应分配的工资。标准成本控制中，直接人工工时单价标准由全年直接人工工资和福利费除以全年计划产量所需直接人工工时得出。其一旦被确定，在当年或某个时间段内保持不变，以保持标准的连续性、考核的可比性。

其公式如下:

某产品直接人工工资标准成本 = ∑(直接人工工时数量 × 直接人工工时标准单价)

在计算直接人工工资成本差异时，其公式为:

直接人工工资标准成本差异 = 直接人工工时效率差异 + 直接人工工资率差异

其中:

直接人工工时效率差异主要反映生产部门用工安排及操作效率，公式为:

直接人工工时效率差异 =（实际耗用工时数量 − 标准耗用工时数量）× 标准工时单价

直接人工工资差异主要反映工资级别、加班费、缺勤工资的支付及各种福利费用的使用控制情况。其公式为：

直接人工工资率差异 =（实际工时单价 − 标准工时单价）× 实际耗用工时数量

3. 标准成本控制法如何对制造费用进行控制

制造费用是指各直接生产单位为组织和管理生产所发生的费用，如车间管理人员工资福利及劳动保护用品、能源费用、办公费、差旅费、为生产而发生的招待费、车间的通讯费用、车间厂房设备等固定资产折旧、机器设备修理及维护费用、租赁费、低值易耗品摊销、设计制图费、试验检验费及其他辅助清理等费用。采用标准成本控制制造费用时，制造费用标准成本是由正常生产条件下生产某产品所需的标准工作时间乘以费用工时分配率标准而求得。其公式如下：

固定性制造费用标准成本 = 固定制造费用分配率 × 标准工时

变动性制造费用标准成本 = 变动制造费用分配率 × 标准工时

其中分配率的准确与否是至关重要的。它通常是企业生产单位层层制订全年或某一时期制造费用预算，该预算可根据历史费用水平和成本变动成本形态、当年或当期产量计划（产量计划由销售计划确定）来制订。

对于固定性制造费用如厂房、机器设备的折旧等，其在一定产量范围内与产量增减变化没有直接联系，可参照上年历史水平和当年当期固定资产投资增减情况来确定其数额。另外还应考虑高层管理者确定的一次性进入当年费用的固定性制造费用如不超过厂房 20% 原值的厂房装修、大修费用，金额较大且一次性进入当年费用的试验项目费用等。

变动成本是指随产量的增减变动而发生成比例变动的费用。如临时工的工资单台机器的能源消耗等。变动成本的确定主要由产量乘以单位产量费用。

另外还有半变动成本如化验人员的工资，其当产量发生变化时，也随产量的增加而呈梯级式增长，但在一定产量范围内不成比例的变化。在企业实施标准成本控制方法中，应将其分解为固定成本和变动成本之和来进行控制。将该类固定成本合并在其他固定成本中进行分析、考评、控制。

以标准成本为基础的成本控制制度对制造费用进行控制时，当标准成本差异发出有利或不利信号时，管理层将逐项分析研究原因，制定预防性措施，防止制造费用不必要的升高，避免可避免的费用。

在对制造费用进行控制时，事中控制尤其重要。它关系到标准成本控制是取得实效还是流于形式。因此，我们除了分析各种制造费用的成本形态外，还应更在更深层次逐项揭示各种费用控制实务操作特点，以保证标准建立的科学性、差异分析的准确性、费用降低的有效性。

4. 控制各项费用差异，降低成本

第一，生产管理人员工资及福利津贴、加班费用。首先看工资级别是否合理，真正有技术和管理经验、能力强、工作上进心强的员工的工资水平是否合理，当前工资能否稳定技术骨干。其他员工的工资水平是否超过市场水平，如果与市场水平相差较大，应调整工资结构。使工资体系能稳定骨干力量，激励初级技术人员，鞭策后进人员。从而保证人工成本合理条件下，工资结构使人力资源成本最低。对于管理人员的带薪加班加点现象，应予以控制或个别独立性较强的岗位实行弹性工作时间制，也可以实行调休，避免过多的加班工资。

第二，差旅费的控制。对于差旅费，应对应标准成本，控制不利差异。如果突然发现某月差旅费标准成差异为正数是，应分析原因，是某种经营业务使员工出差，还是参观外单位机器设备、技术展示、业务会议。分析该出差能否用电子邮件联系、传真、电话解决，如果可以，应注意再以后的出差审批时，进行有效的审批控制。这样，提高了领导人员的成本控制意识和控制力度，找到既满足业务需要，又节约费用的办法。同时，建立健全差旅审批制度，明确交通、住宿、伙食报销标准，鼓励节余。

第三，培训费用的控制。企业应按业务发展需要制订培训计划，按培训计划和历史水平制订出全年的培训预算总额。算出每月标准，供决策人员控制参考。如果某段时间培训超出标准预算额，应分析新出现的培训内容的实用性，对于不符合企业发展方向的、有关政府部门摊派的培训应酌情处理。保证培训费用可控、够用。同时，鼓励内部培训，鼓励和激励有经验的员工向年轻员工传输经验、知识。

第四，招待费的控制。根据历史水平，兼顾当年产量、销量，制订合理的全年预算总额。其除以全年制造工时即为标准成本费率。如果实际申请时超出标准，应分析招待费发生的目的、被招待的对象、事情的重要性。避免漫无边际、毫无根据的大吃大喝、铺张浪费。

第五，能源如水、电力、燃气、燃油的控制。首先完善计量设施，保证计量及时准确。特别是燃料的采购、入库、使用环节，应账目真实清晰，堵住各种漏洞。其次使用中应避免空载空跑现象，合理安排工作，各工序衔接合理紧密。第三应加强机器设备维护，保证机器设备处于最佳的运行状态，省油生电。第四于供电系统实行峰值电价管理的地区，应考虑合理利用低电价时段，避开高峰期高电价，如把耗电大的设备运行在兼顾全局的同时，尽量安排在好低价时段。

第六，办公费用、通讯费用的控制。应对照标准成本，控制差异。在实施中，应建立响应的管理制度。办公用品应有行政或仓储部门统一管理，并分部门使用量，监督使用。通讯费用应结合业务需要制订不同岗位的报销限额，有情况如出国、出差可凭明细清单报销超出标准的业务花费部分。总的原则应要进行控制，避免不合理开支，从而增加企业收益。

第七，其他方面费用如环保、安全、公益事业捐赠，应按企业标准成本额量力而行。即兼顾社会效益，又要控制标准成本差异，防止不利差异。如果差异较大，应逐项分析，及时控制。

13.4 供应链中的成本控制

供应链总成本就是指在供应链运行过程中由物流、信息流和资金流、产品质量和日常管理所引起的成本，以及供应链维持和变化合作及经营关系所引起的成本、供应链整合过程中所引起的成本和由交货期所引起的顾客等待成本。供应链中的成本是相互联系，相互影响的，对其进行有效地控制成为企业降低成本的重要环节。

13.4.1 供应链成本的构成

任何制造业都是根据客户或市场的需求，开发产品，购进原料，加工制造出产品，以商品的形式销售给顾客，并提供售后服务。物料从供方开始，沿着各个环节（原材料——在制品——半成品——成品——商品）向需方移动。每个环节都存在"需方"和"供方"的对应关系，形成一条首尾相连的长链，成为供应链。各种物料在供应链上移动，是一个不断增加其市场价值或附加值的增值过程。因此，供应链从另一个角度来看也就是一条价值链。在供应链上，除了物料的流动外，还有资金的流动和信息的流动。信息流和资金流在链中产生作用，也就相应会产生成本。在供应链中，各链节成员企业间的交易成本和各链节成员企业内部的作业成本的管理是供应链中成本管理的主要对象。其一，交易成本。交易成本包括所有与供应商和客户处理信息和通讯的所有活动而发生的费用。旨在协调、控制和适应彼此的交易关系，因此，这些成本随着供应企业之间的相互作用，并共同受到影响。其二，作业成本。供应链作业成本主要是供应链成员中单个企业内部为完成一定的任务所发生的费用。供应链作业成本依据成本动因不仅可以对产品，也可以对供应商和客户进行分配。

13.4.2 交易成本的控制

1. 建立以电子计算机为中心的网络信息系统

解决供应链中企业间的信息交互问题在传统的手工信息处理的环境下，由于信息传递方面的困难，制造商不能及时了解供应商原材料的生产状况，因此一次只好采购较多的原材料，从而造成原材料库存量过多，引起储存成本的上升及影响企业的资金周转和资金使用效率，从而导致制造商成本的增加。而供应商由于信息渠道的不通畅，也不能即时了解客户（制造商）原材料的使用量情况，为了能足够地提供制造商的原材料使用量，供应商也只好多生产，由此也可能造成库存积压，影响资金周转。上述情况主要是由于双方信息交流不畅而导致的。为了解决供应链中信息交互问题，降低和控制交易成本，建立以电子计算机为中心的网络信息系统非常必要。供应链各成员企业间信息交互的重要性随着网络经济的到来日益凸现，由于供应链在物流、资金流过程中也伴随着信息流，供应链各成员企业之间便构筑了一张信息网，信息网帮助实现企业间信息交互和共享。如制造商利用 EDI 系统可以即时了解供应商的供应情况，供应商利用该系统也可以即时了解制造商物资耗用情况，便于其准时将物料送到制造商手中，这样既保证了制造商原材料的及时供应，也降低了制造商的原材料的存储费用，同时也减少了制造商的材料资金占用成本。又如制造商利用客户关系管理系统（CRM）可以对客户的详细资料进行深入分析，为其提供快速和周到的优质服务，不断加强与顾客的交流，了解顾客的需求以对产品服务进行改造和提高，提高客户的满意度，实现客户价值最大化。因此，信息不但在单个企业内部创造竞争优势，而且通过供应链提升整个系统的竞争优势。

2. 采用 ERP 系统可实现对供应链的有效管理，降低交易成本

目前，企业采用一种先进的管理系统——ERP 系统可实现对整个企业供应链的管理，它是以顾客驱动的、基于时间的、面向整个供应链管理的企业资源计划。它把经营过程中的有关各方如供应商、制造工厂、分销网络、客户等纳入一个紧密的供应链中，能够有效地安排企业的产、供、销活动，满足企业利用全社会一切市场资源快速高效地进行生产经营的需求，帮助企业进一步提高效率和在市场上获得竞争优势。它最大的功能在于，能够以最快的速度提供产品或劳务以满足顾客的需要，同时也加强了供应链中各成员企业之间的信息交互，缩短了响应时间，提高了效率，也降低了供应链中各成员企业之间的交易成本。

13.4.3 作业成本的控制

目标成本的分解及供应链作业预算的形成现代企业应树立为顾客创造价值的全新观念，在此观念下改变传统的以产品成本的大小来作为产品定价依据的模式，构建新的企业成本管

理模式。各成员企业首先根据买方效应确定顾客愿意支付的价格,由价格减去预计的目标利润后推导出目标成本,进行目标成本管理。企业确定了目标总成本之后,应根据经济责任制的要求将成本控制的总指标层层分解至各项作业,形成各项作业成本预算,以此作为各项作业成本控制的目标。成本目标分解可根据作业管理的思想,将企业的各项生产经营活动根据成本动因的不同划分为各项不同的作业,将成本目标按成本动因分解至各项作业,以形成各项作业的成本预算。以供应链中制造商为例,具体的做法是:按资源动因将成本总额分解到各项作业,形成各项作业的成本预算;参照制造商编制作业预算的方法,供应链其他成员企业也可以编制自身的作业预算,而且供应链各成员企业之间的作业预算是相互依存的,从而形成整个供应链的作业预算体系。如销售商根据消费者的买方价值,确定其商品的售价,商品的售价减去其目标利润后,确定成本目标,将此成本目标按成本动因分解至商品采购、销售等作业,形成采购、销售等作业的成本预算指标。造商根据销售商商品采购的成本控制指标,确定其产品的销售价格,采用上面提到的方法,将其成本目标分解至采购、生产等作业上,形成采购、生产等作业的成本预算。应商根据制造商的采购成本控制指标,确定自身的原材料售价,根据原材料售价减去其自身的目标利润后,形成供应商成本控制的目标,采用与上述相同的分解方法,形成供应商各项作业的成本预算。因此,这种预算体系是由后向前拉动的一种环环相扣的整个供应链的成本预算体系。

1. 作业成本的控制方法

为了更好地达到供应链目标成本控制的要求,有效地控制成本,提高整个供应链的效率,供应链各成员企业及企业内部各个作业部门应对照自己的成本控制目标(即责任预算指标),采取切实可行的方法和措施,使成本控制在目标范围内。

2. 具体的成本控制可以采取以下方法和措施:

一是消除不增值的作业。对企业生产经营活动中的各项作业进行分析,根据各项作业对顾客的贡献,将其分为增值作业和不增值的作业。由于不增值的作业耗费成本且其又对产品增值无益,应将其予以消除,这样可以节约成本。如一些企业从外部购入原材料,如果条件允许可直接由供应商将原材料运到企业生产场地,这样就可以减少原材料由供应商运到企业仓库以及再从仓库搬运到生产地点的这些不增值作业,缩短了运输距离,从而达到了降低成本的目的。

二是改善低效的增值作业以降低成本。在增值的作业中,有些是高效的作业,有些则是低效的作业。对于那些低效的增值性作业则应该进一步优化,提高这些作业的效率,进一步降低企业成本。企业可以采用作业分享的方法,利用规模经济增进作业的效率。如新产品在设计时如果考虑到充分利用其他产品已使用的零件,就可以免除新产品零件的设计作业,从而降低新产品的生产成本。

三是改变作业之间的联系以及通过作业再造降低成本。企业的生产经营活动可以分解为相互联系的各项作业,这些联系是一种作业与另一种作业之间的关系。改变作业之间的关系,从而可以改变效率和成本。

此外,还可以对各项作业进行全面、彻底地改造,通过这种对作业的再造,形成比原来更有效率的作业,从而从整体上降低企业的作业成本。如当企业某项作业和企业外部的相同作业相比不能拥有成本优势时,企业可以通过资源外包、战略联盟等形式,将其他企业的作业转移到企业内部,与企业内部作业进行整合,这样做有利于提高作业的效率,优选作业,淘汰成本高的作业，从而达到降低成本的目的。

思考题：

1. 如何进行成本控制？

2. 我国企业在目标成本控制中存在哪些问题？该如何解决？

3. 如何利用标准成本有效地降低成本？

4. 假设某公司2013年6月份实际生产了A产品500件，实际使用直接材料4 150千克，每千克实际价格为10.10元，其直接材料的标准消耗量为8千克，每千克标准价格为10元。计算直接材料的成本差异。

5. 如何进行作业成本控制？

【案例分析】

美心的成本控制

2002年，美心公司与大多数高速发展的企业一样，开始面临增长瓶颈。掌门人夏明宪毅然采取以利润换市场的策略，大幅降低产品价格。然而，降价不久，风险不期而至，原材料钢材的价格突然飚升。继续低价销售——卖得越多，亏得越多；涨价销售——信誉扫地，再难立足。面对两难抉择，降低成本，尤其是原材料的采购成本就成了美心生死攸关的“救命稻草”！夏明宪向采购部下达指令：从现在开始的三年内，企业的综合采购成本，必须以每年平均10%的速度递减。这让美心的采购部的员工们有点傻眼，甚至不服气：此前美心公司的“开架式采购招投标制度”属国内首创，既有效降低成本，又杜绝暗箱操作，中央电视台都为此做过专题报道。而且此举已经为美心节约了15%的采购成本，还有什么魔法能够让青蛙变得更苗条？在夏明宪的带动下，美心员工开始走出去，从习惯坐办公室到习惯上路，超越经验桎梏，于不知不觉中形成了一套降低成本管理模式。

联合采购，分别加工

针对中小供应商，美心将这些配套企业联合起来，统一由其出面采购原材料。由于采购规模的扩大，综合成本减少了20%！配套企业从美心领回原材料进行加工，生产出来的半成品直接提供给美心，然后凭验收单到美心的财务部领取加工费。同时随着原材料成本的降低，配套企业也更具竞争力，规模扩大，价格更低，形成良性循环。

原材料供应，战略伙伴

针对上游的特大供应商即国内外大型钢铁企业，美心的做法是收缩采购线，率先成为其中一两家钢厂的大客户乃至于战略合作伙伴。而钢厂面向战略合作伙伴的价格比普通经销商低5%~8%，比市场零售价低15%。于是仅2002年的一次采购，美心就比同行节约成本近1000万元。随着采购规模的与日俱增，美心人开始有了和钢厂进一步谈判的砝码。应美心要求，钢厂定期向提供钢材的价格动态，并为美心定制采购品种。比如过去钢板的标准尺寸是一米，而门板尺寸是90厘米，其中十厘米就只能裁下来扔掉。现在钢厂为美心量身定制生产90厘米钢板，就大大减少了浪费，节约了成本。又比如他们还专门为美心开发了一种新材料门框，品质相同，价格每吨可节约600元……

新品配套，合作共赢

对于新配套品种的生产，由于配套企业需要增加大量投资，导致新配套产品与其他配套产品相比，价格大幅增加。美心就以品牌、设备、技术、管理等软硬件向生产方入股，形成合作；合作条件为，美心公司自己使用的产品，价格只能略高于生产成本的。这样一来，合作方在新品的生产上减少了投入，降低了风险；同时，美心也降低了配套产品的采购成本，增加了收入。于是各方受益，皆大欢喜……

循环取货，优化物流

解决了原材料和配套产品的采购问题，美心还与配套企业携手合作，从物流方面进行优化。由于不同配套企业的送货缺乏统一的标准化的管理，在信息交流、运输安全等方面，都会带来各种各样的问题，必须花费双方很大的时间和人力资源成本。美心明白，配套企业物流成本的提高，将直接转嫁到配套产品的价格上。于是美心就聘请一家第三方物流供应商，由他们来设计配送路线，然后到不同的配套企业取货，再直接送到美心的生产车间。这样一来，不仅节约了配套企业的运送成本，提高了物流效率，更重要的是，把这些配套产品直接拉到生产车间，保持了自身很低的库存，省去了大量的库存资金占用。美心通过与原材料供应商及配套企业的携手合作，使原材料厂商拥有了稳定的大客户，配套企业降低了生产风险，而自身则在大大降低成本的同时，扩大了产销量，形成了各方皆大欢喜的共赢局面。

2002年，美心门的产销量同比翻了一番，美心的综合采购成本下降了17%，同比全行业的平均水平低23%！美心公司成为惟一在原材料价格暴涨时期维持低价政策的企业，企业形象如日中天，渠道建设终于根深叶茂

【拓展训练】

美的的成本控制

中国制造企业有90%的时间花费在物流上，物流仓储成本占据了总销售成本的30%～40%，供应链上物流的速度以及成本更是令中国企业苦恼的老大难问题。美的针对供应链的库存问题，利用信息化技术手段，一方面从原材料的库存管理做起，追求零库存标准；另一方面针对销售商，以建立合理库存为目标，从供应链的两段实施挤压，加速了资金、物资的周转，实现了供应链的整合成本优势。

零库存梦想

美的虽多年名列空调产业的“三甲”之位，但是仍有一些隐忧。自2000年来，在降低市场费用、裁员、压低采购价格等方面，美的频繁变招，其路数始终围绕着成本与效率。在广东地区已经悄悄为终端经销商安装进销存软件，即实现“供应商管理库存”（以下简称VMI）和“管理经销商库存”中的一个步骤。对于美的来说，其较为稳定的供应商共有300多家，其零配件（出口、内销产品）加起来一共有3万多种。从2002年中期，利用信息系统，美的集团在全国范围内实现了产销信息的共享。有了信息平台做保障，美的原有的100多个仓库精简为8个区域仓，在8小时可以运到的地方，全靠配送。这样一来美的集团流通环节的成本降低了15%～20%。运输距离长（运货时间3－5天的）的外地供应商，一般都会在美的的仓库里租赁一个片区（仓库所有权归美的），并把其零配件放到片区里面储备。美的需要用到这些零配件的时候，它就会通知供应商，然后再进行资金划拨、取货等工作。这时，零配件的产权，才由供应商转移到美的手上——而在此之前，所有的库存成本都由供应商承担。此外，美的在ERP（企业资源管理）基础上与供应商建立了直接的交货平台。供应商在自己的办公地点，通过互联页（WEB）的方式就可登录到美的公司的页面上，看到美的的订单内容；品种、型号、

数量和交货时间等等，然后由供应商确认信息，这样一张采购订单就已经合法化了。实施VMI后，供应商不需要像以前一样疲于应付美的的订单，而只需做一些适当的库存即可。供应商则不用备很多货，一般有能满足3天的需求即可。美的零部年库存周转率，在2002年上升到70－80次/年。其零部件库存也由原来平均的5－7天存货水平，大幅降低为3天左右，而且这3天的库存也是由供应商管理并承担相应成本。库存周转率提高后，一系列相关的财务“风向标”也随之“由阴转晴”，让美的“欣喜不已”；资金占用降低、资金利用率提高、资金风险下降、库存成本直线下降。

消解分销链存货

在业务链后端的供应体系进行优化的同时，美的也正在加紧对前端销售体系的管理进行渗透。在经销商管理环节上，美的利用销售管理系统可以统计到经销商的销售信息（分公司、代理商、型号、数量、日期等），而近年来则公开了与经销商的部分电子化往来，以前半年一次的手工性的繁杂对账，现在则进行业务往来的实时对帐和审核。在前端销售环节，美的作为经销商的供应商，为经销商管理库存。这样的结果是，经销商不用备货了。经销商缺货，美的立刻就会自动送过去，而不需经销商提醒。经销商的库存“实际是美的自己的库存”。这种存货管理上的前移，美的可以有效地削减销售渠道上昂贵的存货，而不是任其堵塞在渠道中，让其占用经销商的大量资金。2002年，美的以空调为核心对整条供应链资源进行整合，更多的优秀供应商被纳入美的空调的供应体系，美的空调供应体系的整体素质有所提升。依照企业经营战略和重心的转变，为满足制造模式“柔性”和“速度”的要求，美的对供应资源布局进行了结构性调整，供应链布局得到优化。通过厂商的共同努力，整体供应链在“成本”、“品质”、“响应期”等方面的专业化能力得到了不同程度的发育，供应链能力得到提升。目前，美的空调成品的年库存周转率大约是接近10次，而美的的短期目标是将成品空调的库存周转率提高1.5～2次。目前，美的空调成品的年库存周转率不仅远低于戴尔等电脑厂商，也低于年周转率大于10次的韩国厂商。库存周率提高一次，可以直接为美的空调节省超过2000万元人民币的费用。由于采取了一系列措施，美的已经在库存上尝到了甜头，2002年度，美的销售量同比2001年度增长50%～60%，但成品库存却降低了9万台，因而保证了在激烈的市场竞争中维持了相当的利润。

读者反馈意见

亲爱的读者：

感谢您对《企业生产管理》的支持和热爱，为了今后为您提供更好的服务，请您抽出宝贵的时间来填写下面的意见反馈表，以便我们更好地对本教材做进一步改进，同时如果您在使用本教材的过程中遇到了什么问题，或者有什么好的建议，也请您来信、来电告诉我们。

地址：北京市丰台区科学城南极星大厦108室

电话：010－83794590/83794403

电子邮箱：caikai6223@263.net　QQ:649319527　QQ:1694299827

网址：WWW.KFHWH.CN

教材名称：《企业生产管理》

个人资料：

姓名：__________ 年龄：__________ 所在院校/专业__________

文化程度：__________ 通讯地址：__________

联系电话：__________ 电子信箱：__________

您使用本书是作为：□指定教材□选用教材□辅导教材

您对封面设计的满意度：

□很满意□满意□一般□不满意□改进建议__________

您对本书印刷质量的满意度：

□很满意□满意□一般□不满意□改进建议__________

您对本书的总体满意度：

从语言质量角度看□很满意□满意□一般□不满意□

从科技含量角度看□很满意□满意□一般□不满意□

本书最令您满意的是：

□指导明确□内容充实□讲解详尽□实例丰富

您认为本书在哪些地方应进行修改？（可附页）

____

____

您希望本书在哪些方面可进行改进？（可附页）

____

____